# 苗侗文坛
# 非遗选集

吴佺新　向同明 ◎ 主编

群言出版社
QUNYAN PRESS
·北 京·

**图书在版编目（CIP）数据**

苗侗文坛非遗选集 / 吴佺新，向同明主编 .-- 北京：群言出版社，2020.5
ISBN 978-7-5193-0569-7

Ⅰ. ①苗… Ⅱ. ①吴… ②向… Ⅲ. ①苗族－非物质文化遗产－中国－文集②侗族－非物质文化遗产－中国－文集 Ⅳ. ①G122-53

中国版本图书馆 CIP 数据核字（2020）第 299084 号

---

**责任编辑**：李　群
**封面设计**：逸品书装

**出版发行**：群言出版社
**地　　址**：北京市东城区东厂胡同北巷 1 号（100006）
**网　　址**：www.qypublish.com（官网书城）
**电子信箱**：qunyancbs@126.com
**联系电话**：010-65267783　65263836
**经　　销**：全国新华书店

**印　　刷**：涞水建良印刷有限公司
**版　　次**：2020 年 5 月第 1 版　2020 年 5 月第 1 次印刷
**开　　本**：880mm × 1230mm　1/32
**印　　张**：12.75
**字　　数**：272 千字
**书　　号**：ISBN 978-7-5193-0569-7
**定　　价**：58.00 元

# 苗侗文坛非遗选集编委会

主　任：范钟声　王建华

副主任：潘金海　粟周榕

委　员：邰　磊　吴佺新　方大文　杨勇富

潘璐璐　向同明

主　编：吴佺新　向同明

编　辑：陈锡忠　黄　嫱　周　兴　杨秋蕾

付乾坤　王桂珍

# 目 录

# 理论探讨

# 传承的力量

## ——纪念侗族大歌申遗成功10周年

吴定国*

2009年9月30日，联合国教科文组织保护非物质文化遗产政府间委员会第四次会议在阿布扎比审议并批准列为《人类非物质文化遗产代表作名录》的76个项目中，侗族大歌等22个中国项目成功入选，实现了贵州省成功申报世界级“非遗”项目“零”的突破。

侗族大歌成为人类非物质文化遗产代表作，侗乡成为世界遗产地和世界文化观光的热选地，侗族大歌成为人类和平与友谊的纽带，唱出了人类共同的心声。

### 一、侗族大歌申遗成功的影响

侗族大歌列入人类非物质文化遗产代表作名录后，特别是贵州省《多彩贵州·侗族大歌传承保护发展行动计划》和黔东

* 吴定国，男，侗族，黔东南州侗学研究会研究员，主要从事侗族文化研究。

南州《建立侗族大歌传承保护发展示范村》印发实施后，贵州省黔东南州，侗族大歌的主要流布地黎平、从江、榕江3县的侗族地区群众学唱侗族大歌的热情高涨，通过学歌、唱歌、赛歌等活动，促进了侗族社区、群体和个人之间的相互尊重，相互往来，相互学习，在增进民族团结，提高人文素养，建设和谐社会等方面起到了很大的促进作用。在文化下乡活动中，相关县非物质文化遗产保护中心，组织艺术团和侗族大歌传承人，到县里的侗族乡镇演唱、比赛，与当地群众互动，深受群众欢迎。

近10年来，黎平县每年都在侗族乡镇或村寨举行侗族大歌比赛；从江县每年11月28日都举办“侗族大歌节”，各种不同风格、不同类型的侗歌进行比赛；榕江县每年在三宝侗寨古榕群举行侗族大歌比赛。赛事活动的连续性举办，使原来只有侗戏、琵琶歌的那些侗族地区也成为侗族大歌的传承传唱地。尤其是贵州省文旅厅和黔东南州文体广电旅游局在黎平、从江、榕江3县举办的每年一度的“侗族大歌百村歌唱大赛”活动，传承演唱侗族大歌的歌队、歌手踊跃参赛，盛况空前，影响广泛。

## 二、保护与传承侗族大歌的努力

### （一）实施“黎从榕”侗族大歌集中连片保护工程

贵州省文旅厅（原文化厅，以下同）和黔东南州文体广电旅游局在黎平、从江、榕江3县实施侗族大歌集中连片保护行动计划，每年投入1000万元，通过“百村歌唱大赛”“百个传承保护发展示范村”“百村传统经典民歌数字化”“百名侗族大歌骨干辅导员”“千人传承培训计划”“精品剧目《嘎老》包装推广”的“411 工程”，推动了侗族大歌集中连片传承保护的实施。

### （二）实施侗族大歌传承人保护工程

黔东南州出台了《黔东南州州级非物质文化遗产项目代表性传承人认定与管理办法》和《黔东南州非物质文化遗产项目代表性传承人年度考核办法（试行）》，黎平、从江、榕江 3 县依照以上文件制订了相关规定和办法，形成了完备的国家、省、州、县 4 级传承人认定体系，加大了对非物质文化遗产项目代表性传承人的保护力度。目前，侗族大歌代表性传承人，国家级的有黎平县的吴品仙，从江县的潘萨银花、吴仁和，榕江县的胡官美，共 4 人；省级的有黎平县的吴志成、吴学桂、吴成龙，从江县的贾福英、潘刷立鲜、吴德光、吴世雄，榕江县的罗婢云，共 8 人；州级的有黎平县的吴美芳、吴学美、吴进化、吴艮梅、吴梅香，从江县的吴大安、潘春贵、贾美兰，共 8 人；县级的有吴三妹、吴培太、杨秀珠等 300 余人。

### （三）实施侗族大歌保护传承教育示范基地工程

2011 年以来，黎平县已将岩洞中学、岩洞小学、黄岗小学、地扪小学、茅贡中学、肇兴中学、肇兴小学、龙额中学、龙额小学、岑引小学、三龙小学、铜关小学、黎平四中、口江小学、坑洞小学、皮林小学、三龙幼儿园、岩洞幼儿园、竹坪小学、新洞小学、述洞小学、城关四小、县文化馆培训班等教育单位作为侗族大歌保护传承教育示范基地，开展侗族大歌进校园工作。同时，在铜关、岩洞、九龙、中罗、述洞等村寨建立侗族大歌传习基地，支持侗族大歌传承人开展传习活动，这些传习基地为游客演唱侗族大歌达千余场次，成为黎平县宣传和演唱侗族大歌的主要地区。从江县将高增小学、岜扒小学、小黄小学、城关三小、县民族艺术团、县文化馆培训班，以及高增村、小黄村、宰门村、巨洞村、腊全村、腊水村、干团村、腊阳村、贯洞村等58个村寨作为侗族大歌保护传承教育示范基地，其村寨歌队为游客演唱侗族大歌八百余场次，该教育示范基地成为从江县宣传和演唱侗族大歌最为活跃的地区。榕江县将车民小学、中宝小学、车江中学、栽麻中学、栽麻小学、大利小学、加所小学等28所学校作为侗族大歌保护传承教育示范基地，并建立宰荡、加所、大利、苗兰侗族大歌展演示范基地，支持开展传习活动。

### （四）实施侗族大歌档案数据库工程

2011—2015年，在原文化部和贵州省文旅厅的统一安排部署下，黔东南州组织黎平、从江、榕江县文化部门，利用各种资源，认真开展非物质文化遗产普查工作，并重点对侗族大歌进行全面普查和深度调查。收集到的珍贵数据资料，为侗族大歌数据库的永久性保存和实现人类资源共享做出了积极的努力。

截至目前，黎平县侗族大歌数据采集到的图片有5000多张，录音200多小时，视频2T，收集到的曲目有400余首，同时，在国家文化部非遗司和贵州省文旅厅非遗处的大力支持下，出版发行了《侗族大歌》系列丛书，并正在制作《教你唱侗歌》光碟。从江县完成整理侗族大歌入档图片 1800 多张，音像视频近 220 小时，侗族大歌传统曲目 200 余首，并编辑出版了《从江侗族大歌精选集一百首》；尚有未完成整理入档的侗族大歌图片 2000 余张，视频 3T，音频 300 余条。榕江县收集到侗族大歌 282 首，整理完成 20 世纪 80 年代采录的古老版本侗族大歌 34 首，现持有侗族大歌各种相关电子资料共 20G，纸质资料 11 盒。

### （五）实施侗族大歌保护与传承的协助工程

侗族大歌入选人类非物质文化遗产代表作名录后，在文旅部、贵州省文旅厅的指导下，黔东南州组织州文体广电旅游局、州非物质文化遗产保护中心、州文化研究所、州民族研究所、凯里学院原生态民族文化研究中心、黔东南民族职业技术学院民族文化创意教学部、州侗学会等相关侗族大歌保护研究机构按照《侗族大歌五年保护规划（2011—2015 年）》，协助侗族大歌主要流布地黎平、从江、榕江 3 县人民政府、县文体广电旅游局、县非物质文化遗产保护中心、县侗学会、县中小学等进行保护、传承、弘扬、宣传、推广，并督促相关侗族乡镇和村寨积极开展传承保护工作。特别是举办每年一度的侗族大歌比赛，侗族村寨民众经常停下手中的农活，参加或参观当地的侗族大歌赛事活动。为了能够组队参加侗族大歌比赛，没有侗族大歌歌队的侗族村寨还邀请侗族大歌传承人到村内传授侗歌，侗族聚居区的中小学校也聘请侗族大歌传承人进校园授歌。这充分表明了侗族大歌所在地各级政府、群体和有关个人为侗族大歌的保护与传承所持有的决心。

## 三、侗族大歌申遗成功后，保护工作的基本情况

### （一）保护工作有成效，侗族大歌有发展

侗族大歌流行地区呈现出歌队多、节日多、听众多、赛歌多、传歌多的景象。侗族大歌被列入人类非物质文化遗产代表作名录后，更加激发了侗人对文化遗产的热爱之情，既藏歌于民，又传歌于世。社区群众多次携侗族大歌参加国际国内的重大演出和比赛，获得了极高的荣誉。事实证明，侗族大歌不仅是属于侗族的、中国的，也是属于世界的。相关部门制订和颁发了相关文件，成立了非物质文化遗产保护中心和保护工作专家委员会，并建立了非物质文化遗产四级名录体系，在侗乡中小学校实施“侗族大歌进课堂”，让侗族孩子在学校学习侗族大歌，促进了侗族大歌的发展。

### （二）现实威胁依然存在

第一，受当地经济落后的影响，侗族村民外出务工人员数量不断增加，成年人练习和演唱侗族大歌的人越来越少，成年人歌队亦不多见。

第二，现代曲风对侗歌冲击较大，很多侗族大歌曲目都已不是原来的样子，很多人学歌也仅仅是为了应付一些集体活动。

第三，歌师负责教授侗族大歌，是侗族大歌传承的核心人物，但很多地方的歌师寥寥无几，一些在世的大多也年事已高，歌师一旦逝去，其所教的歌队也将面临解散的危机。

## 四、对侗族大歌明天的期许和展望

侗族大歌的文化内涵博大精深，能反映一个国家和民族的历史、地理、风土人情、传统习俗、生活方式、文学艺术、行为规范、思维方式、价值观念等多方面的内容。它从诞生之日起就有一个发展变化的过程，是一种现实的存在，也将持续发展，走向未来。

侗族大歌是侗族文化的集中体现，是民族精神的象征。这些年，侗族大歌提高了侗族的知名度与影响力，大歌集中体现了热爱自然、热爱生活、爱好和平、团结互助、乐观向上、和谐共处，以及集体意识、创造精神等侗族精神。保护侗族大歌，不仅仅是侗族文化和中国多民族文化繁荣发展的需要，也是世界文化多样化和丰富性发展的需要。

关于如何保护、如何传承的问题，我和中国社会科学院的邓敏文教授多次讨论，形成如下观点：

第一，藏歌于民。侗歌是侗族人民历经千年万代不断创造、不断继承、不断发展的结果，所以侗族人民才是这笔珍贵遗产的主人和真正继承人。没有侗族人民的积极参与，我们的保护和传承工作只能是一句空话。

第二，载歌于节。随着社会生活的现代化和信息化发展，人们交流情感的方式日益增多，以歌传情、以歌养性、以歌述史的传统方式已经逐步远离侗族人民的日常生活。侗族青年男女们为了谋生，平时或忙着在校读书，或忙着外出打工，或忙着进城经商等，唯有节日才能聚在一起载歌载舞，尽情欢乐。

所以，各种节日是传承侗歌的最好时机。只要相关部门给予支持，鼓励民间组织各种各样的唱歌或赛歌活动，侗歌就可以长盛不衰地传承下去。

第三，放歌于市。随着市场经济日益深入侗乡，侗族人民耻于经商的传统观念迅速改变。在市场经济环境中，我们要因势利导，将唱歌活动与谋生活动有机地结合起来，将精神文化与物质文化有机地结合起来，让那些爱唱歌、能唱歌的优秀歌师、优秀歌手的收入水平和生活水平逐步得到提高。这就是我们常说的“侗歌产业化”的根本目的。侗歌要产业化，就要寻找市场；侗歌要寻找市场，就必须走出鼓楼，走出侗寨，走向城镇，走向国内外大城市。为了适应更广、更大的国内外市场，侗歌就必须改变传统的演唱内容和演唱形式，这就是发展。例如，传统侗族大歌原是由男歌队和女歌队坐在侗寨鼓楼里“闭目长歌”的，如今为了让侗族大歌走上国内外各种艺术舞台，歌手们不仅要站着唱歌，还要有一定的面部表情或形体动作，这也是发展。再如，过去只有男声大歌和女声大歌，为了让侗族大歌更有气势，更有魅力，1958 年黎平侗族大歌合唱团创造了男女混声大歌，这也是发展。为了让侗族大歌走得更远，飞得更高，近年，黎平岩洞农民大歌队试探用汉语、英语、日语演唱侗族大歌并受到了国内外观众的欢迎，这也是一种发展。总之，侗歌必须发展，唯有发展才能有新的生命力和新的活力，才能在新时代里得到更好的传承。时代在变，社会在变，观念在变，艺术也必然会变，所谓“原生态”是相对而言的。发展变化才是一切事物的本质。

我相信，侗族大歌从 1000 多年前的过去走到今天，也必然会以更加崭新的面貌走向未来。

# 论苗族传统文化的和谐理念

傅安辉*

“和谐”，是对愿景、理想的表述。“和谐”这个词语，春秋战国时期用得比较频繁。后来的封建时期，“和谐”也经常被人使用。但是，到了清末，由于民族矛盾和阶级矛盾的激化，“和谐”便渐渐退出了词汇舞台。第十六届中央委员会第六次全体会议通过《中共中央关于构建社会主义和谐社会若干重大问题的决定》之后，“和谐”这个词语除了在官方文件、报刊书籍中高频率出现之外，在网络世界里也被网友们青睐。和谐社会与有关和谐问题的研究成了重点“课题”。

和谐是世界的本质。和谐是人们对自然和人类社会变化、发展规律的认识，是人们处事的价值观、方法论。和谐文化的思想理念包括良心、道德、愿景、理想、真理、价值、审美等。“和谐”是对立事物之间在一定条件下的辩证统一，是不同事物之间相辅相成、互助合作、互利互惠、互促互补、共同发展的关系。

和谐是一切事物的原则。生产、工作、生活、学习、研

* 傅安辉，男，侗族，凯里学院教授，省管专家，全国模范教师。

究，它们内在必须是和谐的，和其他事物的关系也必须是和谐的。如果不和谐就会动荡，引起其他的变化，人与人之间、人与物之间、物与物之间都有内在的联系，有和谐的本质。斗争，只是现象，和谐才是它的本质。和谐包含着斗争，与此同时也有妥协。和谐包含着严格，也有宽容。和谐是条件，斗争只是手段。和谐包含着一分为二，也包含着合二为一，这就是物质的本质。为了解决问题，不得不采取各种各样的手段。为了达到和谐，双方要进行换位思考，多替对方着想，做出必要让步，善待他人。为了更高的和谐，斗争将会更加微妙复杂，方式方法也更加丰富多样。

这些有关和谐的理论见解，我们在苗族的传统文化现象中能够体会和感悟到，和谐的意蕴与理念也将在其中得到具体的、形象的诠释。

## 一、起源学说的和谐理念

是英雄创造历史，还是群众创造历史？有人曾认为，历史是帝王将相、英雄豪杰和才子佳人创造的。毛泽东则认为是群众创造的，他说："人民，只有人民，才是创造世界历史的动力。"[①] 人民群众是社会生活的主体，当然也是历史文化的创造者。苗族的群体意识观念，内涵丰富利于维护集体，促进统一，构建和谐社会，创造团结安定和睦的美好生活，具有保持

① 毛泽东：《论联合政府》，选自《毛泽东选集》一卷本，北京：人民出版社，1964，第932页。

社会稳定，推动社会发展的作用。

### （一）群体创造天地万物

关于天地的起源问题，苗族人民认为天地这样无限大的世界，绝不是个人所为，而是群体创造的。苗族古歌《开天辟地》流传于黔东南地区，歌里唱道：府方、剖帕、修狃、火耐和姜央分工合作、同心协力创造了天地、山岭、河流、火苗等。① 借助奇特的想象来解释天地的起源。古歌所述 5 者共同创造了天地、山岭、河流、火苗，突出了群体的力量。

关于群体创造万物，苗族民间传说就更为多见。《相金上天去买“确”》中说苗族的古赛老人与侗族金毕、相金、相银一同上天去向神仙歌王买来了歌。苗族祭祀赋《吹芦笙祭词》中则说芦笙是众人合作创造的。② 神话故事《青蛙南海取稻种》里，叙述了当年苗侗祖先听到燕子说南海那边有稻种，于是派人带领青蛙、狗、燕子和蚂蟥组成团队前去寻找，把谷种带了回来，是他们的集体智慧改写了人类从狩猎到农耕的历史。③





---

① 贵州民间文学工作组:《苗族文学史》，贵州：贵州人民出版社，1981，第 34 页。

②《侗族文学史》编写组:《侗族文学史》，贵州：贵州民族出版社，1988，第 49—53 页。

③ 杨权:《侗族民间文学史》，北京：中央民族学院出版社，1992，第 64 页。

### （二）群体创造人类

黔东南地区的苗族先民把枫木作为图腾进行崇拜。他们认为自己的祖先源于枫木，正如苗族古歌中所唱的："还有枫树干，还有枫树心，树干生妹榜，树心生妹留，古时老妈妈。"意思是说，枫树干和枫树心生出了"妹榜妹留"。"妹榜妹留"是苗语，翻译成汉语即"蝴蝶妈妈"。蝴蝶妈妈生下12个蛋，12年后，12个蛋又孵化出了姜央、雷公、龙、虎、蛇、象、牛等12个兄弟。其中只有姜央是人类，他成了苗族的远祖。在苗族古歌里，叙述人和其他一些动物都是由蝴蝶妈妈生蛋孵出来的。在这里，一是说明人类是与动物同宗同祖的，人与动物是兄弟关系，只能团结合作，不能互相残杀，二是说明人类不是孤零零的，而是与动物世界和谐共处的。

## 二、传统法理的和谐理念

只要考察和研究苗族民间文化现象，就会发现苗族是一个善于说理的民族。他们认为，能够说理、依理、认理、服理是人类特有的品质。所以，苗家人以理修身，以理处世，对于法理、道理、人理、情理、事理、世理、物理等的感悟和认识也比较深刻。苗族的理，不只是指道理、人理、事理、情理、世理、物理，更指法理。

### （一）传统法理

苗族是最早实行"法制"的民族之一。《尚书》记载："苗民弗用灵，制以刑，惟作五虐曰法。”《周书·吕刑》记载：“蚩尤对苗民制以刑。”

**1. 苗族的社会控制制度**

苗族的社会控制制度，包括有理老、寨老、议榔和神判四个既相互独立又相互联系的制度。

理老制是苗族习惯法的重要支柱，主要负责财产、山林、婚姻等民事纠纷和械斗，涉嫌群殴、凶杀、强奸等治安案件的裁决和执行。执行理老制的理老是苗族社会中半专职的法官，由精通“贾”“理”和各种古规古理，办事公正，善于辞令的人担任。理老的产生一是自然形成，二是公推。理老有事理事，无事生产，没有俸禄，没有津贴，也没有特权，只在理事结束时会被请吃饭和得到答谢。作为社会公众人物，理老不代表具体人的具体利益，而是代表一种社会的公理而存在，是为社会公理服务的。

寨老制是苗族的又一法治制度。寨老是苗族村寨中的贤达者，主要负责组织制订维护村寨社会治安、公私财产和伦理道德的乡规民约，组织召开村民大会，制裁违背村规民约的人和事，调解处理村民内部宗族之间的纠纷，代表本村寨调解处理与邻村寨之间的矛盾与纠纷等。寨老和理老一样，有事理事，无事生产，没有俸禄，没有津贴，也没有特权，只在理事结束时会被请吃饭和得到答谢。

议榔是苗语构榔的音译，意为“集中起来制订规矩”，是苗族社会中一种以地域为基础，在一定范围内由村寨首领们共同来议定规约，通过杀牛祭祖后使规约变成“神”的意志，由“神”的力量对“人”进行管理，从而实现对社会控制的一种法治制度。议榔实际上是苗族的一种“立法”活动。

“神判”是与“议榔”“理老”相伴相生的次生文化。对一些难以取得证据的纠纷和案件的裁决，要靠“神判”的方式完成，即借助“神灵”的力量来判断了结。

**2. 苗族理辞**

苗族习惯上将“贾”和“理词”合称为“理辞”。在苗语语境里，“贾”和“理辞”合称为贾理（Jiaxlil），是苗族习惯法里最重要的组成部分。如果我们把苗族的“贾理”当作静止的文化现象来看，“贾”和“理词”是有区别的。“贾”是关于天地万物关系的法则和规律，是调节人类社会矛盾冲突，调适人际关系的法则和规律。“贾”反映的是自然界中各种自然现象的因果关系，即自然规律，“贾”所起的作用就是“法典”的作用。而“理词”就是“道理”范畴里的“理”，是理老在调解纠纷时依据“贾”的准则衍生出来的有固定格式的辩论言论的判词。如果我们把“理词”放到苗族民间司法实践的动态环境中来审视就会发现，“贾”和“理词”就有明显的区别。“贾”是案件裁决的依据，起到法典的作用，而“理词”既是辩理的“套路”，又是判决书；“贾”是固定不变的，而“理词”可以临场发挥；“贾”是必须拜师学习的，而“理词”可以自学得到。“贾”和“理词”的关系，前者统帅后者，后者以前者为依据。它们相辅相成，构成“苗例”的法律理论体系，共同为苗族社会生活的和谐稳定发挥法典法理作用。[①] 1736 年，乾隆皇帝在

① 雷秀武：《民族文化精髓·社会制度典章——黔东南苗族口承古籍〈贾〉序》，见贵州原生态民族文化研究中心：《贾》，北京：大众文艺出版社，2009，第 9—10 页。

总理苗疆事务大臣张广泗关于署理“苗疆事宜”中，御批道：“苗民风俗与内地百姓迥别，嗣后苗众一切自相争讼之事俱照苗例，不必绳以官法。”在277年前，作为封建王朝最高统治者的乾隆皇帝，已经意识到“苗例”在苗族社会里对于维护社会秩序，改善社会关系，安定苗民生活，谋求长治久安等方面都有很好的功效。所以，乾隆皇帝才发出“圣旨”，“苗例”和“官法”可以同时在一个政治版图中并列使用。

**3. 现代苗家人的诉讼传统**

改革开放以来，曾经发生过这样的事情：苗家人在城市打工或经商，产生了纠纷，就回家乡请能说会道的人去帮忙打官司，结果这些苗家“土律师”战胜了城里的大律师，打赢了官司。他们靠的是什么？一是以事实为根据，以法规法律为准绳，二是依靠平时练就的各种讲道理的硬功夫。这也证明了“有理走遍天下”的说法。打赢官司，正义得到伸张，公道得到彰显，矛盾得到化解，心情得到舒畅，有利于人的健康和社会的和谐。

## （二）苗族说理



在歌唱类民间文学作品里，有苗族事理歌、苗族劝世歌和苗族古歌来说理。在赋类民间文学里，有浩如烟海的苗族说理赋，而苗族说理赋中，又有数量非常多的说理作品（如谚语），用以阐明人理、世理、物理、事理等。在故事类民间文学里，有许多苗族传说故事都是用来说明道理的。在曲艺类说唱作品里，更有不少道白和唱词是用来陈述事理的。苗族说理作品是我国民族民间文学中的宝贵遗产。苗族说理作品内容包罗万象，意蕴丰富含蓄，洞达人情世故，穷尽是非曲直。因文辞华丽，说理明白，很能打动人心，启人心智，开蒙发聩，知晓道理，使人遵规守约，提高品质，德才兼备。苗族说理作品深受苗族人民的喜爱，被广泛应用于社会生活的各种场合中。

苗族人民特别看重“理”，他们坚信以理才能服人。“千刀不如一斧，万句不如一理”“有斧砍得倒树，有理服得倒人”“有理一句重，无理万句轻”“理字并不重，千人抬不动”，这些苗家俗语说明“理”才能服人，理的分量最重。他们还认为理是客观存在的：“谷子生在地里，道理摆在世上。”他们认为世上的理是数不尽，学不完的，“走不完的路，知不完的理”“一网打不尽江中鱼，一人道不尽世间理”。正因为如此，才有那么多人来说理，才有那么多人来讲理，才产生了浩如烟海的说理作品。

**1. 说理词**

苗族说理词是苗族说理赋中最富文采的一种，它采用铺陈和夸张的表现手法，力求穷尽事理、物理、人理和世理，以揭示自然界和人类社会的本质，找出它们的规律所在。

**2. 祝赞词**

祝赞词是一种社交性礼节用语，包括祝词和赞词。祝词包括祝贺、祝愿、祝福之词，赞词包括赞美、赞扬、赞颂之词。把祝赞词列为说理赋，是因为它道出了一种情理。希望听到别人的好话，希望得到别人的祝愿，希望听到别人的赞颂，这是人之常情。这种常情得到满足，就是情理之事。祝愿赞美别人，表达的是一种社交情理。我们的生活，非常需要这样的情理。情理不是大道理，也不是远离生活的抽象之理，而是最贴近我们的生活、我们的人生、我们的情感世界的人情之理。

苗乡使用祝赞词的场合很多，如迎新嫁女之时，生日祝寿之时，立柱上梁之时，开门进新屋之时，上学开店之时，晋级升官之时，节日喜庆之时，男女青年谈情说爱之时，等等。念诵祝赞词的形式也是多种多样：有一人讲（或念诵）一人听的；有二人互相对答，众人助兴的；有一人朗诵，众人和诵的，等等。念诵祝赞词气氛热烈，群情昂扬，精神振奋，大家都沉浸在欢乐之中。《舞龙词》《立屋词》《开财门词》《贺新年词》《村寨赞词》《老人赞词》《青年赞词》《少年赞词》等祝赞词，充满了乐观主义的精神，都是情理之作。它们使人热爱生活，爱惜生命，努力向前发展，显示了友好互敬又积极进取的人生观和价值观。

## 三、芦笙曲舞的和谐理念

芦笙，为西南地区苗、瑶、侗等民族的簧管乐器。苗族人离不开芦笙。侗族在鼓楼里一击鼓，人们立即从四面八方聚拢来。苗族在芦笙场上一吹芦笙，人们也立即从四面八方聚拢来。芦笙就是苗族社会生活的号令。在苗家人头脑里，芦笙代表着全体苗家人同心同德，同欢同乐，团团圆圆，和和美美。

苗族的芦笙历史源远流长。有人说，芦笙是苗族历史文化发展的见证。苗族历史上的不断迁徙形成了芦笙的文化体系，并在苗文化中占据主导地位。所以，很多专家、学者在研究苗族时，常常把芦笙与苗族的关系等同起来，认为苗族文化就是芦笙文化。据文献记载，芦笙已有3000多年的历史。当时芦笙被称为“瓢笙”。远在唐代，贵州苗族就开始制作芦笙，并涌现了不少优秀的芦笙吹奏家。古代进京朝贡者，就曾到宫廷演奏芦笙，得到了朝廷官员的高度赞赏。[①]

自古以来，芦笙吹奏，都要配合舞蹈，边吹边舞。不过根据各地苗寨习俗的不同，芦笙的演奏也有所差异。贵州黔东南苗族地区的“踩芦笙”，规模宏大，芦笙高大，芦笙队伍演奏的乐曲，内容丰富，乐声雄厚，气势磅礴，动人心魄。芦笙手们一边吹，一边熟练地做出倒立、滚翻、吊挂、倒背、爬竿、叠罗汉等高难度动作。有的地区则以芦笙独舞和双人舞见常，旋律明快，节奏自由，技巧娴熟，引人入胜。有的地区芦笙较小，男吹女舞，节奏平稳舒缓，耐人寻味。这些不同风俗的芦笙技艺，汇聚成一朵富有民族特色的艺术奇葩，代代相传，永不衰败。

在苗家，每年都要举行几次盛大的芦笙节。节日里，苗族人民盛装前往，各寨芦笙手云集芦笙坡，平时寂静的青山翠谷，顿时汇成芦笙歌舞的海洋，满山遍野，一望无际。在黔东南的谷陇地区，每年的农历九月 27—29 日这 3 天是芦笙节，这已成为苗族的传统节日。参加芦笙节的苗家男女达几十万人，不仅本地的芦笙手竞相参加，就是附近几个县、百余里以外的邻州邻县的芦笙手，也披星戴月，带着干粮赶来献艺。在欢乐的节日里，芦笙的吹踩声，男女的对歌声，此起彼伏；男女青年在一起互诉衷情，赠送信物；老年人笑谈丰收，妇女们

① 杨方刚:《贵州苗族芦笙文化研究》,《中国音乐学》1997 年增刊，第 25—34 页。

尽情歌舞。而最吸引人的要算芦笙乐队的竞赛了，几十个芦笙队，每两队一组进行比赛，既有个人表演，也有集体吹跳，芦笙手边吹边舞，舞步时而活泼有力，时而诙谐风趣，时而旋转如飞，一曲紧接一曲，芦笙不停，舞步不息，无新曲者败北，曲多音亮的芦笙队获胜，获胜者的芦笙被挂上红色缎带，得胜的寨子和个人受到人们的尊敬。芦笙节期间，还同时举行斗牛、赛马等娱乐活动，更增加了节日的欢乐气氛。

芦笙在苗族青年们的恋爱生活中占有重要的位置，苗家后生与芦笙有着一种特殊的感情。当他们约会姑娘时，芦笙便是“红娘”，当他们倾吐爱慕之情时，芦笙又成了一种美妙的“语言”。往往姑娘们劳动归来，掩上窗户在灯下绣花，忽然听到芦笙响起，就会一跃而起，穿户踏月而出，向那芦笙之音奔去。

芦笙乐舞是苗族等少数民族文化生活的重要组成部分。在苗族的每个村寨里，都有一个跳芦笙的中心院坝，在夏秋季节的月明之夜，芦笙鸣响，全寨的男女老少聚集在一起，或随着轻松活泼的芦笙曲翩翩起舞，或谈古论今，尽情地享受着劳动后的欢乐。芦笙曲的种类很多，内容和形式也丰富多样，它们多是取材于民间歌谣，苗族人民用它们来表达细腻的内心感情和对新生活的无限热爱。著名乐曲有《诺德仲之歌》《大悲调》《和调》《赛调》等。吹奏芦笙多与舞蹈相结合，苗族芦笙舞有着悠久的历史，在人民中广泛流传，是最普通的一种舞蹈。芦笙舞一般都是围成圆圈，由男子在前吹芦笙，面朝圈里，横身领舞前进；妇女随后，面朝前进方向，随音乐而舞，左右脚交替前进。《皇朝通典》中说：“一人吹芦笙为首，男女联手周旋跳舞为乐。”清《广舆胜览》中载有苗族《芦笙舞》图，图上一苗族青年男子边吹芦笙，边起步舞蹈；一女子梳高髻，穿花衣裙，左手执巾，右手摇铃而舞。图上注明："苗族每岁孟春，择平地为月场，男吹芦笙女摇铃，盘旋歌舞，谓之跳月。"直到今天，芦笙舞仍在苗族广为流行，只是吹笙的男子不是一人，而是多人；女子舞时也不拿巾和铃，通常是徒手而舞。芦笙舞有快舞和慢舞之分，在节日和比赛场里多跳快舞，舞姿健康粗犷，情绪欢快开朗；而在村寨的院坝上多跳慢舞，动作优美，情绪舒缓安详。

从古到今，苗族用芦笙曲、芦笙舞来凝聚人心，传达彼此之间的情意，构建和谐友好的村寨关系。苗族的芦笙文化，就是追求和谐情感、和谐生活、和谐社会的精神产品。

## 四、斗牛习俗的和谐理念

苗族斗牛节是苗族传统的民俗活动，是人们让两头水牯牛以角相抵斗，以争胜论负的活动，被称为"东方式斗牛"。苗族是一个敬牛、爱牛、崇拜牛的民族，他们把牛视为健康、力量、勤劳、搏击、英雄的象征。苗家人喜爱斗牛，是长久以来的文化传统，斗牛在以前都是在庄稼收获后，用以庆丰收的一种活动。随着时间的流逝，社会的发展，斗牛正在逐步演变成一种文化。

当然，苗族人以牛相斗并不是戏牛取乐，而是以斗牛的方式选出牛神来崇拜，以表达苗家人对力量的崇敬之情。竞赛以输赢论名次，一般来讲，斗胜的牛会被称为牛王、牛神、牛圣，为全村寨带来荣誉，从而受到人们的爱戴和崇拜；斗败的牛命运则比较悲惨，有的被再次精心饲养和训练，以图来年再露峥嵘。一头好的斗牛往往被视为全村寨的财富，因为比赛的奖金额度也是比较可观的。

## （一）牛崇拜

《苗族古歌》提到蝴蝶妈妈生下始祖姜央和龙、雷公、牛等动物。洪荒时期的蚩尤部落非常崇拜牛，《述异记》记载蚩尤就是“人身牛蹄，头有角”，可以用利角来作战。水牛与龙在苗族看来是可以互变的神话动物，刺绣图案里的龙往往长着一对牛角。在现实生活中，牛崇拜文化贯穿在苗族社会生活的方方面面，对苗族宗教、哲学、心理都产生重大影响。在苗岭，牛被苗族同胞神化了，牛战胜了老虎的故事家喻户晓。在苗族人民心目中，牛是人类的保护神，因此腰门的上门斗做成牛角形，大门的连楹也做成牛角形。人们认为，神牛把门，大吉平安。同时，在用蜡染、刺绣、挑花、织锦等传统工艺制成的民族服装上，无处没有牛的图案，而且是最美的图案。苗家人认为，牛的威力是最大的，牛的心胸是最宽广的，牛的肚量是最大的。所以，自古以来苗家人崇拜牛，其实就是崇拜威力，向往美好，讲究和睦。贵州清水江流域的苗胞对牛有一种特殊的感情。逢年过节，要在神龛、牛圈和大门前烧香拜祭；牛生病时要请兽医看病；母牛产犊时同样享受“坐月子”才有的豆浆稀饭和细料；主人外出途中见到好草就想到喂牛，哪怕长在刺蓬里或悬崖上也要想尽办法去割来；老牛死了也像老人去世一样给唱开路歌；走亲访友，最关心的是主人的居室、粮仓和牛圈。对于牛，人们习惯用吉祥的语言来口封，因为人们相信封得好便会万事顺利，所以开口就道："好牛，好牛！"苗族过重阳节和春节要打糍粑，所捏的第一锅糍粑必须分成三份，第一份祭祖，第二份喂牛，第三份敬老人，然后其他人才能分享。苗族谚语——"牛发人发，牛衰人衰"也说明了牛在苗族人民心中的重要性。

苗族之所以如此看重牛，是有其历史原因的。早在5000年前，苗族就进入了农业社会，作为一个以农为本的民族，自然离不开耕牛。苗族是一个迁徙频繁的民族，在漫长艰苦的迁徙生活中，牛给人以极大的帮助。牛的嗅觉较人灵敏，离虎豹百米之遥就能闻到气味，朝虎豹方向"发脾气"；在寒冷的冬季，靠近牛过夜可以御寒和防备豺狼；牛可以驮人过河。可以说，牛与苗族人民的生活息息相关。

苗族牛崇拜文化和心理的形成除上述的历史原因外，还受以下三点的影响：首先，苗族认为牛是吉祥物，能够为人们消除灾难，带来平安幸福，故牛常常被称为"保家牛"。其次，也有以敬牛来表达认同英雄祖先蚩尤之意。传说，蚩尤部落作战，用牛抵御外来入侵者，多次获胜，因此，在苗族人心目中，牛是英雄的象征。最后，苗族传统审美观是以强健、丰满、力量为美的，而牛强健的体格是力量与生命的象征，是与苗族审美标准相契合的。水牛角形的龙舟头，苗姑头上微微摆动的大银角，都是这一审美心理的表现。牛肚也被引申为宰相肚，象征宽容、和睦。

## （二）牯藏节

牯藏节也称"吃牯藏"，是苗族人民以血缘氏族为单位，共同祭祀祖宗的大典，整个仪式包含旋牛、砍牛祭祖、祭鼓等一系列离不开牛和鼓的宗教仪式。

杀牛祭祖是牯藏节最核心的程序，一般挑选本地身体壮硕、牛角对称、毛旋周正的大水牯牛作为祭祀之牛，由村寨里的牯藏头主持杀牛祭祖仪式。在牯藏节仪式上，可以听到平日里很难听到的庄重肃穆的祭祀歌或雄浑沉郁的苗族古歌，也可以看到平时难得一见的华贵之至的苗族长老服饰。

牯藏节之所以如此盛大庄重，是因为它不仅事关苗族人关于祖先的记忆，而且还可以通过祭祀祖先，祈求祖先神灵保护地方太平、人丁发展、五谷丰登、六畜兴旺、无灾无难和幸福安康。牯藏节每13年举行一次，持续十几天，被称为“世界上时间间隔最长的节日”。关于它的来历，传说蝴蝶妈妈下的蛋孵出了苗人始祖姜央，有一年，风不顺雨不调，瘟疫满人间，姜央子孙死于瘟疫者无数。姜央急了，想向蝴蝶妈妈求救，但不知如何才能让蝴蝶妈妈知道。大牯牛对姜央说:“你们杀了我，用我的皮制成鼓，并且敲响，这样我的灵魂便可以为你们找到蝴蝶妈妈，她就会来保佑你们平安。”姜央于是率众子孙举行隆重的宰牛祭祖仪式，敲响牛皮制成的神鼓，通神灵的大牯牛的灵魂便让人类和他们的祖先联络上了，蝴蝶妈妈终于知道了子孙们祈求保佑的诚意，显灵保佑了姜央子孙们，实现了人与神的和谐。从此，水牯牛成为苗族人祭祀祖先的供品。

### （三）苗乡斗牛

苗乡苗族斗牛，不是人与牛斗，而是牛与牛斗。[①] 斗牛文化，在苗族文化系统中占有十分重要的地位。苗族人民具有强悍的性格、坚强的毅力和勇气和不畏强暴、自强不息的精神，这在苗族斗牛文化中表现得淋漓尽致。

苗族斗牛习俗的起源可追溯到十分远古的原始社会。纵观五千年历史，苗族经历了大规模、长时间、远距离的迁徙，由“海河民族”变成了“山地民族”。从古到今，牛与苗民生息相伴，相依相存，牛为苗族的生存和发展立了大功。

公牛有好斗的习性，耕种闲暇之余，先斗牛，后杀牛祭祖。古今苗族斗牛，特别是黔东南苗族斗牛，以惊心动魄的牛与牛相斗而闻名于世界。典籍、诗词、舞蹈、传说、鼓社都记载有苗族斗牛的场景。

传统斗牛自由组合，不决胜负，现代斗牛分组，拈阄，定时，淘汰制，决胜负。苗族斗牛区别于其他民族的斗牛，就在于它是苗族牛图腾崇拜的遗迹。

苗族是一个爱好和平的民族，为了使这个民族得到多一些快乐，他们的祖先为他们设计了很多节日，并将节日布置在各个季节当中，给人以愉悦，给人以快乐，创造了一种劳逸结合的生活氛围。而这些节日又往往把斗牛活动纳入节日活动的范畴。

---

① 李志勇：《黔东南苗族斗牛文化研究》，贵州民族学院硕士论文，2011。

苗家喜爱斗牛，基本上每个节日都有斗牛活动。很多地方还专门设有斗牛节。苗族“春歌”里唱道：“冷季将过去，热季草正茂，牛牵草坪吃，让牛吃长膘，拉牛来争斗，斗了才下地。”所以，到每年的“四月八”过后，苗族人总是把牛牵出去争斗，久而久之“四月八”就成了一些地方的斗牛节。而牛做完一天的活之后，它们在圈里吃睡，长膘了也便进入了秋天，秋收后人们得从劳累中解放出来，为了释放自己，一些地方就开展了斗牛活动。在苗族社会中，斗牛节不是在同一天举行的，除了几个重大节日外，村寨之间大都有一个前前后后的顺序安排。这样就能让人们有足够的时间安排自己的日程，给人们一个相互交往、和睦相处的机会。

斗牛有几种，一种是耕牛兼斗牛，这种牛比较雄健，耕作时节耕田犁地，节日拉去斗打，这种牛我们可以称之为业余性斗牛；一种是专业斗牛，这种牛是根据各种条件精选出来的，平常不耕作，为一个寨子或一个家族共有，由一个选定的具有丰富养牛经验的能手饲养，节日期间拉去参赛，也可以称之为专业性斗牛。以斗牛民俗目的分，斗牛还可分为纯娱乐型斗牛和带有巫术色彩的娱神型斗牛。黔东南的斗牛一般都是带有巫术文化色彩的娱神型斗牛，所以它更具有观赏价值，传递着一种神秘的东方文化的魅力色彩。

每年正二月间和七八月间都要举行斗牛活动，人数多，人气旺，斗牛时间持续较长。斗牛节前半月左右，场主请四方斗牛爱好者届时拉牛参赛比斗。斗牛节到了，主人们在迎宾待客喝酒时，还特意用糯米饭把牛喂饱，斗牛上阵前有的主人还给牛喂上一二两酒，为牛提神壮胆。斗牛当天，每头牛由十几个年轻力壮的汉子左右相随看护，参加比赛的斗牛来自方圆数十里的各族村寨。斗牛场内外，人们从四面八方牵来几十头甚至上百头斗牛，有的牛身上配有牛鞍，牛鞍上插有五彩小旗。牛鞍两边挂满铜铃，响声叮当，有的牛鞍上还插有历届斗牛获得的奖旗，显得格外威风，主人也显得异常光彩。

斗牛打斗时，斗牛场内外喝彩声轰然炸响，夹杂着锣鼓声、唢呐声、铁炮声，震撼四野。也有斗牛场上几对牛同时分别竞斗的，场面气氛更是热烈，其间斗牛主人的亲戚朋友还为斗牛放炮送礼，无论到场斗牛是否参与，是输是赢，主人都会得到亲友们的鸡、鸭、绸带等礼品。获奖的斗牛则格外光彩，牛主人扛着奖旗或者将奖旗挂在斗牛的两角上，牛与主人都得到人们极大的钦佩羡慕。斗牛节期间，看斗牛的、看热闹的、做客饮宴的、谈情说爱的，各有所得，其乐融融，社会生活在节日里变得非常和谐美好。

## 五、传统节日的和谐理念

苗乡被称为“百节之乡”，是因为节日很多，小节月月有，大节三六九。苗族的传统节日，促进了人与人、人与群体、人与社会的和谐，过节的道理很简单，就是通过节日探亲访友，活跃人与人的交往，调适人际关系，增进团结和友谊。苗族传统节日体现了强大的文化凝聚力与民族凝聚力。龙舟节、吃新节、过苗年，乡情情结、团队情结、亲情情结，这些情结最容易唤起人们对亲人、家庭、故乡的情感，唤起人们对民族传统文化的记忆，对民族精神的认同，唤起人们同宗同源的民族情及对文化同根性的认同。文化凝聚力与民族凝聚力有利于增强民族团结，维系社会和谐统一，有利于加强各民族之间的团结友爱，也有利于激励一个民族不断前进、发展、文明、强大。主导民族过传统节日，有助于民族精神的建设，有助于民族自豪感的培养，增强民族的凝聚力，促进社会和谐安定。

### （一）龙舟节

苗族龙舟节是在江河里组织龙舟竞赛，观众站在江河两岸观赏，并为参赛的龙舟队呐喊助威加油，江河里的参赛者、两岸上的观众，都异常兴奋，汇成了欢乐的海洋。苗族龙舟节形成了自己独特的文化内涵，体现了强大的文化凝聚力和生命力，也体现了苗族团结一致、自强不息、积极进取的民族精神，在社会发展进程中具有非常重要的作用。

苗族龙舟节是苗族人每年在端午节起至农历五月末的传统民俗活动，贵州、广西、湖南、云南住在江河岸边的苗族大多会在这天划独木龙舟。除赛龙舟外，还有跳踩鼓舞、对唱山歌等其他活动。

苗族人重视端午节，据宋朝朱辅所著的《溪蛮丛笑》载，湘江、沅江流域之间的苗族，无论是否与汉人交往密切，都很重视端午节，看龙舟往往要花上 3 天时间。而清朝乾隆年间徐家干所著的《苗疆闻见录》也记述当地苗人喜欢赛龙舟，以 5 月 20 为端午节，在清水江宽深之处赛龙舟。[①]

---

① 耿生茂:《原生态黔东南》，贵州：贵州人民出版社，2008，第 149 页。

苗人以划龙舟来庆祝插秧成功和预祝五谷丰登，并有驱旱求雨和祈子求嗣等意义，其中清水江苗族《龙舟飞歌》中有“要划龙船，人类才兴”“你们给龙一头猪，龙给大家添子孙”等歌词，其《祭龙舟词》又有“赐给大家添子孙，多像蜜蜂万万千”等语句，可见苗人赛龙舟祈子求嗣的愿望。他们把参加龙舟竞赛视为一件光荣的事，亲友也会准备礼物在江边送行。赛龙舟，获胜的队得到奖赏，亲友送上厚重的礼品，并大放鞭炮庆祝；比输了的队，亲友依然送上礼品，放炮勉励下次取胜。赛事结束时，每队龙舟满载礼品缓缓而去，亲友们挥手互别。桡手们则高歌，期待来年再相会。各村寨会挑一只全村最肥大的猪，宰来酬谢全村对龙船节的支援，全寨大摆酒席，一起聚餐。聚餐除了酬谢桡手和村民之外，还有互祝风调雨顺、国泰民安的意义。龙舟节期间还有其他民俗娱乐活动同时进行。如赛马、斗牛、斗雀、吹笙、踩鼓等，一直到深夜，此时也是青年男女游方对唱、谈情说爱的佳节。

### （二）吃新节

每年古历 6 月 25 日或 7 月 13 日，雷公山区一带的苗族人民都欢度一年一度的吃新节，昼歌夜舞，人山人海，不亚于过苗年。为什么苗族人民要隆重欢度吃新节呢？传说远古时候，人间没有谷子，只有天上的谷子国才有。为了得到谷种，住在南天门下的苗族祖先耇先、老里想尽办法，拿珍禽异兽去换谷种，可是谷神不答应。耇先想出一条妙计：等谷子成熟时，派一只狗到谷田里去打几个滚，让谷种粘在狗毛上带回来。古历 7 月 13 日早上，狗出发上天去取谷种，费了九牛二虎之力，才在狗尾巴上带回来九颗谷种。

有了谷种，苗族先人犁田，播种，插秧，秋后所结谷穗金灿灿，黄澄澄，胀鼓鼓的。苗族先人耇先收了几升谷子，剥去壳，煮了一锅白米饭，一尝，很香。以后年年撒种插秧，在旮旮旯旯都种了水稻，人们都吃上了白米饭。7 月 13 日前后谷子成熟了，为了记住这个日子，耇先便把这天定为“吃新节”，一直传下来。后来一部分苗族人民提前过节，改吃秧包，节日提前在古历 6 月 8 日（卯日）过。一到节日，苗族人民就举行各种聚会，赶热闹场，跳芦笙、跳铜鼓，彻夜欢歌，热烈庆祝。吃新节反映的是人间与天上的矛盾以及人与狗的合作关系，反映的是人吃到米饭后对取来稻种的狗的感恩情结。这里面蕴含着人定胜天，人与动物精诚团结合作而办成大事的和谐意蕴。[①]

### （三）过苗年

苗年，是苗族人过的最隆重的节日，相当于汉族的春节。过苗年，有支系认同、文化认同的实际功用。苗年普天同欢、贵和尚美的价值取向非常明显。过苗年的日期，各地不尽相同，但都是在收谷子进仓以后，即分别为农历的 9 月、10 月或 11 月的辰（龙）日或卯（兔）日或丑（牛）日举行。苗年一般持续 5—12 天，在这段时间里，串寨喝酒、跳芦笙舞是必不可少的活动。苗年里的“申”日或相近生肖日，寨中还会隆

① 耿生茂:《原生态黔东南》，贵州：贵州人民出版社，2008，第 152—153 页。

重“起鼓”，盛装男女围着鼓欢跳，名曰“踩鼓”。外寨的男子与寨中姑娘在晚上对歌“游方”，如此数天，至子日或丑日结束。结束后年轻的人们又聚拢到下一个过“苗年”的寨子，继续欢乐。①

从黔东南苗年期间的斗牛活动和跳芦笙舞活动来看，其中所体现的苗族社会交往的文化意义，可以得出如下见解：一是苗族的社会交往是以血缘和姻亲关系为基础的，在相同的地域范围内，文化认同一致的血缘关系在其社会交往中处于优先地位。二是苗年是构建和维系黔东南苗族社会交往的重要载体和重要途径之一。在苗年期间举办的斗牛活动，其采取友谊赛的赛制，促进了村寨之间的社会交往，因斗牛活动的举办而区分出的“主与客”，也分别对应着接待与被接待的关系，这其中酒、肉、糍粑等物品在“主人”之间的“汇集”以及在“主与客”之间的“互惠”流动过程，让我们看到了黔东南苗族社会交往有着严格的范围边界，同时这些物品也成了黔东南苗族社会交往的纽带。在“跳芦笙舞”活动中，芦笙场上舞者的舞步及服饰，是展示自我的“符号”，为姻亲关系的缔结提供了条件。从芦笙场上观众的年龄和举动，我们看到了跳芦笙活动在社会交往方面的意义。因此，苗年是黔东南苗族社会交往最主要的载体和平台。②



① 耿生茂：《原生态黔东南》，贵州：贵州人民出版社，2008，第147—148页。

② 黄正彪：《惊心动魄的苗族斗牛》，见张克：《苗侗风韵》，贵州：贵州人民出版社，1998，第34—35页。

苗年体现了苗族的文化特征。苗族人民在长期的历史迁徙和艰苦奋斗中，创造了独具特色的民族文化，其中苗年文化就是比较典型的反映。尤其是千户苗寨西江的苗年文化更是这一灿烂文化的典型表现，有着与众不同、别具一格的特征。

第一，民族性。苗年是具有代表性的苗族盛大节日。它在地域上、心理意识上都有明显的苗族特点。苗年的主体意识就是庆丰年，祭祖宗。每当苗年时，家家户户按照传统的风俗习惯进行祭祀活动，以表达对祖宗的无限崇敬之情和盼望来年五谷丰登、六畜兴旺之意。

第二，群众性。这主要表现在苗年活动的行为规范、文化层次、参加人员的众多和广泛等方面。首先，苗年的各种活动都以村寨为单位开展，是全体苗族民众的集体行动，而不是个人或少数人单独意志的表现。其次，苗年活动是苗族男女老少都熟悉和参加的活动，属于普及型活动和群众文化的范畴。最后，参加苗年的人员几乎是所有苗族人。因此，参加人员众多及涉及地域广泛是苗年的显著特征。

第三，艺术性。过苗年也是苗族优秀文化艺术展示的时候。节日里，斗牛场四周、芦笙场上，人山人海。深沉的铜鼓敲起来，惊天动地，精制的芦笙吹起来，响彻云霄。姑娘头上的一副副银光耀眼的银花牛角亮起来，格外引人注目。如花似玉的苗家姑娘穿着自己亲手绣的精美花衣，佩戴着各式各样精制的银饰，更加楚楚动人。她们随着优美的芦笙音乐节奏，迈着轻盈的舞步，缓缓前行。美丽的百褶裙随着舞姿转动，荡起一个个美丽的花浪。小伙子头上扎着高高的青色头帕，身穿对襟衣裳，手捧金色芦笙，两人一队，领跳在姑娘队伍的前头。这队吹累了，那队来接；这边结束了那边接着吹。身着大花绸缎盛装的老年人也不服老，肩并肩，手拉手，应和着年轻人唱跳起来。整个芦笙场呈现出一派富丽堂皇的艺术景象。一次苗年就是一次苗族芦笙艺术、银饰艺术、蜡染艺术、刺绣艺术的大展示，充分反映了苗族文化的独特魅力与优势。

第四，交际性。苗年的交际性主要有三个方面：首先，是物资交换活动。每当苗年到来，各族各界、相关部门都积极开展物资贸易活动，农村人也纷纷带着自家的农副产品来进行交换。通过这些活动，互通物资有无，交流生产经验，促进经济和生产的发展。其次，是走亲访友活动。在苗年期间，各族民众的交往更为活跃。亲戚朋友通过互相探望、走访，交流感情，加深理解，增强了团结友谊。最后，是男女青年谈情说爱。苗年是苗族男女青年交流感情、“游方”择偶的难得机会。众目睽睽之下，小伙子与小姑娘互赠定情礼物。每当出现这种场面时，整个芦笙场情绪高昂，欢声四起，气氛热烈，各族群众都沉浸在祝福的欢乐海洋之中，整个场面构成了一个情感、心灵、精神和谐的世界。

第五，继承性。过苗年是一份难得的民族精神文化遗产。它一经形成就具有相对的独立性、稳定性，具有其鲜明的文化特色和强劲的生命力，因而一代代传承至今。

# 浅谈非遗的多样性和非遗保护手段的多样性

## ——以黔东南州为例

吴佺新 *

## 一、非遗概念出现前的非遗保护工作

“非遗”是一个新概念，准确地说是一个新术语，在非遗概念产生之前，非遗就一直存在，可以说非遗是随着人类的产生而产生的，“非遗”既是崭新的术语，同时又是一直延续着的古老的现象。严格来说，“非遗”这一术语并不完全准确，应该是“财产”而不是“遗产”。日本翻译成“无形财”，联合国非遗定义直译是“隐藏”或“隐形”的财产。我们理解为：世代流传下来的文化，先人遗留下来并为我们所继续保持的财产。

我国是一个非常注重史传的国度，在浩瀚的正野史著作里，其中就有非遗记录。史上流传的无数文学著作中相当一部

* 吴佺新，男，1964 年生，侗族，贵州从江县人，黔东南州文化研究所所长，副研究馆员。

分也属于非遗。中国的正史属于官方文书，比如二十四史，是由朝廷主持编写的历代的地方志，由省级及以下部门主持编纂。史书中的艺文志就是历代的文艺作品，包括著名作品的原文，其中不乏民间文学。而地方史志，比如风俗志和社会志则是对各种非遗翔实的记述。现在非遗保护的手段属于抢救性保护和保存。比如竹枝词，就是清代以前的民歌。历代官方的治史传统，为我们保存了大量的非遗资料，很多非遗项目都可以从史志著述中找到渊源。中国古代众多的文化著作里，也保存着大量的非遗资料，《诗经》绝大部分内容是民歌。后来修订的《乐府》则是民间音乐的集成。而民间的各种野史和文化作品中，更是记录了无数的非遗资料。总之，中国历代都非常重视非遗的保存。

近代，西方文化传入中国，对中国传统文化产生了重要的影响，即便如此，中国也没有中断非遗的记录保存工作。著名的北大歌谣运动，就是从民间征集大量的民歌，保存了大量的民间文学资料。与此同时，各地的地方志并没有中断编写，除了官方的，还有民间组织和个人编写的地方史志，记录了丰富的非遗资料。

新中国成立后，党和政府非常重视传统文化的保护和传承工作，黔东南的苗族、侗族和其他各民族文化焕发了生机。大量的民间艺人，到北京参加各种文艺表演，受到了党和国家领导人的接见，从政府到民间形成了自觉传承非遗的热潮。改革开放之后，民族文化保护传承工作开始出现了新高潮。黔东南的民族非遗不仅受到政府重视，还走出了国门。侗族大歌轰动巴黎，为侗族大歌成功申报人类非遗开了一个好头。民间文化保护工程是系统的、有组织的非遗保护工作，是由中国民间文艺家协会发起的，是中国民间文艺家协会主席冯骥才于2001年7月开始倡议实施的一个巨大工程。当时相关人员组织全国编写了民间文艺三套集成志（民歌民谣集成、民间故事集成和民间谚语格言集成）。3套集成志编写完成后，继而由中国世间文艺家协会、文化部和国家民委组织，又扩大为10套集成志（上述3套加上民间戏曲集成、民间曲艺集成、民间歌曲集成、民间戏曲音乐集成、民间舞蹈集成、民间器乐曲集成、世间曲艺音乐集成），为非遗保护做出了重大的贡献。

在非遗概念提出之前，中国非遗保护工作从来没有中断过。“非遗”概念是一个新术语，但非遗保护工作是一个“旧事情”。政府对“非遗”的保护力度更大了，保护工作成效更高，保护手段也更丰富。我们要充分认识到中国保护非遗的传统以及历代所做的努力和贡献，才能更好地开展非遗保护工作。

## 二、黔东南州非遗项目的基本状况





黔东南州是非遗大州，截至2018年底，有联合国人类非遗代表作一项（侗族大歌），国家级非遗代表作名录53项72个保护点，国家级项目代表性传承人48人，是在全国地区（州、盟、市）级拥有非遗项目最多的一个州。其中省级非遗代表作名录218项（不包括是国家同时又是省级的53项）300多个保护点，居全省州市级之首；另外，有联合国全球重要农业文化遗产项目一个（从江侗乡稻鱼鸭复合系统），与人类非遗项目有同等地位（前者由联合国教科文组织管理，后者为联合国粮农组织管理)，也是广义的非遗。黔东南州具有非常丰富的文化遗产，构成了绚丽多彩的黔东南景观。

黔东南州非遗项目比较齐全，国家级名录只有曲艺是空白，其他 9 个类别都有项目，最少的是传统体育、游艺与杂技及传统戏剧，各有一个保护点，最多的是传统技艺和民俗，分别各有 17 和 19 个保护点。省级名录 10 类别齐全，最少的是传统医药和曲艺，也各有 6 个保护点，最多的是民俗，达到 102 个保护点，其次是传统技艺，有 38 个保护点。

## 三、非遗的多样性

黔东南州非遗具有数量众多、类别齐全和民族特色突出等特点，这些都是非遗多样化的具体表现。黔东南有苗族、侗族、汉族、瑶族、壮族、土家族、水族、仫佬族、布依族等 18 个世居民族，民族文化丰富多彩，有“百里不同风，十里不同俗”之说。黔东南地形多样，不同区域差异极大，决定了人们谋生手段的多样性。谋生手段的多样性，造就了文化的多样性。谋生手段的多样性，受地理环境的因素及民族传统文化的影响，同一地理环境下的谋生手段也有差异，文化更是不同。

黔东南民族众多，各民族文化各有特色，大家共同生活在这片土地上，所以有比较相似的文化，但文化差异仍然存在。比如苗族和侗族文化差异很明显，苗族村寨和侗族村寨，从外形就能一眼区分出来，虽然都有相同和相似的吊脚楼，但是侗寨还有鼓楼这种具有标志性的公共建筑，位于村寨中央，房屋之间修建有鱼塘间隔，显现出苗族和侗族对于村寨布局理念和建筑技艺的差异。还有汉族、瑶族、壮族、土家族、水族、仫佬族、布依族等民族，在村寨布局和建筑技艺上也各有特点。由此造就了非遗的多样性。

不同的地理环境，有不同的生计方式，但都是各民族改造自然，利用自然，进行生产生活和延续族群的重要途径。黔东南虽然全都是山区，但具体的小环境差异还是比较大的，气候条件差别也大。从垂直分布来看，山顶只能种植小米和高粱，山腰既能种植玉米也能种植水稻，山麓只能种植水稻。居于山顶的寨民，既有种植小米和高粱的技艺，也有精湛的狩猎技艺；居于山腰的寨民有种植玉米和水稻的技艺，但狩猎技艺比较缺乏；居于山麓的寨民，只有种植水稻的技艺，却没有种植高粱和玉米的技艺。一般山麓位于河流之滨的寨民一般具有捕鱼和驶船的技艺。不同区域的生产技艺，又影响到文化心理和信仰。山顶和山腰的村寨，可能敬畏山神，敬畏玉米神；山腰和山麓的村寨，可能敬畏稻神，可能还崇拜水神其相应的文艺作品，如此形成多样性非遗。

同种生计方式，不同的民族，由于民族历史和文化传统的差别，其习俗礼仪和崇拜信仰都有很大的差异。苗族、侗族、汉族、水族和布依族等，都是种植水稻，但耕作技艺却有很大的区别，侗族的水稻种植除了本身耕作技艺外，围绕水稻种植普遍实行稻田养鱼和稻田养鸭的复合技艺，并成功申报全球重要农业文化遗产，而这一耕作技艺在其他民族中并不普遍和成熟。这种耕作技艺的形成和发展与侗族历史具有直接的关系。侗族在历史上一直居于南方，熟知水稻、鱼和鸭之间的关系，经过长期实践总结出来了种稻养鱼养鸭的复合生产技艺。侗族用来祭祀祖先和敬鬼神的祭品中必须有鱼，而且是养殖的稻田鱼，所以侗族重视稻田养鱼。汉族祭祀则主要用猪，苗族祭祀则用牛，由于这两个民族发源于北方，先祖以种植旱粮为主，在黔东南虽也种植水稻，但其耕作技艺和侗族明显不同。芦笙是黔东南各民族共有的乐器，但其外形形制、制作技艺、乐曲和吹奏习俗也大不相同，同为乐器，其功能作用也不尽相同。由此，促成了黔东南非遗的多样性。

## 四、非遗保护手段的多样性

非遗特点是“见人见事见生活”，是“活着”的知识，是民众世代传承下来的智慧。非遗是丰富的、多样性的，非遗的多样性决定非遗保护的多样性。“非遗”概念出现前，非遗的保护工作，既有官方的正式组织（比如编纂典籍），也有民间的不自觉的流传（比如野史）；既有国家层面的（比如编修正史），也有地方层面的（比如编纂地方史志）。历史上的非遗保护以记录保存为主，没有直接干预传承的措施，手段比较单一。加之对于黔东南多民族地区非遗的记述，并不重视。所以，黔东南的非遗保护比其他地区任务更加艰巨，工作困难更多。

中国加入非遗保护国际公约之后，国家和地方同时立法，建立了各级名录制度，政府加大投入力度，非遗保护也进入了正轨和新时期。文化部门是非遗保护的行政管理部门，负责保护规划和项目（名录）实施等工作。以及系统性保护外，与之前相比，最大的区别在于，现在的非遗保护是活态保护。

由于非遗本身的多样性，决定非遗保护工作的复杂性和艰巨性。但是，目前我们的非遗保护手段相对比较单一。黔东南非遗保护工作的主要任务压在文化部门肩上，又集中在县级文化部门里。黔东南53个国家级项目，有51个由文化部门保护，只有两项在其他部门（卫生部门），有48个保护责任单位在县里，县文化部门任务最重。

由于保护单位相对单一和集中，在巨大压力下，有时候非遗保护工作显得力不从心，对保护进度和质量造成一定的影响。多样性的非遗保护手段，可能是非遗保护最有成效的途径。在保护机制上，已建立了从中央到地方的保护机构，我们已经具备了层级上的保护多样性的条件。虽然有机构，但却没有或有很少的保护任务，这是目前非遗保护的基本状况。从地方志的编修得到启发，对非遗的记录，各级都有相应范围的编写任务。非遗保护责任单位，应该由以县级为主，扩展到各级共同承担。县域只是一个行政区别，而非遗并不因行政区划而受到影响，黔东南的大部分非遗项目更多是因民族因素而形成的，流行范围包括多个县市（比如《苗族古歌》《侗族大歌》等），由于其权限不能跨越县域，所以由一个县级机构来保护显得力量不足。而各县虽然可以分开来保护，但其项目保护的整体性受到影响和制约。如果由州级组织作为保护责任单位，效果可能比各县分割保护更好。同样跨越市州区域的，应该由省级组织作为保护责任单位。另外，由于各县市非遗部门人员较少，既是非遗保护管理部门，又是项目责任保护部门，使得保护工作显得力不从心，如果分散到各级组织来共同保护，效果可能更佳。

横向而言，黔东南非遗责任保护单位集中于文化部门，又集中于各县市非遗中心。53 项国家项目中，只有 4 项（州文化研究所两项，州民族医药研究院两项）不是以非遗中心为保护责任单位，49 项由非遗中心承担（州非遗中心一项，各县市非遗中心 40 项），保护单位过于单一。非遗是大众的智慧，是全民的遗产，也应该由社会共同来保护，大众也应该承担起保护的重任。根据中央非遗有关文件的保护精神，保护任务并不是由文化部门更不应该由非遗中心一家来承担。根据非遗的性质和特点，应该由不同的组织和个人一起来分担保护。可以根据非遗项目的特点，由文化馆、研究机构（如民族研究机构、医药研究机构、艺术研究机构等）、文联各个协会（比如民协、音协、舞协等）、社会团体（如苗学会、侗学会、行业协会）、企业，甚至家族、村寨或个人一起来保护。比如酒类相关技艺，由酒的生产厂家来保护，一些范围较小的技艺由相关村寨或家族来保护，歌舞类的项目可以由文化馆来保护，民族节日可以由民族学会来保护，等等。采取多样性的保护，非遗的保护才能上一个台阶。

# 黔东南州非物质文化遗产传承保护与开发利用研究报告

周忠良　雷秀武　曾祥慧　傅安辉　吴佺新*

## 前言

2016年5月19日，时任贵州省委书记、省人大常委会主任的陈敏尔在人民大会堂出席了由中国政府和联合国世界旅游组织联合主办的"世界旅游发展大会"，在"山地公园省·多彩贵州风"旅游推介会上向全世界公开宣布了"十三五"期间，贵州旅游用好"自然生态"和"民族文化"两个"宝贝"，努力"探索'旅游+'融合发展的产业体系，释放'旅游+'潜力，推动旅游与新型工业化、山地特色城镇化、现代山地高效农业紧密结合，积极推动'农文旅'一体化，对形成生态保护、脱贫攻坚、文化传承插上'旅游'翅膀"的顶层设计战略构思。

非物质文化遗产是"民族文化"这个"宝贝"中文化底蕴最深厚、观赏性最强的"宝贝"，是最具开发潜质的资源。黔东南州是"非遗"大州，国家级的非遗项目居全国同级单位之

* 课题组长：周忠良 成员：雷秀武、曾祥慧、傅安辉、吴佺新。

首，省级非遗项目占贵州省级非遗项目的半壁江山。同时，黔东南州的非遗项目类别之全也居全国同级单位之首，这在整个神州大地上是罕见的。黔东南的非遗项目涵盖了除作为非物质文化遗产媒介的语言外的口头传说和表现形式（包括表演艺术）、社会实践、礼仪、节庆活动、有关自然界和宇宙的知识和实践、传统手工艺等所有类别。做好黔东南非遗项目的传承保护和开发利用工作，对于贯彻实施省委省政府“探索‘旅游+’融合发展的产业体系，释放‘旅游+’潜力”的战略决策，开创黔东南州“推动‘农文旅’一体化，对形成生态保护、脱贫攻坚、文化传承插上‘旅游’翅膀”的新局面具有重大的现实意义，对于全国非遗项目的传承保护和开发利用同样具有重要的示范作用。

为了全面了解黔东南州非遗项目传承保护和开发利用的现状以及存在的问题与困难，寻求黔东南州非遗项目传承保护与开发利用工作的“破局之策”，“黔东南州非物质文化遗产传承保护和开发利用研究课题组”周忠良、雷秀武、曾祥慧、傅安辉、吴佺新一行五人于2016年8月—10月初先后到凯里、丹寨、雷山、台江、麻江、黄平、施秉、镇远、剑河、榕江、从江、黎平、锦屏、天柱、三穗、岑巩等县市采用点面结合、实地考察与深度访谈相结合的方式进行了深入的田野调查，获取了大量的第一手资料，运用“解剖麻雀”的方式对口传类的“苗族古歌”“苗族贾理”，表演类的“侗族大歌”“苗族飞歌”，技艺类的“苗族蜡染”“古法造纸”“苗族刺绣”“苗族银饰”“侗族鼓楼营造技艺”“苗族芦笙制作技艺”，竞技类的“斗牛文化”等项目进行重点调研，在调查研究的基础上形成了这份

《黔东南州非物质文化遗产传承保护与开发利用研究报告》。

## 一、黔东南州非物质文化遗产的传承保护和开发利用现状

黔东南州现有世界级非遗项目一项，国家级非遗项目 56 项 72 个保护点，国家级非遗传承人 14 人，省级非遗项目 175 项，省级非遗传承人 100 人。从总体上看，黔东南州非遗项目的传承保护和开发利用呈现出“口传类”“社会实践和自然界知识类”“礼仪类”非遗项目传承保护相对较好，但开发利用相对较差。“节庆类”非遗项目传承保护和开发利用模式相对成型，经济效益和社会效益相对均衡；“制作技艺”和“手工技艺”类非遗项目传承保护模式相对合理，开发利用相对平衡；“竞技类”非遗项目传承保护相对超前但开发利用相对滞后的局面。在竞技类项目中，“东方斗牛”是开发较好的项目，也是经济效益较好的项目，但由于监管不力，存在着“开发过度”和“恶意竞争”的问题。



### （一）口传类非遗项目的传承保护和开发利用



黔东南口传类非遗项目的传承保护和开发利用整体上呈现出“传承保护”优于“开发利用”的局面。

**1. 口传类非遗项目的传承保护**

“抢救性保护”是口传类非遗项目传承保护的首选方式。进入 21 世纪以来，黔东南州采用收集整理、编辑出版“口传典籍”和创建“非遗项目传承保护教育示范基地”等“抢救性

保护”方式开展对以“苗族古歌”“苗族贾理”“刻道”等为代表的口传类非遗项目进行传承保护，取得了较好的成绩。“口传典籍”收集整理方面，先后由贵州人民出版社出版了王凤刚版《苗族贾理》；由贵州大学出版社出版了王安江版《苗族古歌》，杨元龙版《芦笙词》，杨元龙版《苗族古歌古辞古故事》等；由贵州民族出版社出版了杨元龙版《苗族祭鼓词》，杨文瑞、吴培华、潘美色版《贾》和银永明、邓敏文版侗戏《吉金列美》等；由大众文艺出版社出版了吴培华、杨文瑞、潘定华版《贾》；由群言出版社出版了杨远松、吴佺新版《贾词选译》；由中国戏剧出版社出版了杨远松、杨元龙、张雪梅版苗族长篇爱情叙事诗《阿蓉》等。“非遗项目传承保护教育示范基地”也是口传类非遗项目的保护模式之一，黔东南州人民政府先后命名了州苗学会、凯里市开怀苗学分会等一批州级“非遗项目传承保护教育示范基地”，州苗学会和开怀苗学分会联合开展了“碧档嘎吃新节苗歌大赛”“苗族古歌古辞碑林园”和“巴拉河流域《苗族古歌》的收集整理工作”，取得重要成果，“碧档嘎吃新节苗歌大赛”连续举办了4届，苗族古歌古辞碑林园于2016年6月19日举行了隆重的开园仪式，运用自愿捐献方式成功竖立了46通镌刻燕宝版《苗族古歌》的碑林，收集了近2万行的较为完整的“巴拉河流派”《苗族古歌》。这些工作的开展，一方面有效抢救了濒临失传的“巴拉河流派”的《苗族古歌》，另一方面有效地唤醒了巴拉河流域苗族民众对以《苗族古歌》为代表的民族传统文化的文化自觉，连接和重构了以《苗族古歌》为代表的民族传统文化传承的“缺失环节”和文化生态。

**2. 口传类非遗项目的开发利用**

口传类的非遗项目是文化含量最高的非遗项目类型，也是暂时没有办法形成现实生产力的非遗项目类型。因此，口传类的非遗项目的开发利用是所有的非遗项目开发利用中难度最大的。目前，黔东南州口传类非遗项目的开发利用事实上更多的还是停留在理论研究上。2016 年 6 月，丹寨县率先举办了以为旅游造势为目的的第一届“万人颂贾大会”，取得了很好的社会效应。编制中的《黔东南州“农文旅”结合北部精品旅游线路规划纲要》《凯里市舟溪镇青曼村民族文化生态景观建设规划》都不约而同地利用青曼村是《贾》的核心流传地这个资源，把苗族《贾》中的 *Jax Wangx Hnab Yu Hlat*（贾“太阳王与月亮郎”）列为文化景观建设的核心项目，《黔东南州“农文旅”结合南部精品旅游线路规划纲要》把《珠郎娘美》列为三宝侗寨文化景观建设的核心项目。这两个“民族文化生态景观”核心项目的建成投产，将会带来巨大的社会效应，开创口传类非遗项目开发利用的新局面。

### （二）社会实践、有关自然界和宇宙的知识和实践类非遗项目的传承保护和开发利用

社会实践、有关自然界和宇宙的知识和实践类非遗项目，特别是有关自然界和宇宙的知识和实践涉及项目属民族的“私密性文化”，传承保护和开发利用都必须慎重对待。

**1. 社会实践、有关自然界和宇宙的知识和实践类非遗项目的传承保护**

在黔东南的社会实践类非遗项目中，苗族的“扫寨”是独

具特色的项目。“扫寨”既是苗族传统社会管理的一种管理模式，也蕴含了苗族对自然界和宇宙的认知，同时还是苗族“人神际礼仪”的重要组成部分。这项非遗项目的存在和传承必须同时具备两个先决条件：其一是全社会必须承认苗族传统社会管理的“泛神机制”的客观存在；其二是苗族传统社会的神职人员——“巫师（或祭司）”的客观存在。随着科技的发展，法制的健全和苗族全民素质的提高，苗族传统社会管理“泛神机制”已经“失灵”，苗族村寨预防“寨火”已经步入“法制”轨道，已经没有人愿意再去习得“巫师”这种“神职”，两个“先决条件”已经丧失，苗族村寨的“扫寨”习俗面临灭绝危机。虽然苗族的“扫寨”这项非遗项目客观上对苗族地区的预防寨火起到过积极的正能量的作用，但我们不得不承认，苗族的“扫寨”这项非遗项目已经走到了历史的尽头。鉴于这样的现实，黔东南采用“抢救性保护”模式进行传承保护，各县市都已铺开对各民族“创世神话”的收集整理，雷山基本完成“苗族扫寨”的数据库录入，台江、剑河、黄平、丹寨也已启动“苗族扫寨”的数据库录入工作。

“苗族医药”和“侗族医药”这两项国家级非遗项目属于“社会实践”类项目，是黔东南社会实践类非遗项目传承保护做得比较好的项目。这两项非遗项目都存在“精英传承”和“社会传承”两种传承模式。“精英传承”一般都属于“家传”性质，整体上“传承”链条不容易断裂，但“家传”同时也存在传承面窄、影响力小的弊端。自 20 世纪 90 年代末以来，黔东南州采取“抢救性保护”模式对这两项国家级非遗项目进行传承保护，先后出版了《苗族医药》《侗族医药》《苗族药物集》

《苗药图谱》《侗医方剂》等一批有较大影响力的书籍，这种“抢救性保护”模式有效地缓解了“苗族医药”和“侗族医药”传承保护的压力，为“苗族医药”和“侗族医药”的开发利用奠定了坚实的基础。

在黔东南有关自然界和宇宙的知识和实践类的非遗项目中，“创世神话”是少数民族有关自然界和宇宙的知识的结晶（也可以归属于“口传类”），不论是苗族地区还是侗族地区，历史上创世神话多如牛毛，这些创世神话都蕴积了苗族和侗族关于自然界和宇宙知识的精华，都是苗族和侗族对于自然界和宇宙认知的可贵积淀，都是苗族和侗族传统文化的精华部分。但是，随着时代的变迁和社会的发展，苗族和侗族的生活方式发生了许多根本性的变化，创世神话的故事大师没有对象可传，没有事情可做，随着他们的老去，苗族侗族的创世神话也面临失传的危机。

**2. 社会实践、有关自然界和宇宙的知识和实践类非遗项目的开发利用**

在社会实践、有关自然界和宇宙的知识和实践类非遗项目的开发利用方面，苗药、侗药开发利用成果斐然，“苗都科技有限责任公司”“苗人堂”“苗珍堂”“万九巴”等一批苗侗医药文化企业开发了一批具有完全自主知识产权的专利产品和特效药，创建了“黔东南州苗医侗医瑶医医院”“黔东南民族医药研究院苗医侗医瑶医医院”“凯里市苗医医院”“雷山县苗医医院”“丹寨县苗医医院”“天柱县侗医医院”“黎平县侗医医院”“从江县侗医医院”等一大批民族医院，“苗族医药”和“侗族医药”这两项国家级非遗项目正在为“大健康”产业做出越来越大的贡献。

### （三）礼仪类非遗项目的传承保护和开发利用

按照文化人类学的理解，“礼仪”包括“人际礼仪”“人神际礼仪”和“人物际礼仪”三个组成部分。我们把苗族的“吃鼓藏”“招龙”“岩妈树爹崇拜”，侗族的“祭萨岁”和“水井崇拜”等项目归属于“礼仪类”非遗项目，就是依据这些项目体现出来的是“人与神”和“人与物”之间的关系，调整的也是“人与神”和“人与物”之间的关系。苗族的“吃鼓藏”和侗族的“祭萨岁”分别是苗族和侗族文化含量最高的非遗项目，也是蕴含人类社会发展“文化DNA”的非遗项目。对于这类非遗项目，是提倡“活态传承”还是提倡用现代科技手段全面记录下来，值得我们认真思考；“能不能开发利用”和“怎样开发利用”也是需要慎重对待的问题。基于这样的考量，黔东南苗族“吃鼓藏”和侗族“祭萨岁”的开发利用尚属于“处女地”。2016年秋，雷山县开始将苗族“招龙”作为郎德景区每天的主打表演项目，效果尚待检验。

#### 1. 礼仪类非遗项目的传承保护

人类学意义上的礼仪调整的是“人与人”“人与神”和“人与物”之间的关系，是一种思维定式突出，运行惯性强大，族际区别明显，依靠“背离恐惧”模式“强制运行”的非遗项目。顾名思义，人际礼仪是指“人”从出生到死亡的所有礼仪，包括“出生礼仪”“成年礼仪”“婚嫁礼仪”和“丧葬礼仪”4大部分；“人神际礼仪”就是体现和调整“人与神”的关系的礼仪，包括“人与祖先神”和“人与自然物神”两类礼仪；“人物际礼仪”是体现“人与自然物”和“人与人造物”之间的关系的礼仪。

在黔东南的“人际礼仪”类非遗项目中，“打三朝”“弥月酒”“成年礼”“婚俗”“丧葬习俗”属于“人际礼仪”；苗族的“吃鼓藏”“招龙”和侗族的“祭萨岁”祭祀的都是自己的祖先，都属于“人神际礼仪”范畴；苗族的“岩妈树爹”崇拜，侗族的“水井崇拜”祭祀的都是自然物和人造物，都属于“人物际礼仪”范畴，因此，我们把苗族的“吃鼓藏”“招龙”“岩妈树爹崇拜”，侗族的“祭萨岁”和“水井崇拜”等项目归属于礼仪类非遗项目。就苗族和侗族的礼仪类非遗项目而言，广大民众的从众心理和“背离恐惧”仍然是裹挟民众参与这种活动的主要动力，但广大民众已经不再认为祖先英灵的保佑是风调雨顺国泰民安的唯一保证，对他们来说，吃不吃“鼓藏”，祭不祭“萨玛”都一样，是否实现“风调雨顺国泰民安”不再取决于“吃鼓藏”或“祭萨岁”。实际上，“吃鼓藏”和“祭萨岁”已经丧失了“本原动力”，但仍然依靠突出的思维定式和强大运行惯性以及“背离恐惧”模式在维持运行。对于这类非遗项目，是提倡“活态传承”还是提倡用现代科技手段全面记录下来值得认真思考。基于这样的考量，黔东南州十分注重对礼仪类非遗项目的“数据化抢救和保护”，优先将礼仪类非遗项目纳入“数据库保护”。目前，雷山县已经率先开展“雷山苗族鼓藏节”的数据库采集，台江已经启动“施洞独木龙舟节”“九摆苗族吃鼓藏”等非遗项目的数据库采集工作。

**2. 礼仪类非遗项目的开发利用**

黔东南礼仪类非遗项目是所有非遗项目中开发利用成本最

高难度最大的项目类型，除从江芭莎的“成年礼”和雷山西江的“苗族游方”开发利用较为成功外，榕江的“兴华摆贝吃鼓藏”“车江三宝祭萨岁”都因为成本太高而难以为继，台江的“苗族婚俗”展示因为群众抵制而偃旗息鼓。

黔东南礼仪类非遗项目开发利用还有巨大的空间，但开发利用要慎重。无论是苗族“吃鼓藏”还是侗族的“祭萨岁”，都是思维定式突出，运行惯性强大，族际区别明显且依靠“背离恐惧”模式强制运行的非遗项目，也是苗族和侗族最重要的“私密文化”。由政府组织对这两个非遗项目以“包装”和“打造”为主要形式的开发利用，一方面遭到项目的“运行惯性”的强烈反弹，另一方面违背了“群众意愿”，遭到群众反对，对这些非遗项目的开发利用，对于开发“度”的把握显得尤为重要，既要照顾到项目“运行惯性”的反弹，又要考虑到文化持有人“背离恐惧”的感受。

### （四）节庆类非遗项目的传承保护和开发利用

节庆类非遗项目是“传承民族文化的载体，模塑民族心理的平台，沟通族际关系的润剂”，分为“全民族性节庆”和“地域性节庆”两大类，都是最具开发利用价值和最便于开发利用的非遗项目类型。

#### 1. 节庆类非遗项目的传承保护

节庆类非遗项目分为全民族性和地域性两类，同样属于思维定式突出，运行惯性强大，族际区别明显，依靠“背离恐惧”模式强制运行的非遗项目。对于节庆类非遗项目，黔东南主要采取“保护传承人”模式进行保护。从黔东南节庆类非遗项目实际情况来说，采取“保护传承人”模式并不是最好的保护模式。全民族性的节庆，如苗族的“苗年”“吃新节”，侗族的“侗年”“芦笙会”等，不管你有没有“传承人”都要过，这些节庆的传承人社会承认度不高，影响力不大，而且，没有人承认你是传承人，这是全民族性节庆传承人面临的最为尴尬的局面。对于地域性的节庆来说，像“雷山五岔路爬坡节”“雷山大塘爬坡节”“黄平百堡坡的爬坡节”、锦屏侗族的“采桑节”、镇远报京的“三月三讨葱节”、台江施洞的“姊妹节”等节庆，活动时是不需要有人去组织和主持的，这样的非遗项目设“传承人”不但不利于项目的传承，反而带来很多副作用。这是节庆类非遗项目传承保护和开发利用都要关注的问题。

**2. 节庆类非遗项目的开发利用**

节庆类非遗项目是黔东南非遗项目开发利用最好的项目类型之一。少数民族的节庆文化是以歌舞文化、服饰文化、饮食文化、娱乐文化等显性文化来体现和展示该民族的精神世界和民族心理等隐性文化的一种文化系统。在这个文化系统全面展开的时候，都是以最亮丽的服饰、最煽情的歌舞、最精美的饮食面目出现的。当这些“最亮丽的服饰、最煽情的歌舞、最精美的饮食”展现在节庆文化的文化持有人面前的时候，盛大恢宏的歌舞场面是最能鼓舞人心的，精美绝伦的服饰、银饰的海洋是最能振奋该族群的精神载体。通过这些场面和载体，人们的精神面貌得到最大限度的改变，民族精神得到最大限度的振奋，因此，少数民族节庆文化是振奋民族精神的强大武器。在多元文化时代，少数民族节庆文化为人们提供了一个关于民族

“文化身份”的“认证系统”。当这种“认证系统”为异质文化族群所接受、所承认、所欣赏时，这就为已经觉醒的民族构建本民族的“民族政治观念”提供了潜在的空间。基于这样的认识，黔东南从20世纪80年代中期开始就进行了节庆类非遗项目开发利用的尝试。1983年，州民委拨出民族经费资助台江施洞恢复“姊妹节”和“独木龙舟节”，资助黄平谷陇恢复“谷陇九月芦笙会”，等等，收到了很好的社会效应。

纵观自20世纪80年代中期迄今这一时段，黔东南节庆类非遗项目开发利用大抵呈现出三种模式：其一是“官办”模式，如凯里市的“甘囊香国际芦笙节”“榕江县三宝萨玛节”“黎平鼓楼文化节”“从江侗族大歌节”等；其二是“政府主导、社会联办、社团承办”模式，如“雷山苗年文化周”等；其三是“政府主导、社会联办、民间承办”模式，如台江“姊妹节”等。在这三种模式中，“官办”的“甘囊香国际芦笙节”“榕江县三宝萨玛节”“黎平鼓楼文化节”“从江侗族大歌节”等项目成本太高难以为继，学界和民间出现了“还节于民”的呼声。雷山“苗年文化周”交由雷山县苗学会具体承办，是最为成功的模式，自2010年以来，雷山“苗年文化周”先后推出“走进苗家体验苗年”“苗岭斗牛大奖赛”“千位姑妈回娘家”“苗歌大赛”等活动，取得了不错的社会效益和经济效益。据不完全统计，自2013年至2016年“苗年文化周”期间，每年涌入雷山的游客达150万人次以上，按照每人次在雷山消费300元计，每年“苗年文化周”旅游毛收入都超过4.5亿元。台江“姊妹节”是“政府主导、社会联办、民间承办”的典范，但民间承办的形式和内容、游客参与和体验的项目及费用标准等还有待于进一步规范。

### （五）表演艺术类非遗项目的传承保护和开发利用

黔东南表演类非遗项目的传承保护以“传承人保护”为主要模式，但不同类型的非遗项目效果不同；因项目本身群众基础好，开发难度小，其开发利用的效果是比较好的，有的项目如“苗族芒筒芦笙祭祀乐舞”“侗族大歌”因社会需求旺盛，真正成了文化持有人的生计手段。

**1. 表演艺术类非遗项目的传承保护**

从2005年以来，黔东南表演艺术类非遗项目的传承保护采取的首选模式是“传承人保护”，如世界级非遗项目“侗族大歌”，国家级非遗项目“苗族飞歌”“锦鸡舞”“苗族芦笙乐舞”“反排木鼓舞”“侗族琵琶歌”，省级非遗项目“畲族粑槽舞”等都是以“传承人保护”为首选模式的。通过10多年的保护，表演艺术类非遗项目传承保护发展势头良好。从十多年的保护实践来看，并非所有的表演艺术类非遗项目的传承保护都适用“传承人保护”模式，如世界级非遗项目“侗族大歌”，国家级非遗项目“苗族飞歌”“侗族琵琶歌”，省级非遗项目“苗族板凳舞”等采用“社区保护”或“传承人群保护”模式保护效果也许更好。

**2. 表演艺术类非遗项目的开发利用**

从总体上看，黔东南表演艺术类非遗项目因项目本身群众基础好且开发难度小而得到普遍开发利用，但效果差强人意，真正形成现实生产力的项目并不多。“侗族大歌”是开发利用得比较好的非遗项目之一，据不完全统计，目前“北上广深”

等一线城市和贵阳、昆明、珠海等二线城市及凯里、怀化、桂林、柳州等三线城市共有酒店“驻店侗族大歌队”60余支，演艺人员700余人，人均年薪7万元左右；从江小黄、占里、高增、丙妹，黎平肇兴、地扪、堂安等旅游点驻点“侗族大歌歌队”近百支，从业人员近2000人，每支歌队年均演出30场左右，从业人员人均每年从“侗族大歌”演出中收入1500元左右。“苗族芒筒芦笙乐舞”的开发利用完全走的是“民间线路”，丹寨、凯里、雷山3县市活跃着近50支专门为城镇和乡村葬礼服务和大型活动展演的民间“苗族芒筒芦笙队”，每支队伍每年参加活动50场次以上，每场活动劳务费在1200元到3600元不等。2015年，雷山县大塘乡牛栏苗寨“苗族芒筒芦笙队”参加葬礼服务整整90场，每场平均3天，每天劳务费1200元，　年的劳务收入32.4万元，队员10人，平均每年每人劳务收入达3.24万元，参加葬礼服务成为他们主要的生计手段。

### （六）手工技艺类非遗项目的传承保护和开发利用

黔东南手工技艺类非遗项目是所有非遗项目中“传承保护”和“开发利用”都比较好的项目类型。手工技艺类非遗项目保护有“传承人保护”“地理标志产品保护”“专利保护”“教育示范基地保护”“生产性保护”等多种保护模式，开发利用比较好的有“苗族刺绣”“苗族服饰制作技艺”“苗族蜡染制作技艺”“苗族芦笙制作技艺”“苗族银饰锻造技艺”“古法造纸制作技艺”“侗族刺绣技艺”“侗族服饰制作技艺”等。

### 1. 手工技艺类非遗项目的传承保护

黔东南手工技艺类非遗项目的传承保护有“传承人保护”“地理标志产品保护”“专利保护”“教育示范基地保护”“生产性基地保护”等多种保护模式。“传承人保护”是基本的保护模式，多以“传承人保护+”体现，如丹寨“古法造纸”项目采用的是“国家级传承人保护+生产性基地保护”模式，“苗族银饰锻造技艺”和“苗族刺绣”项目采用的是“国家级传承人保护+地理标志产品保护”模式等。此外，黔东南还创造性地将“苗族银饰”“苗族刺绣”这两项国家级非遗项目的传承保护升级为“传承人保护+地理标志产品保护+博物馆保护”模式，其中，比较成功的是“苗族银饰锻造技艺”省级传承人唐胜兰的“苗妹非遗博物馆”和“苗族刺绣”省级传承人欧东花的“欧东花刺绣博物馆”。

### 2. 手工技艺类非遗项目的开发利用

黔东南州手工技艺类非遗项目开发利用效果最好的是“古法造纸”项目。参与人数最多、产量最大、与精准扶贫挂钩最好、销售面最广的是“苗族刺绣和苗族服饰制作技艺”“侗族刺绣和侗族服饰制作技艺”以及“苗族蜡染”项目，经济效益最好的是“苗族银饰锻造技艺”项目。丹寨县石桥“古法造纸”国家级传承人王兴武创办的“王兴武古法造纸生产合作社”定位为贵州省唯一一家“国家级非遗项目古法造纸生产性保护示范基地”，合作社生产的宣纸被国家档案馆指定为文物修复专用纸；宁曼丽女士创办的丹寨“宁杭蜡染有限责任公司”定位为“国家级非遗项目苗族蜡染生产性保护示范基地”，也是全省唯一一家示范基地，产品远销40多个国家和地区以及全国

31 个省市自治区。据不完全统计，全州共有 30 多万女性参与“苗族刺绣及苗族服饰制作”和“侗族刺绣及侗族服饰制作”，按照每位中等技艺的“绣娘”年创 2 万元产值计算，黔东南“绣娘”创造的民族工艺品年产值达到 60 亿元以上。省里推行的“锦绣计划”，就是将非遗项目开发利用与“精准扶贫”结合起来的项目。随着项目的深入推进，“苗族刺绣及苗族服饰制作”与“侗族刺绣及侗族服饰制作”这两项国家级非遗项目开发利用将步入新的发展通道。《地理标志产品黔东南苗族银饰标准》和《地理标志产品黔东南苗族刺绣标准》的推行，规范了“苗族银饰”和“苗族刺绣”的生产销售秩序，这两项国家级非遗项目的开发利用得到了长足的发展，形成了一批年产值达 4000 万元以上的企业和一大批年产值达 200 万元以上的家庭作坊，开创了黔东南非遗项目开发利用的新局面。

### （七）竞技类非遗项目的传承保护和开发利用

竞技类非遗项目包括“赛龙舟（包括‘独木龙舟赛’）”“月牙镋”“抢花炮”“摔跤”“苗拳”“踩高跷”“独竹飘”“射弩”“斗牛”等。其中，以黔东南为主要代表的“东方斗牛”是竞技类非遗项目的“另类”，是由“人”操控的、“牛与牛争斗”的竞技项目。黔东南州的竞技类非遗项目的传承保护模式主要有“传承人 +”模式，如“传承人 + 赛事”“传承人 + 荣誉称号”等。黔东南竞技类非遗项目的开发利用处于“冰火两重天”的境地，“苗拳”“踩高跷”“独竹飘”“射弩”等项目的开发利用处于“万马齐喑”境地，“东方斗牛”的开发利用则处于“满园春色关不住”状态。

**1. 竞技类非遗项目的传承保护**

竞技类非遗项目大多属于以"竞技"特色出现的传统体育项目，对于"全民健身"具有重要作用。黔东南主要有"赛龙舟（包括'独木龙舟赛'）""月牙镋""抢花炮""摔跤（侗族摔跤）""苗拳（蚩尤拳）""打陀螺""放响簧""踩高跷""独竹飘""射弩""斗牛（东方斗牛）"等。对竞技类非遗项目的传承保护，黔东南除了加强对传承人的保护外，还通过争取列入各级赛事方式对项目本身进行保护。在黔东南的不懈努力下，"赛龙舟""抢花炮""独竹飘"列入全国少数民族传统体育运动会正式比赛项目，"摔跤（侗族摔跤）""月牙镋""射弩"列入贵州省少数民族传统体育运动会正式比赛项目。

就总体而言，由于非遗类型特点决定了传承人在项目中的核心地位，因此，黔东南竞技类非遗项目的传承保护主要采用"传承人+"模式，在注重对传承人的保护的同时运用举办赛事的方式对项目进行保护。如"赛龙舟"就有"传承人+赛事"（镇远端午龙舟赛）和"传承人+节庆"（台江施洞"独木龙舟节"）两种模式，运用举办赛事的方式对项目本身进行保护。"摔跤（侗族摔跤）""抢花炮"两项非遗项目采用的也是"传承人+节庆"（摔跤节、花炮节）模式进行保护，效果较好。"东方斗牛"有十分广泛的群众基础，因此，采用"传承人+赛事+荣誉称号"的模式进行保护。2016 年 7 月黔东南州建州 60 周年大庆期间，在凯里举办的"中国·凯里东方斗牛第三次高峰论坛"上，命名了一批"东方斗牛名牛"和"东方斗牛文化名人"，在社会上引起较大反响。

### 2. 竞技类非遗项目的开发利用

黔东南竞技类非遗项目的开发利用除了“东方斗牛”外都处于“开发不少”和“利用不好”的尴尬境地。“开发不少”指的是通过黔东南州体育总会10多年的不懈努力，各个项目的“技术规范”和“竞赛规则”都已经成熟；“利用不好”是因为项目本身的特点，除了参加赛事获得“奖金”外无法形成现实生产力。

以黔东南为代表的“东方斗牛”是黔东南竞技类非遗项目中开发利用得最好的项目，初步形成具有黔东南特色的“斗牛文化产业”。据不完全统计，黔东南民间饲养的斗牛约1万余头，每年节日集会民间举办的斗牛活动有近两千场次，观众超过1000万人次，呈现出蓬勃发展的势头，“东方斗牛文化”在黔东南形成了一道亮丽的风景线。“经营性斗牛”是斗牛文化产业的主场地，全州范围内目前已经建好的能容纳万人以上观赏斗牛的 斗牛场有50多个，其中，容纳2万人以上的有凯里“华恺尚城斗牛城”“凯里经济开发区白午东方斗牛城”“麻江七鑫斗牛城”“天柱斗牛城”“从江下江斗牛城”“榕江乐里斗牛城”“雷山斗牛城”“台江斗牛城”等10多个。这些斗牛场（斗牛城）每逢春节、二月二、三月三、四月八、端午、吃新节、七月半、中秋节、苗年、侗年等传统节日和五一国际劳动节、“七二三州庆”、国庆节等节庆都要举办斗牛大赛，一方面，极大地丰富了群众的节日文化生活；另一方面，满足了国内外游客的观赏需求。2013年雷山“苗年文化周”期间，雷山斗牛城举办的“贵旅杯苗岭斗牛大奖赛”共进行9天，按每天平均12000人购票入场，每张门票50元计，门票收入超过540

万元。斗牛大赛带来的饮食服务行业的收入无法估算。2015年“七二三州庆”期间，凯里开发区“白午东方斗牛城”举办的“黔东南州州庆东方斗牛大奖赛”共进行4天，每天有2万以上观众涌入斗牛城，7月26日进行的A组牛决赛，涌入斗牛城的观众超过2.8万人。按照每天平均有2.2万人购票入场，每张门票50元计，门票收入达到440万元。随着经营性“东方斗牛”的蓬勃发展，带动了饮食服务行业的发展，“东方斗牛文化”产业链初步形成。

## 二、黔东南州非物质文化遗产的传承保护和开发利用中存在的问题和遇到的困难

10多年来，黔东南州采取多种模式对非遗项目进行有效的“传承保护”和合理的“开发利用”，取得了良好的社会效益和经济效益，以“苗族古歌”“苗族贾理”为代表的口传类非遗项目收集整理和研究成果频出；以“侗族大歌”“苗族芦笙乐舞”为代表的表演艺术类部分非遗项目初步形成“现实生产力”；以“苗族医药”“侗族医药”为代表的社会实践类部分非遗项目在服务大健康产业方面不断发力；以“苗族银饰”“苗族刺绣”和“侗族刺绣”为代表的手工技艺类部分非遗项目在“万众创新、大众创业”和“精准扶贫”方面大显身手；以“东方斗牛”为代表的竞技类非遗项目初步形成产业链。但是，我们也应该看到，黔东南非遗项目的传承保护和开发利用也存在不少的问题，遇到不少的困难，这些问题和困难形成黔东南非遗项目传承保护和开发利用的困局。准确定位和理性看待存在

的问题，客观对待遇到的困难，探寻符合黔东南非遗项目传承保护和开发利用的破局之策是当务之急。

### （一）口传类非遗项目的传承保护和开发利用存在的问题和困难

黔东南口传类非遗项目传承保护工作存在的主要问题是文化生态改变、传承链条断裂带来的“活态传承”后继乏人、“活态保护”无从着手的问题，最大的困境是“无人可传”；“开发利用”存在的主要 问题是项目普及度不高、开发难度大。

#### 1. 口传类非遗项目的传承保护和开发利用存在的问题

口传类非遗项目的传承最讲究的是“文化生态”，皮之不存毛将焉附？没有适合项目生存的“文化生态”，项目就没有“存活”的余地。以《苗族古歌》《苗族贾理》《苗族神话故事》为代表的口传类非遗项目属于“精神文化”范畴，传承类型属于典型的“精英传承”。由于以“工业化城镇化”为代表的现代化进程的加快，文化持有人所属族群的生活方式发生了颠覆性的变化，“文化生态”遭到前所未有的破坏，口传类非遗项目传承链条发生了断裂，使得这类非遗项目的传承保护处于“活态传承后继乏人”“活态保护无从着手”的境地。

以《苗族古歌》《苗族贾理》《苗族神话故事》为代表的口传类非遗项目，主要是调控整个民族的精神文化生活的，传承类型属于“精英传承”，传承人都是整个民族的文化精英，需要足够的传统文化积淀，因此，口传类非遗项目普及度不高，开发的难度极大。课题组成员雷秀武、曾祥慧长期从事非遗项目开发利用研究工作，全程参与凯里学院和黔东南职业技术学院举办的“锦绣计划”培训，在研究和培训工作中深切感受到，要把《苗族古歌》《苗族贾理》《苗族神话故事》等非遗项目转化为现实生产力，最大的阻碍是文化创意的欠缺。文化创意欠缺有两个方面的原因，一方面，参与“锦绣计划”的绣娘虽然有较为深厚的民族文化积淀，但汉文化程度普遍偏低且没有受过创意设计的专业培训，无力也无法把《苗族古歌》《苗族贾理》《苗族神话故事》等非遗项目的文化意向和文化意蕴转化为具有“文化创意”的产品；另一方面，科班出身的专业设计人员汉文化水平够高，也受过系统的专业训练，但欠缺民族传统文化积淀，同样也无法设计出以《苗族古歌》《苗族贾理》等为背景的创意产品。

**2. 口传类非遗项目的传承保护和开发利用遇到的困难**

就整体而言，黔东南州口传类非遗项目传承面临的困难最大，突破难度最大，而且濒危程度也最深。据课题组调查，黔东南“苗族古歌”和“苗族贾理”这两项国家级非遗项目的国家级、省级传承人平均年龄 78 岁，都是风烛残年的老人，他们面临的困境除了自身的衰老造成的能力下降外，还面临着“后继无人”的困境。学习和传承“苗族古歌”和“苗族贾理”这样的非遗项目的最佳年龄段是 7—18 岁，次佳年龄段是 19—45 岁，人到 45 岁以后，要学习和系统掌握洋洋数万行的“苗族古歌”和“苗族贾理”几乎是不可能的了。而且，“苗族古歌”和“苗族贾理”的习得是一个长期的系统的过程，是没有捷径可走的。在黔东南苗族地区，7—18 岁的青少年由于沉重的课业负担而无法学习和传承这两项非遗项目，19—45 岁的中青年人 60% 以上都外出打工，没有条件也没有精力学习和传承这两项非遗项目，导致这两项非遗项目濒临失传。

### （二）社会实践、有关自然界和宇宙的知识和实践类非遗项目传承保护和开发利用存在的问题和困难

“苗族医药”和“侗族医药”这两项国家级非遗项目属于社会实践类项目，都存在“精英传承”和“社会传承”两种传承模式。精英传承一般都属于家传性质，整体上传承链条不容易断裂，但家传同时也存在弊端。

创世神话是少数民族有关自然界和宇宙的知识的结晶。在黔东南，不论是苗族地区还是侗族地区，历史上创世神话多如牛毛，这些创世神话蕴含了苗族侗族关于自然界和宇宙知识的精华，但由于生活方式的改变，许多创世神话的故事大师没有对象可传，没有事情可做，随着他们的老去，苗族侗族的创世神话也终将失传。这些困境都不是传承人本身造成的，而解除这个困局也不是传承人能够做到的。总之，黔东南社会实践、有关自然界和宇宙知识和实践类非遗项目已岌岌可危。

**1. 社会实践、有关自然界和宇宙的知识和实践类非遗项目传承保护和开发利用存在的问题**

在社会实践、有关自然界和宇宙的知识和实践类非遗项目中，“苗族扫寨”可以归于“社会实践”范畴，也可以归于“礼仪类”中的“人神际礼仪”范畴；“苗族医药”“侗族医药”“瑶族药浴”等项目属于“社会实践”范畴；“创世神话”归属于“自然界和宇宙的知识”范畴。

“苗族扫寨”传承保护和开发利用存在的主要问题是文化生态崩溃、传承链条断裂，项目处于自生自灭的状态。苗族

的“扫寨”是苗族传统社会的一种管理模式，这个非遗项目的存在和传承的前提是全社会承认苗族传统社会管理的“泛神机制”和苗族传统社会“神职人员”——“巫师”的客观存在。随着科技的发展，法制的健全和苗族全民素质的提高，苗族传统社会管理“泛神机制”已经失灵，苗族村寨预防“寨火”已经步入法制轨道，已经没有人愿意再去习得“巫师”这种“神职”，苗族村寨的“扫寨”这种习俗面临灭绝危机。虽然苗族的“扫寨”这项非遗项目客观上对苗族地区的预防寨火起到过积极的正能量作用，但我们不得不承认，苗族的“扫寨”非遗项目已经走到了历史的尽头，尽快用视频音频将项目完整地记录下来供后人学习借鉴才是当务之急。

“精英传承”一般传承链条不容易断裂，“社会传承”属于“群体传承”，传承链条易于断裂。无论是“精英传承”还是“社会传承”，这类“传统知识”项目都存在着知识产权属于相对公权的权属不明，保护难度大的问题。按照世界知识产权组织界定，知识产权法律法规保护的是“私权”而非“公权”。由于这类传统知识的“知识产权”属性不明确，开发利用不恰当容易形成侵权，引起矛盾和纠纷。





创世神话是少数民族有关自然界和宇宙的知识的结晶，也可归属于“口传类”项目，传承保护面临的最大问题同样是处于“生态崩溃、链条断裂、自生自灭”的境地，开发利用方面与《苗族古歌》《苗族贾理》面临的是同样的问题。

**2. 社会实践、有关自然界和宇宙的知识和实践类非遗项目传承保护和开发利用面临的困难**

“苗族扫寨”是一项具有“私密性”的，依靠“泛神机制”

和“背离恐惧”强制运行的，不可复制的非遗项目，也是依靠传承人维持运转的项目。其传承保护和开发利用存在的主要问题是“生态崩溃、链条断裂”，处于“自生自灭”的境地。在“生态崩溃、链条断裂”的现实状态下，这项非遗项目传承保护的最大困局：一是没有人愿意学习和习得“传承人”资格；二是“文化生态”修复难度太大。“苗族扫寨”是一项依靠特定的文化生态和运行机制惯性运行的非遗项目，把它作为一项民俗在“民族文化旅游”活动中予以展示是属于“伪民俗”，容易形成“以讹传讹”恶性循环，另外也违背了苗族人民的意愿，遭到苗族人民的抵制。因此，这个项目在开发利用上是没有太多的价值的，也没有形成现实生产力的可能性。

“苗族医药”“侗族医药”“瑶族药浴”等都是流行千百年的以口传心记为主要传承模式的非遗项目，也是可以马上转化为现实生产力的非遗项目。在“精英传承”（家传）方面，最大的困难是如何说服和动员子女“子承父业”；在“社会传承”方面，最大的问题和困难是随着医疗科技的日益发达和医疗条件的日益改善，没有人愿意再去习得和传承。在开发利用方面，这些项目遇到的困难是：依靠传承人行之有效的妙方研制的民族药“准生证”的门槛太高，要获得“准生证”的成本太大。

### （三）礼仪类非遗项目传承保护和开发利用存在的问题和困难

礼仪类非遗项目包括“人际礼仪”“人神际礼仪”和“人物际礼仪”三大类型。“人际礼仪”依靠“背离恐惧”的思维定势运行；“人神际礼仪”和“人物际礼仪”依靠“泛神机制”和“背离恐惧”的思维定式运行。它们在传承保护和开发利用中存在许多问题，也存在着许多困难。

**1. 礼仪类非遗项目传承保护和开发利用存在的问题**

就“人际礼仪”而言，虽然同样面临文化生态崩溃和传承链条断裂的窘境，但“人际礼仪”的“出生礼仪”“成年礼仪”“婚嫁礼仪”和“丧葬礼仪”是每一个人都要经历的过程，而且这些“礼仪”相对固定和为所有的社会成员所熟知，文化生态崩溃和传承链条断裂对“人际礼仪”的冲击不大，传承保护面临的主要问题是“创新”和“传统”的矛盾和冲突。例如农村婚礼引进“主持人”，城市婚礼引进“宗教礼仪”，显得不伦不类。

“人神际礼仪”和“人物际礼仪”是依靠“泛神机制”和“背离恐惧”的思维定式运行的礼仪类型，民众的“从众心理”和“背离恐惧”是裹挟民众参与这种活动的主要动力。在生活方式改变带来的文化生态崩溃和传承链条断裂状态下，这些项目的传承保护面临的最大问题是“文化生态修复”成本太高。由生活方式改变带来的“传承链条断裂”虽然可以重新连接，但“文化生态崩溃”几乎是不可逆转的、无法修复的。

“人神际礼仪”和“人物际礼仪”等项目是蕴含巨大开发潜质的非遗项目，但在文化生态崩溃和传承链条断裂状态下，这些项目开发利用面临的最大问题是“能不能开发”“该不该开发”“要不要开发”的界定问题和怎样把握开发的“度”的问题。

**2. 礼仪类非遗项目传承保护和开发利用遇到的困难**

在“人神际礼仪”和“人物际礼仪”项目中，相关县市的旅游部门和企业试图对苗族“吃鼓藏”和侗族的“祭萨岁”非遗项目进行开发利用，但都没有成功，原因是这种“试开发”一方面，遭到项目的文化生态和项目的运行惯性的强烈反弹；另一方面，这种试开发违背了群众意愿遭到群众反对，这就是“人神际礼仪”和“人物际礼仪”开发利用遇到的最大困局。

### （四）节庆类非遗项目传承保护和开发利用存在的问题和困难

节庆类非遗项目是所有非遗项目中最具开发价值的类型，具有“思维定式突出、运行惯性强大、族际区别明显”的明显特征，同样是依靠“从众心理”维系项目的运行，也是所有项目中传承保护和开发利用问题最多、困难最大的项目类型，特别是全民族性的节庆类非遗项目传承人是所有非遗项目传承人中处境最为尴尬的。

**1. 节庆类非遗项目传承保护和开发利用存在的问题**

节庆类非遗项目属于“思维定式突出、运行惯性强大、族际区别明显”，依靠“从众心理”和“背离恐惧”模式“强制运行”的非遗项目类型，分为“全民性节庆”“地域性节庆”和“技术性节庆”三种。从总体上看，节庆类项目的传承保护存在的问题主要是“模式错误”，开发利用存在的主要问题是太媚俗。

如前所述，“苗年”“吃新年”是否应该设立传承人是值得研究的。

凯里的“香炉山爬坡节”“旁海芦笙会”“雷山五岔路的爬坡节”“雷山大塘的爬坡节”“黄平百堡坡的爬坡节”，锦屏侗族的“采桑节”，镇远报京侗族“三月三讨葱节”，台江施洞的“姊妹节”等地域性节庆，开展活动时也是不需要有人去组织和主持的，这样的非遗项目设传承人不但不利于项目的传承，反而带来副作用，这些传承人往往很容易受到社会和群众的孤立，如果把传承人传承保护模式改为“社区传承”模式，把传承人享受的补贴用于“传承社区”效果也许更好。当然，“技术性节庆”如“施洞独木龙舟节”等有设传承人的必要。从体制上入手，突破现有的非遗项目传承保护体制，建立符合黔东南实际的、具有黔东南特色的、有序的、有效的“社会传承”或“社区传承”的全新的传承模式，将国家给予传承人的补助用于节庆活动本身，可能更有利于项目的“活态传承”。

“节庆”是指在特定的时间由特定的人群遵循特定的仪式开展的周期性的活动，是以歌舞文化、服饰文化、饮食文化、娱乐文化等显性文化来体现和展示该民族（或社区）的精神世界和民族心理等隐性文化的一种文化系统。在这个文化系统展开的时候，都会以“最亮丽的服饰、最煽情的歌舞、最精美的饮食”的面目出现的，这为以旅游为目的的“节庆文化”的开发利用提供了巨大的空间，同时也为开发的“媚俗”提供了可乘之机，为“媚俗式”开发埋下了祸根。1984 年 5 月 8 日，时值农历四月初八，为了迎合日本一个旅游团队的要求，镇远报京为日本旅游团队举办了一场“报京三月三讨葱节”，这是黔东南节庆文化开发利用“媚俗”的开始。从江芭莎苗寨的芦笙节本来是在每年的秋收结束以后举行的，但为了迎合游客的需求，每天都可以为游客举办“表演性”的“芦笙节”，这是典型的“媚俗式”开发。

2. **节庆类非遗项目传承保护和开发利用遇到的困难**

随着生活方式的改变，黔东南参与传统节庆活动的人数日渐减少，节庆活动也与社会同时呈现出“老龄化”，这是黔东南节庆类非遗项目传承保护和开发利用同时遇到的困境。但这种“老龄化”现象也不是绝对的，有的节庆如苗族的“苗年”“姊妹节”“吃新节”，侗族的“为顶为嗨”（吃相思）等，绝大多数外出打工的未婚男女青年宁愿放弃薪资（个别甚至放弃工作）也要赶回来参加节庆活动，使节庆活动得以正常展开。特别是在凯里经济开发区企业打工的苗侗族员工在与企业签订劳动合同时提出“必须参加本民族重大节庆活动”这样的特别条款，这是驻凯企业不太愿意招收本地少数民族员工的主要原因之一。

### （五）表演艺术类非遗项目传承保护和开发利用存在的问题和困难

表演类非遗项目传承保护和开发利用同样面临着“后继乏人”的问题和困境，但因项目本身的普及度和影响度的不同，这种问题和困境对项目的传承保护和开发利用的影响也不尽相同。

1. **表演艺术类非遗项目传承保护和开发利用存在的问题**

黔东南表演性非遗项目传承保护和开发利用因项目本身群众基础好，普及度高，且开发难度小，从而得到普遍开发，但并不是所有项目都能变成现实生产力。就这类项目的传承保护而言，存在的最大问题还是“错用模式”。以国家级非遗项目“苗族飞歌”为例，在苗族飞歌盛行地区，普及率是非常高的，几乎所有成年人都会唱，张口就来，这样的项目设立“传承人”实际上没有必要，那些传承人并没有起到传承的作用，反而由于其得到补贴而受到广大民众的孤立，这也是这个项目传承人的困局之一。设传承人反而不利于该项目的“活态传承”，像“苗族飞歌”这样的非遗项目，实行社区传承效果会好很多。“侗族大歌”也存在同样的问题。苗族的“板凳舞”是苗族地区婚嫁喜庆酒宴后欢庆的即兴舞蹈，侗族的“多耶”是重大节庆活动的“广场舞”，同样不宜设传承人。苗族“芦笙乐舞”“反排木鼓舞”“苗族铜鼓舞”等表演类非遗项目，目前有设立传承人、实施“传承人保护”模式的必要，一旦实现“民族文化生计化”以后，将这些非遗项目转为“社区传承保护”或“传承人群保护”模式，保护效果会好很多。

“表演类”非遗项目是最适宜开发利用的项目类型之一，是“农文旅结合”和“旅游+”时代最重要的“宝贝”，但黔东南表演类非遗项目开发利用存在的最大问题是“研究与开发脱节”。在黔东南，民族文化研究专业人员、非遗项目保护专业人员和旅游主管部门、旅游企业各行其是，专业人员的研究成果没有变成旅游主管部门和旅游企业开发利用的依据，这是限制黔东南民族文化旅游“井喷式发展”的瓶颈。不论是旅游主管部门还是旅游企业，规划设计人员都不是民族文化旅游科班出身，对民族文化旅游开发“度”的把握难免存在不足，虽然专业研究人员和非遗项目专业保护人员有些也不是科班出身，但他们毕竟是站在非遗项目的传承保护和开发利用的整体高度上去看问题，对“度”的把握要准确得多。没有解决“研究与开发脱节”问题，黔东南民族文化旅游“井喷式发展”就是一句空话。

**2. 表演艺术类非遗项目传承保护和开发利用遇到的困难**

黔东南“表演类”非遗项目传承保护和开发利用，“后继乏人”和“老龄化”都是无法绕过的坎，这是表演类非遗项目传承保护和开发利用面临的最大的困境。加大“民族文化进校园”工作力度，将表演类非遗项目纳入学校教育也许是突破这个困境的一剂良方。

### （六）手工技艺类非遗项目传承保护和开发利用存在的问题和困难

就黔东南手工技艺类非遗项目总体而言，大多数是可以通过与“精准扶贫”结合转化为现实生产力的，没有后继无人的忧虑，但这些项目的大多数传承人的主要困难是“生计”和“传艺”的矛盾，这是黔东南手工技艺类非遗项目传承保护和开发利用面临的主要问题。

**1. 手工技艺类非遗项目传承保护和开发利用存在的问题**

黔东南手工技艺类非遗项目的“传承保护”和“开发利用”存在的主要问题是“生计”和“传艺”的矛盾。传承人是手工技艺类非遗项目传承保护的中心人物，肩负着该项目传承保护的千钧重任。但这些项目的大多数传承人在传承保护过程中存在着“生计”与“传艺”的矛盾。苗族服饰制作技艺、侗族服饰制作技艺、苗族吊脚楼营造技艺、侗族鼓楼营造技艺、苗族银饰锻造技艺、苗族芦笙制作技艺的传承人，都要首先解决“生计”的问题，然后才能考虑“传艺”的问题，这样就不可避免地产生“生计”与“传艺”的矛盾。解决这个问题，可以试着从体制上入手，在“苗族芦笙制作技艺”或“侗族鼓楼营造技艺”项目上试行“传承人职业化”，用项目保护资金解决传承人的生计问题，让传承人成为项目的“职业传道师”。

**2. 手工技艺类非遗项目传承保护和开发利用遇到的困难**

在黔东南，由于历史的原因，全民受教育年限普遍低于发达地区，全民素质普遍低于发达地区，这是无法否认的事实，因此，无论是手工技艺类非遗项目的传承人还是从业人员，都无法突破“文化创意”和“技艺创新”这两道坎，这是手工技艺类非遗项目传承保护和开发利用都面临的最大困局。

### （七）竞技类非遗项目传承保护和开发利用存在的问题和困难

黔东南竞技类非遗项目绝大多数都不是可以转化为现实生产力的项目，如苗族武术、侗族武术、龙舟竞赛等项目，由于不太可能转化为现实生产力，不太可能成为“生计手段”，因此，这类非遗项目的传承人有的是凭兴趣爱好坚持，有的是凭祖先遗训支撑，除了面临后继无人的困局外，他们还要承受祖先遗训的压力，因此竞技类非遗项目的传承保护和开发利用面临前所未有的困境（东方斗牛例外）。

**1. 竞技类非遗项目传承保护和开发利用存在的问题**

黔东南的竞技类非遗项目主要是民族传统体育项目，有“赛龙舟（包括‘独木龙舟赛’）”“月牙镋”“抢花炮”“摔跤（侗族摔跤）”“苗拳（蚩尤拳）”“打陀螺”“放响篾”“踩高跷”“独竹飘”“射弩”“斗牛（东方斗牛）”等。除“东方斗牛”外，这些项目的传承保护和开发利用存在的普遍问题都是后继乏人。

“东方斗牛”是黔东南竞技类非遗项目的“另类”，传承保护无需过多发力即可实现，但开发利用却存在许多问题。黔东南的东方斗牛文化虽然有广泛的群众基础和良好的氛围，但黔东南的斗牛文化也存在着短板明显、发展失衡的致命硬伤。短板明显、发展失衡是就黔东南东方斗牛文化整体而言的，“短板明显”是“民间斗牛”和“经营性斗牛”都共同存在的问题，“发展失衡”则是针对“民间斗牛”与“经营性斗牛”的发展严重失衡而言的，可以归纳为“民间斗牛蓬勃发展，经营性斗牛乱象丛生”。

黔东南民间斗牛的现状是蓬勃发展、瓶颈显现、后继乏人。“蓬勃发展”是表面现象，据不完全统计，全州经过登记的和没有经过有关部门登记的村组级、乡镇级、县级和州级的“斗牛协会”超过200个，在册会员超过4000人，在册斗牛超过5000头。但是，“蓬勃发展”只是虚幻的表象，由于大多数青壮年都已外出务工，村里留下的都是老人和小孩，村寨或社区举办民间斗牛活动往往因为无人可用而力不从心，这就是民间斗牛的瓶颈，在这个瓶颈下，“后继乏人”就成了民间斗牛活动的致命硬伤。

黔东南经营性斗牛整体现状可以用“监管缺位、机制缺失、发展盲目、恶性竞争、乱象丛生、‘文’‘旅’脱节、后继乏力”来概括。经营性斗牛实质上是斗牛文化的产业化，但就黔东南斗牛文化的产业化而言，“监管缺位”是最严重的问题。就全州而言，没有一个单位出面管理和指导全州的“斗牛文化的产业化”是不争的事实。而州斗牛协会与县市斗牛协会以及村寨的斗牛协会都是独立的，彼此间没有从属关系，州斗牛协会无法监管县市和村寨的斗牛协会的产业开发，黔东南的斗牛文化产业化呈现出“各自为政、一盘散沙”的状态，这是黔东南经营性斗牛村寨的最大硬伤；伴随“监管缺位”的是“机制缺失”，由于没有监管单位，各个斗牛场和斗牛协会缺乏统一的经营机制和制约机制，这极大地制约了经营性斗牛的产业化发展；由于缺乏监管，“发展盲目”也随之而来。以凯里城区为例，在不足40平方公里的范围内就已经建成小开、开怀、华凯尚城、九寨、白午5个能容纳2万人以上的斗牛城，显然超出了斗牛文化的实际需要。除凯里外，全州能容纳2万人以上的斗牛场还有天柱斗牛城、麻江七鑫斗牛城、雷山斗牛场、榕江乐里斗牛场、从江下江斗牛场等十来个。随着盲目建设了许多斗牛场，互相攀比的恶性竞争就不可避免，导致黔东南的经营性斗牛乱象丛生。“‘文’‘旅’脱节”是黔东南经营性斗牛的又一大硬伤。黔东南的各个经营性斗牛场和斗牛协会举办斗牛活动一般都没有与旅行社签订合同，外地随团来观看斗牛活动的游客绝大多数都是随机的，“文化”与“旅游”明显脱节，这很不利于黔东南的东方斗牛文化的产业化发展。由于黔东南经营性斗牛存在“文化”与“旅游”明显脱节的现象，使得黔东南经营性斗牛呈现出后继乏力的疲软状态。





### 2. 竞技类非遗项目传承保护和开发利用遇到的困难

在黔东南，除“东方斗牛”外，其他竞技类非遗项目都是采用“传承人+”模式进行保护的，有的项目采用“传承人+赛事”模式，有的项目采用“传承人+节庆”模式进行保护。无论采用何种保护模式，传承保护和开发利用面临的最大困难都是“说服传承人子女‘子承父业’”，解决不好这个问题，竞技类非遗项目的传承保护和开发利用都是一句空话。

黔东南的“东方斗牛”是初步形成产业链的竞技类非遗项目，但要形成产业化发展并使产业化健康发展，目前困难重重。而这些困难中，探索和规范东方斗牛文化产业化的运作模式即“职业俱乐部联赛”是最大的困难。

## 三、黔东南州非遗项目传承保护和开发利用面临的机遇和挑战

### （一）生活方式改变给非遗项目保护带来的机遇和挑战

生活方式的改变给许多非遗项目带来不可逆转的“生态崩溃”和“链条断裂”式的挑战，同时也给非遗项目的传承保护和开发利用带来机遇。

#### 1. 生活方式改变给非遗项目保护带来的挑战

电子传媒时代的到来，改变的不仅是我们的生活环境和生活条件，也直接改变了我们的生活方式。我们足不出户就可以知晓天下大事，坐在电视机面前就可以轻松捕捉到许多商机，坐在电脑前就可以轻松完成办公室的工作，我们学习传统文化和传统知识可以借助电子传媒工具获得，这简直可以说是一场生活方式的“革命”。这样的生活方式，对传统文化和传统文化的“传习”造成致命的影响，可能会对传统文化的文化生态链条造成致命的打击，因为我们对新知识、新信息的获取不再只是老师的“耳提面命”和老一辈的“口传心授”，传统的传统文化传习模式不再适应新的生活方式的需要，但要保持传统文化的“传统性”，又是电子传媒所不能取代的，而且，贵州世

居少数民族的许多文化遗产是属于全人类的，这就需要我们采取多种形式来重新连接文化生态链条，保证文化生态链条的完整和传习的顺畅，这就是生活方式改变给非遗项目传承保护带来的挑战。

**2. 生活方式改变给非遗项目保护带来的机遇**

电子传媒的发展，又为我们搭建了一个平台，我们也可以借助电子传媒覆盖面广、传播迅速、影响力大的优势，由“老一辈”在电子传媒上进行反复的“口传”，通过电子传媒反复“耳提面命”来进行原生态民族文化的传习，这又给我们非遗项目的传承保护带来了新的机遇。当下，分布在长三角、珠三角的一大帮黔东南籍苗族“打工族”，利用QQ群、微信群学习“苗族飞歌”“苗族情歌”“苗族多声部情歌”已成为一种时尚，这就是生活方式改变给非遗项目带来机遇的实证。

### （二）以工业化、城镇化为主要特征的现代化进程给非遗项目保护带来的挑战和机遇

**1. 以工业化、城镇化为主要特征的现代化进程给非遗项目保护带来的挑战**

工业化和城镇化是贵州冲出经济洼地的最强劲的两大“驱动轮”，也是贵州少数民族聚居区走向现代化的必经之路。但是，随着工业化、现代化的日渐发展，随着改革开放的日渐深化，以“标准化”为特征的工业文化和以“程式化”为特征的城镇文化也给以“多元化”为特征的少数民族传统文化的生存空间造成日渐强大的挤压态势。

工业化的主要特征是标准化和专业化。在工业化背景下，

无论是传统工业产业还是智能产业，生产的标准化和专业化是毋庸置疑的。在生产的日复一日、年复一年的标准化和专业化的熏陶下，从事工业生产特别是基于信息技术的“智能产业”的产业工人，每天重复的是成千上万次的标准化动作，生产的只是一个部件的某一个“点”而不是一件“成品”。但千万别轻视这样看似简单的动作，在基于信息技术的智能产业状态下，每一次重复都需要高度集中的注意力，实际上基于信息技术的智能产业的工人的劳动已经不能再用体力劳动或脑力劳动来简单区分了，这是一种“智能化”的“智能劳动”。在这种日复一日、年复一年的智能劳动的惯性作用下，人们首先是“产业工人”思维方式和习惯被牢牢地固定在专业化和标准化上，要求工作时“准时、准点、准确”。在“准时、准点、准确”的工作状态日复一日、年复一年的持续中，他们的生活无论是物质方面还是精神方面都体现出一种惯性的、不可逆转的标准化的态势。当一个人的这种态势出现在家庭内部的时候，会影响和带动一家人逐步形成标准化态势；当一群这样的产业工人的这种态势出现在社区的时候，会在社区所有成员身上产生“化学反应”，逐步将社区所有成员带入“准时、准点、准确”的态势中；当少数民族聚居区出现无数个这样的社区时，就会对少数民族聚居区的原生态文化形成“碾压式”的冲击。少数民族原生态民族文化原本就是“多元、无序、无主（主导）、无从（从属）”的，在工业化背景下，少数民族原生态民族文化的这种文化结构是无法抵挡“准时、准点、准确”的标准化的工业文化的碾压的。

在城镇化的背景条件下，居住在城镇的社会成员，无论是出身于“原生态民族文化”文化背景、“工业化”文化背景还是“商业服务业文化”文化背景，都要受到主流文化的操控。例如早上起来，所有的人都会因为心挂自身冷暖而关心、关注天气预报，以天气预报为依据调整自己的衣着服饰；所有的人都会因为关心和关注“家事、国事、天下事”而离不开新闻联播。生活在城镇，无论你是从事饮食服务业、商品零售业还是公务员工作，每天的活动都是程式化的，都有固定的起床时间，早餐、中餐和晚餐就餐时间表，天天如此。在这样日复一日的生活节律中，无论是人们的作息规律、娱乐休闲还是思维习惯都会呈现出一种惯性的、不可逆转的程式化态势。当这种惯性的、不可逆转的程式化态势出现在“多元、无序、无主（主导）”也“无从（从属）”的少数民族原生态民族文化社区的时候，同样也会对原生态民族文化社区形成巨大的冲击；当无数个少数民族原生态民族文化社区被这种“程式化”逐个“侵吞”的时候，就会形成对整个原生态民族文化的碾压式的冲击。

这种由工业文化和城镇文化带来的、作用于人类物质文化生活和精神文化生活的惯性的、不可逆转的标准化和程式化，与个体的人的物质文化和精神文化的个性需求是背道而驰的，与少数民族原生态民族文化也是背道而驰的，与文化多元化的社会需求同样是背道而驰的。当这种标准化的工业文化和程式化的城镇文化出现在少数民族原生态民族文化地区的时候，就会与少数民族原生态民族文化形成巨大的落差，这种落差就会形成巨大的“势能”；当这种“势能”积累到一定程度时，就会给少数民族地区的多元文化格局和非遗项目保护带来极大的冲击，就会给少数民族地区带来剧烈的震荡，形成少数民族地区和民族自治地区文化冲突的隐性根源。这是一个值得少数民族地区民族事务部门和民族文化行政主管部门高度重视的问题。

**2. 以工业化、城镇化为主要特征的现代化进程给非遗项目保护带来的机遇**

现代化一方面给黔东南的非遗项目保护带来极大的冲击，另一方面又为非遗项目融入现代化进程提供了契机。

一个民族的建筑是这个民族建筑史凝固的诗画，为这个民族的物质文化和精神文化提供了一个物化的标本，成为世人认识这个民族的具象符号。“建筑文化”是黔东南原生态民族文化系统中最接近“物质文化”的一个文化子系统，是黔东南原生态民族文化系统中最能影响外界的文化子系统，也是黔东南原生态民族文化系统中实用性最强、传承状态最好、外界接受性最高的文化子系统之一。在黔东南现代化进程中，“苗族吊脚楼营造技艺”“侗族鼓楼营造技艺”等非遗项目，可以用“物化”的方式、以“物质实体”方式参与和影响现代化进程。

歌舞文化是一个民族最具神韵的文化现象，也是最能体现一个民族原生态民族文化价值观的文化子系统。黔东南苗族和侗族劳动人民以热歌传情，以劲舞表意，以歌舞放飞梦想，以歌舞谱写自己民族的华彩乐章，以歌舞展现“道法自然”的哲学理念。优美的侗族大歌是侗族人民智慧的结晶，被誉为“清泉闪光的音乐”“天籁之音”，被联合国教科文组织定位为“一个民族的声音，一种人类的文化”。以“苗族飞歌”旋律为基础的笛子独奏曲《苗岭的早晨》也是常在各大卫视节目出现的“神曲”，在现代化进程中，“侗族大歌”“苗族飞歌”这类非遗项目作用于“社区文化”，进而可以影响黔东南“新型城与乡关系、工与农关系”。我们完全可以充分运用“侗族大歌”“苗族飞歌”的知名度和美誉度积极参与和影响黔东南的现代化进程。

### （三）自媒体给黔东南非遗项目传承保护和开发利用带来的挑战和机遇

自媒体也是一把双刃剑，给黔东南非遗项目传承保护和开发利用都带来了挑战，同时也都带来了新的机遇。

#### 1. 自媒体给黔东南非遗项目传承保护和开发利用带来的挑战

自媒体给黔东南非遗项目传承保护和开发利用带来挑战，是指人们可以轻松地运用微信、微博、QQ 群等手段广泛传播和获得非遗项目信息，但这种传播是“点”与“面”的传播，尤其是“微博”，由于“起始点”上的“博主”不一定具备非遗项目的基本常识，很容易把黔东南的非遗项目弄得面目全非，带来极大的负面影响，这是有案可稽的，这种负面影响是很难扭转和消除的，这对非遗项目的传承保护和开发利用都是极为不利的，这就是自媒体给非遗项目传承保护带来的最大的挑战。这就需要我们的非遗项目管理部门强化宣传手段，在自媒体平台上提供更多更准确的信息。

#### 2. 自媒体给黔东南非遗项目传承保护和开发利用带来的机遇

当今时代，微信、微博、QQ 群等平台是人们获得最新信息的方便、快捷的方式和手段。运用这些平台和手段获取黔东南非遗项目传承保护的最新信息，通过这些平台交流传承人的心得体会，通过这些平台传播黔东南非遗项目研究和开发利用的成果，扩大黔东南非遗项目的影响力和提高其美誉度都是自媒体给我们带来的机遇。分布在长三角、珠三角地区的黔东南苗族打工族利用微信学习“苗族飞歌”“苗族情歌”“苗族多声部情歌”“流行歌曲苗语唱”成为时尚，就是自媒体给黔东南非遗项目的传承保护和开发利用带来机遇的最好注脚。自媒体的出现缩短了非遗项目“传承”与“习得”的空间距离，作为非遗主管部门，可以将“苗族飞歌”“苗族多声部情歌”“侗族琵琶歌”“侗族牛腿琴弹唱”等易于流传的非遗项目制作成音视频放到微信群和QQ群上供苗侗打工族学习和传播，将“反排木鼓舞”“苗族板凳舞”等非遗项目改编成“健身操”或“广场舞”，音视频文件放到网络上供广大爱好者欣赏和模仿，开辟黔东南苗族侗族非遗项目宣传推广的新通道。同时还可以将苗族侗族刺绣大师的技艺制作成规范化的音视频教材通过网络予以传播。

“万众创新”和“大众创业”是当下推动我国经济发展的两大“驱动轮”，用好“自然生态”和“民族文化”这“两个宝贝”是贵州省“十三五”期间“旅游+”的主旋律，把“非遗项目”和“精准扶贫”结合起来，运用“非遗项目+精准扶贫”实现黔东南与全国同步小康是黔东南非遗项目传承保护和开发利用的主攻方向。黔东南的“苗族刺绣及苗族服饰制作”和“侗族刺绣及侗族服饰制作”是最适合“万众创新”的非遗项目，省委省政府大力推行的“锦绣计划”为黔东南国家级非遗项目“苗族刺绣”和“侗族服饰制作技艺”的开发利用打开了一扇门，我们要站在历史的高度，努力做好黔东南非遗项目的传承保护和开发利用工作，让黔东南众多的非遗项目为黔东南的现代化进程做出更大的贡献。

## 四、黔东南州突破非遗项目传承保护和开发利用工作瓶颈的对策思路

10 多年来，黔东南采取多种模式对黔东南为数众多的非遗项目进行传承保护，收到了很好的保护效果，采用多种形式对非遗项目进行合理的开发利用，也取得了很好的社会效益和经济效益。但是，我们也应该清醒地看到，由于体制的原因，黔东南所有的非遗项目都采用“传承人+”模式进行传承保护，有的项目效果很好，有的项目效果较差。除个别项目外，绝大部分项目都出现与社会同步的“老龄化”问题，都存在后继乏人的隐患；由于生活方式的改变，有的项目陷入“文化生态崩溃”“传承链条断裂”的境地，传承保护难上加难；由于研究与开发脱节，有的项目开发利用陷入“媚俗式”开发的泥潭，有的项目开发利用出现“监管缺位、机制缺失、盲目发展、恶性竞争、乱象丛生、‘文’‘旅’脱节、后继乏力”的乱象等。黔东南非遗项目的传承保护与开发利用都不同程度地出现了发展的瓶颈，陷入“无从发力”的困局，黔东南的非遗项目传承保护和开发利用都出现了难以突破的瓶颈。

全面摸清和准确定位黔东南非遗项目传承保护与开发利用存在的问题与困难，理性寻求黔东南非遗保护工作的破局之

策，做好黔东南非遗项目的传承保护和开发利用工作，对于贯彻实施省委省政府“探索‘旅游+’融合发展的产业体系，释放‘旅游+’潜力”的战略决策，开创黔东南州“推动‘农文旅’一体化，为生态保护、脱贫攻坚、文化传承插上‘旅游’翅膀”新局面都具有重大的现实意义和深远的历史意义。为此，课题组经过慎重研究，对下一步黔东南非遗项目的传承保护和开发利用提出“从体制入手突破现有模式，建立符合黔东南州情的新型传承模式，创建黔东南非遗项目传承保护现‘新常态’；通过深入研究和理性判断，挑选适合的项目试行‘非遗项目传承人职业化’运行，探索黔东南非遗传承保护‘新途径’；进一步提升非遗项目‘传承保护研究’与‘开发利用规划’的‘无缝对接’，建立黔东南非遗项目开发利用‘新秩序’；强力推进‘东方斗牛’职业化进程，开创黔东南‘斗牛文化产业化’的‘新局面’”的对策思路。具体建议如下：

第一，从体制上入手，突破现有非遗项目传承人模式，建立符合黔东南州实际的新型的传承模式，创建黔东南非遗传承保护的新常态。黔东南现行的非遗项目传承保护无论是“口传类”“技艺类”“礼仪类”还是“竞技类”项目，无一例外都“一刀切”实行“传承人+”模式，这是不利于黔东南非遗项目的传承保护的。“节庆类”非遗项目并非全部适合运用“传承人+”模式进行保护，如“苗年”“苗族吃新节”“苗族姊妹节”“雷山五岔路爬坡节”“雷山大塘爬坡节”“黄平百堡坡爬坡节”“锦屏侗族采桑节”“三省坡歌会”“三月三讨葱节”等节庆类项目，有没有传承人，时间一到都要过，那些“被传承”的传承人基本上无事可做，但拿了传承人津贴往往被民众孤立，这对这些项目的传承保护是没有任何好处的。因此，我们建议将这些项目的“传承人保护模式”改为“社区保护”模式，将传承人津贴改成社区活动补助，发挥传承社区的积极性，做好项目的传承保护工作。“苗族飞歌”“苗族板凳舞”和“侗族大歌”等表演类项目情况类似于“节庆类”项目，也可以参照节庆类相同的做法。我们认为，从体制上入手突破非遗项目现有保护模式，建立符合黔东南州情的非遗项目传承保护模式是黔东南非遗项目传承保护和开发利用工作首要的“破局之策”。

第二，通过深入研究和理性判断，挑选适合的项目试行“非遗项目传承人职业化”运行，探索“大数据+”和“旅游+”时代黔东南非遗传承保护新途径。黔东南的非遗项目特别是“口传类”和“民族传统体育（竞技）类”非遗项目是文化含量最高而传承保护难度最大的项目类型，无论是口传类的《苗族古歌》《苗族贾理》《苗族神话故事》还是侗族的《瑶白摆古》项目，都处于“文化生态崩溃，传承链条断裂”的境地，民族传统体育类的“苗拳”“侗拳”“月牙镋”“钩镰”“独竹飘”等项目也处于类似境地。我们认为，对这些项目，要勇于改革，试行“非遗项目传承人职业化”运行，每一个县市建一个“传习中心”或“传习馆”，让项目传承人成为该项目的“职业教授”，专职为该项目“传道授业”和“释疑解惑”，努力探索“大数据+”和“旅游+”时代黔东南非遗传承保护的新途径。

第三，进一步加强非遗项目传承保护研究与开发利用规划的无缝对接，用传承保护研究的研究成果指导开发利用规划，建立黔东南非遗项目开发利用新秩序。黔东南非遗项目开发利用存在的最大问题是传承保护研究与开发利用规划严重脱节，传承保护研究机构与开发利用规划部门是“两股道上跑的车”，各自为政，各行其是，导致研究成果束之高阁，开发利用方向偏离。为了解决“脱节”问题，我们建议要进一步加强传承保护研究与开发利用规划的无缝对接，尽量运用传承保护研究成果指导开发利用规划，建立黔东南非遗项目开发利用新秩序。要加强对非遗项目生产性保护示范基地和非遗项目传承保护教育示范基地的研究和指导，使他们真正起到黔东南非遗项目传承保护和开发利用的“示范基地”的作用。

第四，强力推进“东方斗牛”职业化进程，开创黔东南斗牛文化产业规范化运行模式的新局面。东方斗牛文化既是中华民族农耕文明的重要表现形式，同时也是中华民族古老的农耕文明的最重要的文化成果之一。这个文化成果对农耕文明的最大的贡献，就是运用“物竞天择”原理，运用雄性水牛通过打斗争夺交配权来延续后代的“牛性”来保持种群的强大，来保证农耕生产力的发展，从这个意义上说，东方斗牛文化是推动中华民族农耕文明发展的重要动力。

黔东南是苗族侗族最大聚居区，将近四分之一的苗族和二分之一的侗族生活在黔东南。苗族和侗族都是历史悠久而文化灿烂的民族，苗族和侗族的先民曾经在长江中下游生活过很长时间，都是中华农耕文明的主要缔造者之一。由于历史原因，黔东南苗族和侗族不仅是东方斗牛文化的缔造者，对东方斗牛文化情有独钟，同时也是东方斗牛文化最重要的传承者，他们把这项古老的文化从海天相连的遥远的东方带到黔东南的崇山峻岭，因此，东方斗牛文化同时也成了黔东南的文化名片。

以黔东南为代表的“东方斗牛”是黔东南竞技类非遗项目

中开发利用最好的项目，初步形成具有黔东南特色的斗牛文化产业链。据不完全统计，黔东南民间饲养的斗牛1万余头，每年节日集会期间民间举办的斗牛活动有近2000场次，观众超过1000万人次，呈现出蓬勃发展的势头，东方斗牛文化在黔东南形成了一道亮丽的风景线。但是我们也应该清醒地看到，民间斗牛与社会同步存在着“老龄化”问题，同样面临着“后继乏人”的尴尬；经营性斗牛面临着监管缺位、机制缺失、发展盲目、恶性竞争、乱象丛生、“文”“旅”脱节、后继乏力的困境。我们认为，以黔东南为代表的“东方斗牛”具有深厚的文化底蕴和群众基础，要走出黔东南“经营性斗牛”的困境，采取“俱乐部联赛”模式是规范“经营性斗牛”运营的必经之路。因此，要强力推行“东方斗牛”职业化进程，建议以“斗牛城”为基础成立“××斗牛俱乐部”或“××斗牛竞技俱乐部”，成立“联赛公司”，由“联赛公司”规范“俱乐部”的基础设施硬件和规章制度软件，试运行“俱乐部联赛”，待条件成熟正式推出与市场接轨的“黔东南东方斗牛俱乐部职业联赛”，让其成为黔东南“旅游+”的新亮点，努力培育东方斗牛文化产业链，开创黔东南斗牛文化产业规范化运行模式，不断延长东方斗牛文化产业链，开创斗牛文化产业新局面。

# 文化产业视阈下黔东南侗戏的传承发展路径

唐永蓉*

侗戏是国家级非物质文化遗产，承载着侗族的历史文化，是侗族社会、文化生活的活化石，现今生活环境的变化导致其逐渐失去了生存土壤，侗戏的传承发展工作刻不容缓。如何使侗戏在现代社会中生存下去是社会各界需要探讨的话题。

## 一、侗戏文化的“变”与“不变”

关于文化的内涵，翁玲玲[①]通过李亦园[②]“关于文化的分类”整理出文化的定义：“文化是指人类共同活动创作出来的所有产物，包括人们所使用的工具器物、社会生活所赖以维持的典章制度、精神生活的种种艺术作品，以及创作过程中诸多

* 唐永蓉，女，苗族，贵州从江人，华中师范大学国家文化产业研究中心硕士研究生，研究方向：文化创意产业。

① 翁玲玲：英国牛津大学人类学博士学位。

② 李亦园：福建泉州人，曾先后就读于台湾大学、美国哈佛大学，著有《文化与行为》《人类的视野》等专著，专业论文100多篇。

人类心智活动的历程。文化的过程，本身就是创意的表现。”尽管在关于文化的上千种定义中，这只是其中一种，但是文化的本质是一定的，即学习的、共享的、变迁的，文化最稳定的特质是“变”。文化是人类为了生活及生存所做的一切设计，过去的人类为了应对挑战进行创造，现在的人们为了适应环境的变迁而对过去的创造成果进行再创造，文化产业则是为了让文化更好地适应现代生活，对文化进行再创造的一门学问。

19世纪初，侗族著名歌师吴文彩吸收当地汉族戏曲特别是阳戏的音乐特征创造了侗戏。侗戏是跨文化传播的结果，因而在发展过程中，其展现出了极大的融合性特征，展现了侗族人民生活水平的提高和对艺术的高追求，侗戏中包含了侗族社会的方方面面，体现了侗族群体的文化价值和民族认同。侗戏是过去的侗族人民精神文化的创新成果，随着近代信息化社会的发展，人们的价值观有了变化，娱乐活动越来越多，精神文化消费内容也愈发丰富，侗戏逐渐失去了生存土壤，加之侗戏演员老龄化，侗戏出现了极大的消亡危机。在意识到此问题后，黔东南州相关部门及学界均加强了对侗戏的传承保护力度，黎平县主要以三种方式开展传承保护工作：一是鼓励节庆日演出侗戏；二是黎平县文体广电旅游局在其官方微信公众号上设置侗戏、侗歌专栏，提供侗戏历史演出影像；三是举办黔、湘、桂侗戏比赛，加强三省文化交流。从江县则制作精品侗戏，从江县民族艺术团带着精品侗戏“珠郎娘美”参加了全国各地民族歌舞剧比赛，多次获得奖项，加强了全国人民对侗戏的了解。但是这些举措都未能从根本上实现对侗戏的保护，究其原因是没有了解文化的本质，忽略了侗戏的生态环境，无法从其生存环境的角度开展生产性开发。

任何文化都是为了适应其生活环境而进行的文化创意行为，侗戏是为了满足侗族人民的精神文化生活所创造出来的文化形式，具有不可复制的时代性，若想让侗戏在当今的社会中得以生存，必须结合当今的社会、经济环境考虑侗戏的发展。在资讯化进程加速、经济全球化、网络信息化的当今社会，侗戏如何以“变”应不变，寻找适合其生存的土壤，已成为我们必须探讨的话题。

## 二、侗戏的价值

### （一）文化价值

在世界经济、文化、政治日益交融的大背景下，大力发展文化产业，实现文化资源向文化资本的转化，是发展社会主义文化，增强我国综合国力的必然要求。侗戏作为无形的文化资源，具有精神文化资源的特征，侗戏在形成过程中便是以侗族民间故事和侗歌为载体展现侗族人的生活的。侗戏故事题材多为婚恋故事、家庭故事、英雄人物，其中体现了侗族人的婚恋文化、民歌文化认同、民族文化认同，在深入挖掘侗戏本身的文化内涵的同时进行文化资本的转化，在这种文化资源到资本的转化过程中，融入了文化生产者、文化经营者、文化管理者、文化消费者，这构成了一种良性互动的文化建设，体现了文化生产力的生命力和创造力。从文化资源开发到文化资本的运作，需要提高文化产品的附加值，打造文化特色。侗戏是具有文化特色的非物质文化遗产，能提高侗戏相关产品的文化附加值，实现侗戏产业链竞争力的提高，侗戏文化竞争力得到提高的同时，我国侗戏的优秀文化又得以在世界范围内广泛传播，这提高了我国的文化软实力。

### （二）产业价值

产业发展可从产业上游、产业中游、产业下游分析其带动价值。我们可从侗戏表演至侗戏相关文化产品的创意开发探究其产业链的发展，在产业链终端还可开发创意产品、创造侗戏体验，让侗族文化得以传承发展的同时带来经济效益，唤醒本族人对本民族文化传承的意识，让侗族文化精髓得以保存。侗戏作为舞台表演艺术，与现代高速发展的网络、声光电具有极强的融合能力，只要稍加创新便可成为符合当今人民生活形态的新文化形式。正值国家大力发展文化产业以弘扬中国文化，提升中国经济的时期，侗戏积极发展，传承侗族文化，弘扬中华文化，为提升中国经济做出努力。侗戏无论是与现代技术的融合度、与现代生活的融合度，还是与国家政策的契合度，都展现出了极高的产业前景价值。



## 三、文化产业视阈下黔东南侗戏的传承发展路径

### （一）注重生态性保护，增强文化认同感，培育文化消费习惯



根据马斯洛的需求层次理论，人的温饱得以解决后，就会追求高层次的文化消费，现今已不缺乏对侗族和侗戏具有文化需求的人，只是没有创建更好的消费渠道。文化消费者只能

通过节假日搭建的侗戏舞台来观看，并没有渠道深入感受侗戏的文化内涵。笔者认为可以通过侗戏夏令营的方式让更多对侗戏感兴趣的人利用假期时间深入感受它深厚的文化内涵，夏令营可以满足对侗戏感兴趣的人“走近侗戏”的文化需求。现存侗戏观众老龄化、观众少的根源在于文化习惯。以前人们的娱乐活动极其少，侗戏等舞台剧相对来说感染力更强，文化内容更丰富，于是成为人们的主要文化活动，在新中国成立的几十年来，经济水平增长，高新技术不断发展，日新月异的变化使得人们的文化活动内容越来越多，而侗戏逐渐被一代又一代的年轻人冷落。在侗戏内容创新的同时也要注重培育侗戏文化习惯，从娃娃抓起，从走进校园开始。艺术来源于生活，任何非物质文化遗产都需要适应它的生存土壤，侗戏也不例外。侗戏内容源于侗族人民的生活，因此还要注重侗戏是人们文化生活的一部分，重视侗戏和侗戏文化内容的生活性保护。

### （二）适应现代大众文化消费习惯，加强侗戏的推广和宣传

近年来，自媒体拔地而起，对人民群众的生活产生了极大影响，随处可见的抖音、快手等自媒体已经成为人们生活的一部分。侗戏可在此契机之下利用侗戏名人上综艺、侗戏上抖音等方式，让侗戏成为网红，使自媒体平台成为侗戏宣传推广的载体，扩大侗戏的影响力。京剧名家王佩瑜经常参加各类电视节目，与现代歌手合作，王佩瑜和杨宗纬合唱的歌曲《凉凉》，唱出了另一番风味，京剧因此“一夜爆红”，对京剧起到了良好的宣传作用，使得更多的人主动关注京剧。相声在年轻人眼

中更是枯燥无味的，由于郭德纲对相声的创新，把相声带进综艺，让观众感受到了与当今时代结合的相声，相声由此受到了更多人的关注。侗戏同样也可以利用这种方式进行宣传推广，加强侗族明星与互联网的互动。

### （三）面向现代科技，实行侗戏精品化，增强侗戏的吸引力，实现侗戏的现代化转型

传统侗戏题材以神话传说、家庭伦理和传统社会生活为题材。随着时代的变迁，人们的价值观和审美观发生变化，与时代息息相关的侗戏题材能在更大程度上吸引观众，侗戏的创新可结合时代发展主题进行创作创新。现代京剧“光之谷”便是一个成功的创新案例。2018 年 12 月，武汉市委办公厅、市政府办公厅印发《〈关于振兴武汉“戏曲大码头”的实施方案〉的通知》，首次明确提出振兴武汉戏曲码头，将中华优秀传统戏曲文化艺术节、名家名团武汉行等戏曲演出品牌不断升级，戏曲演出市场日趋繁荣。在此战略背景下，侗戏向精品化转向，更新题材，从内容上创新，融合现代科技，实现汉剧的现代化转型。2018 年，为迎接改革开放四十周年，“中国光谷”东湖高新区成立 30 周年，武汉京剧院创作了现代京剧《光之谷》，这部剧由知名导演肖杰执导，演员阵容也极强大，呈现了武汉在建设国家中心大城市进程中的拼搏图景，并融入现代音乐剧元素，获得了高票房，成为民族舞台戏剧可供借鉴的范式。侗戏的舞台效果差表现在仍单纯使用传统道具。随着科技的发展，人们越来越重视舞台剧的现场效果，传统道具吸引力呈现出渲染力不足的缺点，在侗戏舞台装饰中可以多利用现代灯

光和 VR 等技术，追求舞台的声光电效果，使现场更富有渲染力。黔东南侗戏可参考成功的戏剧创新案例，采用黔东南明星参与策略，展现侗族在现代生活中的文化变迁，与时代主题环环相扣，让侗戏成为大众喜闻乐见的文化消费形式。

### （四）拓展侗戏的演出空间

侗戏的演出空间只是维持在节庆，若想使其精品化，确为一件难事。公演式大型舞台演出，可以使得侗戏往精品化、现代化发展，但是所需的技术条件和资金要求却是一般民间剧团所不能达到的。侗戏如果想维持其活力，追求戏曲的精品化，必须为其营造更多的演出空间，政府必须做出更多行动，制定相关政策法规支持侗戏发展。同时训练专业侗戏演员，以资金支持的方式，让侗戏形成多重演出空间结合的文化形式。

### （五）文旅融合，增强大众对侗戏的了解和侗戏的吸引力

2005 年日本举行了第一次岛境探险，主题为做客家岛，第二年对采石业进行田野调查，第三年体验了岛境款待，第四年进行发现特征体验，第五年体验岛上居民的各行各业。通过五年的岛境探险活动整理出了纪念册，分别让外来体验客带回去。这些纪念册还会放在咖啡厅和当地大学，起到了很好的宣传作用。在五年的时间里，在家岛社区举办社区总体营造研讨会，通过田野调查深入了解当地情况，以外来客的角度了解当地文化，以外来客的角度挖掘当地的魅力，由居民参与综合计划，设立社区总体营造基金会，开发特色产品及发展当地公益

事业，利用当地空屋开展旅栈计划，让岛上居民参与到社区总体营造中，让他们深入了解当地的文化，了解其魅力所在，培育了“社造”人才。在日本家岛社区营造的案例中，通过这次探访活动，外来客体验了深度旅游，深入了解了家岛文化，对家岛有了极为深刻的印象，外来客还会以自己的深度游作为宣传，不断深化家岛的文化魅力。

侗戏在现今生活中逐渐失去其魅力，其中一个原因则是人们对它的了解不够，黔东南侗戏可乘文化旅游的顺风车，在构建文化旅游的路线中，规划侗戏深度体验计划，让本地居民和旅客都可以更加深入地了解侗戏的内在文化，逐渐增强其魅力，使得侗戏慢慢被大众接受，实现传承发展的意义。

### （六）开发创意产品，完善侗戏艺术产业链，实现生产性保护

侗戏若只局限于节庆日和公益性演出形式，民间剧团难以得到资金支持，必定无法生存。在政府及相关部门给予的相应资金支持外，剧团还应该进行改革，制订创收计划，开发创意产品。目前文化产品泛滥，同质化严重，侗戏的文创产品应追求与众不同，开发设计具有侗戏深度的文化产品，在开发文化产品的过程中注重前期市场调研，了解大众对文化产品的需求，与生活性结合开发创意产品，实现侗戏从节庆日的公益性演出到与文化旅游、与文化创意产品结合的转变，完善侗戏艺术产业链。

# 贵州黔东南酸汤饮食品牌的传播路径探析

杨秋蕾 *

## 一、贵州酸汤饮食的特点及其成因

### （一）酸汤饮食特点

贵州菜系最明显的特点便是酸辣。酸汤是贵州特色饮食的代表。在同属川菜系的辛辣味中，川、贵、湘的辣又略有不同。四川、贵州的湿冷气候导致重干香辣，而湖南的阴湿并不贯穿全年，其夏季会出现伏旱，因此辣味又偏清香（比如泡椒味）。与四川的麻辣重油相比，贵州的辣又偏酸而清淡，在辣中混杂着丝丝的酸爽，开胃爽口，并且减缓辛辣的味觉刺激，在火热中注入一份清凉。





### （二）酸汤饮食特点成因

#### 1. 食辣缘由

秦汉时期，由于四川移民的大量涌入，贵州饮食受到川菜

---

* 杨秋蕾，女，苗族，贵州天柱县人，毕业于中国海洋大学，现工作于黔东南州文化研究所。

影响偏辛辣，嗜食河鲜，配料丰富，口味混杂。祖先发现吃辣能够抵御山区潮湿阴冷的气候，提高御寒抵抗力，调节饮食口味。在物质资源匮乏的情况下食辣的饮食习惯逐渐被接纳并传承。贵州地区少数民族众多，生活习惯各异，在群落杂居中饮食习惯相互影响，形成了食辣的习惯。

**2. 食酸缘由**

贵州饮食吃酸的原因有三：一是以酸代盐；二是帮助消化和止泻，祛湿除痛；三是食物中加酸便于储存，长期食用。

贵州的“酸”缘于盐的匮乏。我国矿产资源分布图的盐产地中，贵州是不产盐的。在中国，天然盐主要来自海盐（如江苏盐城的海盐区）、湖盐（如山西运城的盐湖）、井盐（如四川自贡的盐井）。而贵州地区没有任何盐井或者盐湖，无法自己产盐。并且由于贵州山地居多，地势陡峭，外界物资运输极为不便，造成了“外盐难进”的局面。过去，食盐需要靠人力步行，经崇山峻岭到重庆或四川买盐回黔，这些人力被称为“背盐工”。

盐乃五味之首，食之无盐会影响食欲甚至会使人体内电解质紊乱，患上“低钠血症”。所以，生活在山间的苗民寻找了三种方法以解决缺盐之难。第一种方法是以草木灰代盐。清朝贵州官员余上泗的《蛮峒竹枝洞》就有“蕨根渍水代盐尝”的描述。第二种方法是以酸代盐。随着时间的推移，先民们用酸食替代了食盐。黔地偏僻，有关酸食饮食的古籍记载较少。《黄帝内经·素问》曾记载到：“南方者……其民嗜酸而食附。”[①] 明朝郭子章《黔记·诸夷》里记载将高粱粥和荞灰酿成酸粥。清朝开始，史籍记录逐渐增多。《贵州通志》卷七记载：“在敛牛马鸡犬骨以米糁和之作？至酸臭为佳。”有田雯《黔书》卷一载：“黔人好食臭腐物。”酸味食物在发酵的过程中会产生硝酸钾与硝酸盐，能够补充人体电解质，同时酸味也有助于人们进食。第三种方法是以辣代盐。辣椒中含有丰富的钠元素，可以补充人体对钠元素的需求。康熙六十一年《思州府志》中有记载：“海椒，俗名辣火，土苗用以代盐。”

贵州的酸也是助消化、除病痛和储存食物的手段。首先，由于贵州常年阴雨潮湿，少晴朗天气，易滋生各种菌类导致生活在山里的少数民族没有食欲或患上腹泻、痢疾等疾病。制作酸食会产生亚硝酸盐，这种成分能够参与胃酸的形成，促进消化以及抵御腹泻。其次，酸食的酿造过程是一个封闭的过程，在这一过程中抑制了细菌的滋生。在当时生产技术不发达的山区，以腌制发酵的保存手段能更长时间地储藏食物。

## 二、酸汤品牌中的文化内涵



### （一）现有酸汤品牌分析

在小吃街与美食广场中，几乎都会有个体经营的酸汤餐馆或小摊，餐饮种类有酸汤鱼、酸汤粉、酸汤饭、酸汤丝娃娃。但其规模较小，局限于个体经营。在贵阳规模与影响力较大的

① 姚春鹏译注：《黄帝内经》，北京：中华书局，2010，第116—119页。食附：一批发酵的食物，比如米酒、腐乳、臭豆腐。

酸汤饮食品牌有二：亮欢寨和苗阿哥。在此详细介绍亮欢寨。

亮欢寨创办于1986年，原名“快活林酒家”。经过33年的发展，开设分店13家，成为黔东南苗侗餐饮文化传承、苗族酸汤产品研发以及旅游服务为一体的连锁餐饮综合机构。其打造了“亮欢寨苗族酸汤鱼”民族品牌，荣获“中华餐饮名店”“省级非物质文化遗产代表性保护项目‘凯里苗族酸汤鱼制作技艺’传习基地”“贵州十佳黔菜馆”等荣誉称号。其公司研发的菜品获得中国美食节最高奖——金鼎奖，并独家代表贵州餐饮企业参加上海世博会。其酸汤饮食品牌口味纯正，规模较大，经营超前，社会影响力较强，在贵州酸汤饮食中是领跑者，也是贵州酸汤饮食的代表企业。

### （二）酸汤中的文化内涵

酸是黔菜的代表性味觉体验，在黔菜的发展变化中，形成了诸多以酸为特色的菜式：酸汤火锅（包含酸汤鱼、酸汤牛肉、酸汤排骨等）、独山盐酸、酸汤粉、贵阳酸粉、酸汤菜等。酸汤饮食系列中以凯里酸汤鱼最具代表性，当地的文化学者这样介绍：“总体来说，黔东南州共有八种酸，分别是韭菜酸、盐酸、甜酒酸、青菜酸、米酸、糟辣酸、毛辣果酸、辣子酸。”[①]

酸汤鱼是苗族人民的传统饮食，传统的白酸汤是用淘米水与面粉调匀，再用文火加热，其间需要不断搅拌使其受热



① 张馨凌：《酸食的地域性研究——以贵州黔东南西江苗寨为例》，《百色学院学报》2015年第5期，第75—86页。

均匀，待到火候成熟——即快沸腾之时，便将其倒入土坛中，用重石压制密封好坛口。等待坛中的汤发酵四五天，白酸汤便做好了。红酸汤的主要原材料是苗族山地中野生的小西红柿以及小红辣椒，二者剁碎，加盐或少量木姜子拌匀，再加上老酸做引子，装入密封的坛子进行发酵，半月时间即可。传统酸汤鱼的鱼是鲫鱼。苗人将鲫鱼养于稻田中让其自然生长，因鲫鱼生存能力强，繁殖快，无须贫困的苗人再多花费心思，食材获取的渠道简单直接，所以鲫鱼成为酸汤鱼的主角。

苗家人有句民谣："最白最白的，要数冬天雪；最甜最甜的，要数白糖甘蔗；最香最美的，要数酸汤鱼。"[①] 学者 Kaelyn、Stiles 等人将真实性叙事与"味道的幽灵"（the ghosts of taste）联系起来。"味道的幽灵"被解释为食物中的存在，唤起了对适当社会关系的要求。这是人们通过标签、商业广告或历史记录与食物形成象征性联系。食客通过品尝浸满汤汁的鱼肉而唤起与旧交相识的记忆——在苗乡生活的场景。这时酸汤成为友谊与过往经历的象征，本源食客在酸汤的味觉中反馈出自身在社会环境中曾经或现在的位置。个体通过酸汤来回忆与联系，扩大自身的社会关系，从而获得一份生动的人脉财富。对本源食客而言，酸汤不仅是一种果腹之物，更是将其与其他社会关系连接起来的纽带。"他者"通过消费地方标志性饮食——酸汤，去理解苗族种群的认同方式，同时酸汤被消费的过程也是一种符号转化的过程。人们在酸汤（商品）与消

① 黄亦君：《观念与食物：黔东南苗家酸汤鱼的饮食人类学分析》，《黄河科技大学学报》2018 年第 2 期，第 23—29 页。

费（实践）之间建立一种认同性的符号联想，以便今后在脑海中通过符号唤起对另一民族或另一地域的回想。

## 三、品牌文化与非物质文化遗产之间的关系

### （一）品牌文化概念

一个品牌的成功与壮大不仅取决于高质量的产品、准确的市场定位、多样化的营销手段等，我们会发现有一种内隐的力量在控制整个品牌战略的规划与前进的脚步，这便是品牌中的文化。对品牌文化的定义，学术界有着不同的理解。

学者 John Bowen 认为，品牌文化包括了品牌以及它的创造者所代表的意识形态及哲学。品牌的文化力量驱动企业各个部门之间的和谐，并将这种和谐的合力通过品牌的外部形象展现出来，从而感知消费者。

黄焕山认为，从狭义的文化概念来说，品牌文化是一种价值观念，价值体系，包括与之相适应的制度和组织机构。品牌文化是语言、文字、图案、颜色、审美情趣、价值观念、道德规范等的综合体。[①]

其他学者认为，品牌文化是品牌在消费者心目中的形象，它反映为消费者对其选择的偏好、青睐、忠诚等态度。

总的来说，品牌文化是品牌与消费者之间达成的价值认同与利益认同的“契约”。品牌利用文化价值来提高其在消费者

---

① 黄焕山主编:《品牌文化研究》，北京：光明日报出版社，2008，第11页。

心目中的持续竞争优势，消费者也通过选择不同文化品牌来彰显自身的社会地位与价值。

### （二）品牌的物质文化与精神文化

品牌的物质文化是一种外部彰显文化，是能够让消费者看得见摸得着的一系列物质组合，其中包括产品、包装、装修、品牌名称等。而品牌的精神文化是企业内部员工与领导者共同创造并认同的价值观与意识形态，它贯穿于企业整体运行的任何角落，尤其体现在其物质产品中。例如我们对苹果手机的认知：创新、优质、新颖、用户友好等，这些理念既是产品性能所展现的物质文化，同时更是苹果内部开发运作的核心准则。

### （三）品牌文化与非物质文化遗产的关系

黔东南凯里酸汤鱼是贵州省非物质文化遗产项目之一，是苗族人民喜闻乐见的代表性饮食。在这一锅香浓醇厚的酸汤中，蕴含着深厚的苗族文化与民族寄托。黔东南酸汤品牌文化与非遗文化之间是相互依存、相互促进的能动关系。酸汤中的苗族文化为品牌文化注入了历史的绵长与技艺的精湛，使品牌文化有史可寻，有艺可传。另外，品牌文化能够最大限度地传递与保存非遗文化，并促进非遗文化与其他民族文化的传播交流；随着社会生产力的发展还能为非遗文化注入新的活力与动力。因此，保护酸汤非遗的有效手段便是将其注入饮食品牌文化之中，使其能够在社会的流动发展中永葆活力。

## 四、黔东南酸汤品牌传播路径建议

### （一）提高品牌认知度与员工忠诚度

黔东南地区现存的著名酸汤饮食品牌有“亮欢寨”与“苗阿哥”，这两个品牌在黔东南乃至贵州地区的产业规模处于领头地位。但是，其在全国的普及率和市场占有率并没有达到预期的水平，品牌影响力局限于西南，市场空白较大。亮欢寨与苗阿哥可以利用其独具特色的少数民族特色积极稳健地开拓外省市场，尤其是北方市场。因北方人的口味不喜辣，白酸汤有着充足的市场潜力，通过提高酸汤饮食品牌在外省的认知度，以便更加广泛地传播、传承非遗中的酸汤饮食文化。

在笔者去试吃苗阿哥分店时发现，餐馆的服务员服务态度一般，未能传递给消费者充分的少数民族文化体验；室内装修布局也缺少民族文化的注入。在这一方面亮欢寨作为贵州代表性企业做得较好，但是在以酸汤非遗为品牌传播立足点时，品牌的文化内涵应更多地体现苗族文化，例如好客、能歌善舞等。在挑选服务员时如果能找到真正的苗族人是最好的，如果不能，也应让其真正理解苗族文化，热爱苗族习俗，这样消费者才能在餐饮企业的最“基层”充分体验到非遗文化的品牌文化，从而在消费者心中形成差异化品牌优势。

可见，这两个品牌的文化凝聚力不足，企业内部员工未能形成良好的品牌文化共识。例如海底捞的“家文化”概念，将每一名员工当作家人，安排师父言传身教，使其产生忠诚度，以便更好地以“主人翁”的精神服务消费者。每一位去海底捞消费的顾客都被这种无微不至的服务态度感动，从而在心中肯定了海底捞。

### （二）制订权威的酸汤制作标准

饮食类非物质文化遗产是一个地区和民族独特的文化记忆，对它的保护与传承需要建立在充分了解其实质内核的基础上，保留其文化精髓，最大限度还原非物质文化遗产的真实性。黔东南酸汤的制作工艺存在多种形式，但想要长久地传承下去，领头企业与政府应共同制订一个标准，以确保酸汤品质的精良与纯正。酸汤饮食龙头品牌也应积极支持，不要害怕自己的技艺流失造成激烈竞争，标准的制订只是起一个规范引导的作用，核心技术的保留不会影响其核心竞争力。同时，黔东南旅游景点的酸汤饮食品牌也应恪守酸汤制作标准，力求为游客提供纯正鲜美的美食，更好地展现苗族人民的饮食特色，改善增强游客的美食体验增强其对酸食的认同度。

### （三）建设酸汤饮食文化特色街

如今，饮食消费不仅是基础性消费更是一种体验消费：一是向异地消费者传递本地文化的渠道与载体；二是加深本地生产者对自己食物的信任与忠诚。酸汤饮食会随着“移民”的来往而产生变化，正是因为如此，更需要建设有标志性的特色街道来传承其文化。在凯里市内（以亮欢寨为中心）或其旅游景区内（镇远古镇、西江苗寨等），以“酸汤元素”打造一条特色饮食文化街道，街道内的店铺装修、装饰、路灯、井盖、壁画涂鸦等可与“酸汤”主题相呼应，并在街内设置专门的酸汤饮食店铺、酸汤文化衍生品店、小型酸汤博物馆、制作酸汤 VR 体验馆等，让文化 + 饮食不仅在纸上停留，更在人们的现实生活中落地。

### （四）创新经营模式，植入非遗特色

在体验式经济如火如荼发展之时，黔东南餐饮企业也需要适时转变商业模式——将服务转变为体验。现今，规模较大资金充足的酸汤饮食企业，例如亮欢寨、苗阿哥等可以尝试将农家乐模式引入餐饮体验中——观光旅游 + 餐饮体验模式。企业可以与政府扶持的西红柿种植基地与鲫鱼养殖基地联合，将餐馆建设于乡村之中（例如云谷田园），使来此游玩的消费者能够体验农作物采摘乐趣，增强消费者对酸汤饮食食材层面上的文化理解。此外，还可以开发一部分透明厨房，为消费者提供一体化的酸汤制作体验活动。体验式餐饮模式加强了消费者对苗族人民的文化识别度，促进其对酸汤饮食符号的解码，在解码的同时也加深地域印象。



## 五、结语



酸汤制作技艺流传至今已形成了成熟的流程和广泛的普及度。但是黔东南知名的酸汤饮食品牌不多，缺少将酸汤饮食文化推向全国的窗口。品牌是未来的方向，酸汤饮食中的苗族文化为品牌文化提供了动力，而品牌文化也为保护酸汤提供了契机，两者互惠共赢，历久弥新。

# 保护实践

# 从林业三大技艺看其非遗价值

傅安辉

贵州省黔东南州清水江流域丰富的木材资源为明清朝廷和商界所青睐，由此兴起的木材贸易促进了木商文化的繁荣。当地苗侗民众受木材贸易的影响，其社会生活、谋生方式都与木材经营息息相关，形成的林业生产习俗就是不可多得的林业文化遗产，其中的造林习俗已经被列为贵州省第三批非物质文化遗产。这一份遗产中的树木栽培、砍伐和运输三大技艺凸显出珍贵的价值。

木商文化，是曾盛行于清水江流域以贵州锦屏为中心的一种极富特色及价值的文化，它是关于木材生产、木材供销、木材使用等活动所创造财富的总和。[①]木商文化中的树木栽培技艺，曾经对茫茫人工林海的造就产生过积极的推动作用，获得过丰厚的经济效益回报。而在当下，对于保护弘扬“造林习俗”这一遗产，用其再造秀美山川，搞好当今的生态文明建设，十分有益而且非常必要。

① 傅安辉:《论清水江木商文化遗产的现代价值》，载《原生态民族文化学刊》2009 年第 2 期，第 7—11 页。

在明清时期木材贸易条件下，清水江流域苗侗民众年复一年造林生产，形成了长久而永续的林业习俗。本文就林业习俗的主要事项树木栽培、树木砍伐、树木运输三大林业生产技艺进行简要阐述。

## 一、树木栽培技艺

明代，清水江流域优质木材资源被朝廷官员发现，皇室派官员到清水江流域大量收购高大笔直的杉木，尊称为“皇木”。各地木材商贩也纷至沓来，由此木材贸易兴起，清水江成为木材贸易的黄金水道。当时木材销售量很大，天然林供应没能维持多久就被砍伐殆尽。过去是靠砍伐天然生长的木材维持木材贸易，现在却要转型为人工栽培而生产木材来维持市场所需。如何栽活、培育树苗，如何让杉木速生快长，就成了当时苗侗民众必须解决的问题。在没有现成的方法、经验可借鉴的情况下，只能靠当地民众来摸索。于是，在年复一年的树木栽培过程中，清水江流域的苗侗民众逐步摸索、实践，形成了以植杉为中心的人工育林技艺。

### （一）苗圃育苗

用于植树造林的杉树苗来源有三：一是杉树砍伐后树蔸自然萌发而再生；二是杉籽落地自然生出的野生苗；三是人工培植的杉树苗。为使杉树长得快长得好，一般以使用人工培植的杉树苗为佳。人工培植杉树苗，要先平整苗圃，选一处土质肥沃之地，砍掉地上的草木，晒干后放火烧尽，然后挖土、平地并平铺杂草树叶于新挖的土上放火烧。如此反复火烧三次后再浇大粪等农家肥料，最终做成苗圃。待霜降节气到来后选择高大笔直的杉树上所结的杉球，从中精选饱满的杉籽来做苗种。在清明时节将杉籽撒入苗圃，并拌以草木灰，盖上薄土。苗圃每亩用种量为 5—7 千克。

### （二）植树造林

植杉造林前的头一年秋季，需要把植杉地域的杂生草木砍倒后放火烧尽，年底时再挖出深 30—45 厘米、宽 45—60 厘米的树坑。次年后的三月，选择长得壮实的杉树苗栽入树坑。栽植树苗时，苗要放正，根要散开，杉树苗的胡须（杉树苗微弯的顶尖部）朝下坡，以免苗木扭弯生长。往窝里填土至一半时，手提杉树苗再往上轻拉，使根系更舒展，随后填土。填土高度略高于树苗根茎位置，使之形成凸状，可防积水。填土时要松紧适中，过松使土壤与杉树苗根部不能紧密接触而易枯死，过紧则易板结而不利杉树苗根部发育。往杉树苗窝填放湿润细土，栽后捶紧，覆土砂锅底形，这样苗根不易积水，在离杉树苗上方五六寸处插上一遮身牌（护苗木片），防止大块石头滚下来压伤苗木。山冲栽杉树苗要稍稀，八尺至一丈见方，山腰山顶栽杉树苗稍密，七尺至八尺见方。

### （三）树木管理

杉树苗栽植后三年内，每年可间种蔬菜、旱地粮食作物，但不得紧靠杉树苗，以免影响杉树苗生长。给蔬菜、粮食作物薅草松土时，可适当给杉树苗松土培土，所除杂草不宜堆放在靠近杉树苗的地方，以免其受虫害。旱地粮食作物收成后，秸秆铺放地上任其腐烂成肥料，但亦不能紧靠杉树苗，以免遭蚂蚁危害。三年后，杉树苗逐渐郁荫成林，其根系增多，枝繁叶茂，不宜再间种农作物。待四五年封地以后，每年进行一两次锄草，给树根培土。第六年打枯枝，使林内通风，减少病虫害，此后基本不用管理，待20年后成材可砍伐出售。

这一整套杉树栽培技术，包括采种、育苗、植树造林及其管理，在明朝万历年间已相当成熟。当时清水江流域苗侗民众挖山栽杉，总结出了林粮间作、以耕代抚、以肥促林的杉木速生丰产经验。这种植树造林技术，也是由首先获得经验者掌握了一整套工序流程后，在生产劳动中传授给下一代的，以此代代相传，于是就成了植树造林的一项技艺，演化成经久不衰的造林习俗。这一造林习俗，是我国植树造林中非常珍贵的一份非物质文化遗产。它对于今天营造秀美山川，再现人工林海，进行新时代的生态文明建设，仍然发挥着巨大的作用。

## 二、树木砍伐技艺

要把生长在崇山峻岭的树木砍伐、剥皮，再运到河边，扎成木排顺江运往外地，这是较复杂而且有相当难度的林业技艺，必须由拥有树木砍伐和运输经验者对年轻的从业者亲自进行传授，年轻的从业者须虚心接受指导，多次参与伐木过程，才能学到伐木技艺。

## （一）伐木工具的选择

清水江流域传统的伐木工具就是斧头，类似于东北斧。斧的造型、轻重及斧柄的长短，都要求适度而好用。使用斧子砍伐大树的方法，要视大树所在的位置而定，只有师傅现场指导，才能够掌握。

## （二）树倒方向的判定

砍伐山林有“皆伐”和“择伐”两种。皆伐就是整片砍伐，择伐就是在树林中选择性砍伐（即伐大留小）。不管是皆伐还是择伐，在伐树都要倒往同一个方向，这有利于搬运。否则，倒向不一就不好施工，既窝工还容易出现树倒压人的伤亡事故。在山腰上砍伐，一律要倒往山头方向，叫“顺山倒”。在平地砍伐，要选择树蔸一头靠近搬运的路线，叫“顺路倒”。如何使树木按所要的方向倒下呢？师傅现场传授：先砍伐倒向方的树蔸部，再砍伐背向方的树蔸部。倒向方的斧口低于背向方的斧口，使所伐树木重心偏向倒向方，如此就能达到目的。如果要树木倒的方向树枝少，而相反方向的树枝多，树就有可能不会倒向所要的方向。这时，就要用绳索捆套在所伐树木的大枝丫上，在快速砍伐断蔸时，用人工朝预定倒向拉绳索，采用这样的措施来控制树木的倒向。关于绳索如何捆套在树干上部或树枝上的问题，一般采用的施工措施是：绳索的一端紧系长约一尺多的木钩或短棒，选择较高的地方向树腰以上抛去棒钩，牢牢钩住或卡住树干，双手紧拉绳索的另一端，同时发出指令，叫砍树者在砍口背向方猛劈猛砍，拉绳索者用力紧紧拉住，所砍的树木就会朝着拉的方向倒去，达到顺山倒的目的。如果砍伐树木时遇到强劲的风朝倒向相反的方向吹，那就得等风停了再砍伐，否则，即使用绳索也拉不住树枝。初学砍树的人，必须拜能者为师，向他们学习砍树正确倒向的技术。

### （三）剥树皮的技巧

树皮不是一年四季都可以剥离的，只有在春末到初秋这一时段才可以。所以，伐木师傅会告诉徒弟，砍伐树木剥皮的关键是季节的选择。树皮是过去房屋盖顶的材料，一般要按习惯上的长度，分割成若干节进行剥皮。剥皮的方式，还得考虑木商对木材的需要情况。春末到初秋砍伐的树木，色白好看，但木质松软而易开裂；秋后到春初砍伐的树木，材质坚硬不易开裂，但不好去皮，要使用一种专门的刀具削皮。如果木商需要坚硬的材质，就得在秋后到春初，最好在冬季砍伐。作为伐木者，必须学会冬季使用专门刀具削皮的技术。

传统的人工伐木技艺，如今被机械锯器伐木工艺取代，但是，伐木倒向和剥离树皮的技术，依旧十分有用。



## 三、树木运输技艺



古代的陆路交通极不发达，水运就成了物质运输的主要途径，清水江流域是当时运输的主要通道。但要把砍伐的树木搬运到河边，扎成木排顺江运往外地，不但劳动强度大，而且不时还有伤亡事故发生。因此，从业者需要具有扎实的搬运木材技艺。搬运木材技艺的难度不亚于砍伐木材技艺的难度，年轻人必须跟着年长者实习，持之以恒才能掌握。

### （一）木材下山的搬抬技艺

搬运在山顶或山腰的木材，削去支撑平衡的枝丫后，因木材重量与坡度的关系，可自然往下滑落到山脚溪水边。如果坡度不陡，木材不能自行滑落，要把它放到山下的溪水边，就需要选择坡度适当的地方，开辟放木滑道，顺道滑木，然后将木头汇集到山坞或山洼，把木头堆积成萝卜堆，此工序称“下山”。如果山间地势不适合开设滑木道，就只能沿山势放木。山势陡险，要选择晴天放木；山势坡度较缓，要选择阴天放木。如果雨天在陡险处下山，因木湿山滑，不但木材极易折断或破裂，而且还容易导致人员受伤。晴天在平缓处将木材滑下山，因水分少阻力大，则不利于木头滑行，要适当辅以牵拉，而雨天则事半功倍。为了尽可能不使木头下山时破裂，一般要在下山前将每根木头的蔸部（头部）修成锥状，即“圆头”。搬运在山坳、不通溪水边或不通运输路线之处的木材，就要靠人工扛或抬到通往水路的地方。若是山路平缓易行，运距较短，常常采用人工扛木头或抬木头运输。木头轻且短，就一人扛；木头重且长，就两人或四人抬。抬大木头时，也有采用“三丁拐”的方法。就是木蔸由两人钉钉牛抬杠，木尾由一人肩扛。抬木头的每一个人，均置一头有丫口的拐杖，杖高到持杖者的肩部。这有丫口的拐杖，锦屏九寨的侗家人叫“打旭”，清水江沿江两岸的人一般叫它为“丫杈”。肩扛木头行走时，丫杈以不扛木头的空肩作支点延伸到后面托木，辅助承重的一侧肩膀，形成双肩受力，减轻单肩扛木的压力。偶尔上坡或下坡时，手持丫杈撑地，辅助脚力。稍息时，用丫杈的丫口托木，丫杈的另一头支地，手扶木头平衡即可。二人抬木头卸肩时，必须用肩同侧，否则，有致伤残之患。上述这些，如何削枝丫，如何开辟滑木道，如何一人扛（拖拉）或两人合力扛（抬、拖拉），才能达到既不出工伤事故又可事半功倍？这里面有许多工序技术需要学习。

### （二）沿着山地、平地或溪水边架设木轨技艺

清水江流域架设木轨搬运木材十分不易，掌握技术要求务必扎实。架设木轨叫“嘎厢”，嘎厢的目的就是通过架设木轨把木材从砍伐区搬运到江河边，以便撬排运往木行指定的木坞交货。从外表上看搬运木材的木轨和火车运行的铁轨很相似，纵向都是架设双轨，双轨间的距离是 1.5 米左右，一根轨木的长度约 10 米。轨道由一根根轨木连接而成，横向都是铺设枕木（厢檩）固定，枕木之间距离约两米左右，采用野藤或竹篾捆扎连接处。架设木轨和架设铁轨又有很大的不同，木轨的轨木是用来给拖拉木头者行走的，最好的选择是用两根不大不小的条木并列架设，走起来才平稳。在 25 米之内不能有弯度，因为一根木头的长度大约在 25 米左右，若木轨出现弯度，就会出现有半节木头脱轨在外面而不便搬运，甚至出现木头出轨而导致伤人的事故。所以，架设木轨一是不能急转弯，二是在转弯处加宽轨面，加密枕木。因架设的地势高低不同，木轨有“平轨”“水轨”“低轨”“高轨”之分。铺在地面的木轨叫“平轨”，平轨置于水面叫“水轨”，木轨距离地面两米以下者为

"低轨"，木轨距离地面两米以上者为"高轨"。若遇到路陡的峭壁悬崖扛木难行时，普遍采用架设一段高轨来拖运木头。高轨一般有几百米或更长。高轨设一层、两层或多层木轨。如果是沿着溪水嗄厢到江边，因溪水忽深忽浅，溪水两岸石沙高低不平，且有荆棘刺蓬、蛇虫之类，很不安全，因此木轨的架设要高出地面一米以上。但是，架设木轨有一总体要求，就是木轨前进路线的水平线要顺着溪水一路下降，不能有上升，这可利用木轨下降的斜度，拉运木头较省力，减轻劳动强度。木轨的枕木也有讲究，必须是扎实坚硬不易折断的杂树木棒，能承受住从木轨经过的木头的重量。枕木与所拖拉木头的接触面越小越好，可减少拉木时枕木产生的阻力。为了更好地减轻拉木者的劳动强度，使木头能够在木轨上轻松运行，架设木轨者须进山寻找一种名叫"美能"的树，将其剥皮捣烂而变成很滑的东西，把它涂抹在枕木上可以起到润滑作用。木轨的架设，不是从木材所在的地方一直架设到江边进行一次性搬运，而是架设一段，把木材往前搬运一段。这样做，既避免木轨架设时间长了松散，确保木轨牢实稳固，又可让搬运者熟悉木轨而走起来安全可靠，还可撤除已走过的木轨材料往前架设再用。除非木材所在之处距离江边较近，才一次性架设全程木轨。





### （三）从木轨上将木材搬运到河边的技艺

人工在木轨上搬运木材，是木材生产劳动强度最大的。其中，拖拉木头上轨与拖拉木头下轨堆放又是最耗体力的活路。因此，在木轨上搬运木材，一般年龄在 20—50 岁身强体壮的青壮年劳力才能承担。在木轨上的劳动工具主要有带有铁环的“钉牛”、棕丝编成的“牛绳”、拖拉木头的“抬杠”这三种。“钉牛”即铁制棱锥形大钉，长约6—10厘米，大钉头部穿联一铁环，环联“牛绳”。“钉牛”用来钉木头，一般钉在木头蔸部一米左右地方。“牛绳”用来系住“钉牛”，并挽在“抬杠”中间。“抬杠”是一米八左右长的硬木，杠中间稍有弯曲，一头镶嵌有铁箍，用以敲打“钉牛”钉入木头里。“抬杠”由双人并肩抬以拖拉木头。在木轨上拖拉木头非一人能完成，必须是两人一组，各踩一条木轨，并肩在木轨上抬杠，把木头往前拖拉。到拖拉工段前面交给另一组人后，往回走拖拉另一根木头，如此反复。如果木头不大，一根由一组人拖拉即可，称为“青龙”。如果所要拖拉的木头大、长而且重，一般就由一组人拖拉木头蔸部，另一组人拖拉中间偏后的位置，称为“巨龙”。如果木头小，一组人还得同时拖拉两根，称为“筷子”。如果木头细小，就安排一组人同时拖拉三四根，称为“一把”。到了分段处，木头连着钉牛、拖拉木头的绳索一起交给前一拖拉工段的人，这样一组组承接，一直往木轨后面拖拉工段递交到承担下堆上轨的一组人，由他俩以杠击钉，把“钉牛”钉牢木头蔸部，“钉牛”铁环的“牛绳”挽于抬杠上，又可以拖拉木头了。如果不是这样，每一段拖拉工段都要先拔“钉牛”，再钉“钉牛”，木头蔸部就有可能是钉痕累累，木质钉印太多而受损。在木轨上拖拉木头不得同步拖拉，若同步拖拉会因受力原因造成人仰落轨事故。因此正确的走法是两人共抬一杠，各走各的轨木，错步拖拉，各自轮流呼喊拖木号子，号声一扬一落，杠端一高一低，以协调步伐。在木轨上搬运木材，为体现公平而采取抓阄的形式确定在木轨的第几轨段拉木头。抓到头阄或尾阄者，均要不断使出大力拖拉才能完成任务。如果体弱不能胜任，可以恳请他人换阄换工，但晚饭时必须自己掏钱买好酒好菜慰劳。如果有的干不下去了，中途退出，那么，前面所干的所有活儿，不管多少天，都不得索要报酬。在明清木材贸易兴起之前，树木只是用来建造房屋、鼓楼、风雨桥等，在村寨附近就地取材即可，没有这种长距离把木材搬运到江边的活路。自木材贸易兴起后，本地木材大量被收购运往外地，距河岸再远的树林，也要去砍伐、搬运，因此就有了这样长距离搬运木材的活路。

（四）水上扎排技艺

扎排也称撬排，其技术也是以师带徒的方式予以传承的。扎排是用小条木和竹缆或结实的野藤把一根根木头并排连起来，扎排讲究牢实，须经得起江浪险滩碰撞而不得在途中发生散排。扎排面积的大小是以水道宽窄来确定的。最小的是“小木筏”，以三四根木头扎成，从浅小的溪涧沿溪水流放到小河边，改扎成“挂子排”。而“挂子排”是要将五六根木头逐根修头后，再用凿斧开水眼，将木棒穿于眼中，齐头并联成排。挂子排适合在大溪或小河水运至清水江边或其支流边。在清水江上游的江边或其支流江边组合挂子排编成“木厢排”。“木厢排”由 5—10 排挂子排头尾颠倒排插，以绳缆扎紧木材腰部连成一块，称为“一厢排”或“亮挂”。“亮挂”是指这种排型仅有一层条木而不叠加，能看清楚整块木排的根头以及每根木头的长径级和木料缺陷。一木厢排一般由两人负责水运至木行木坞。在木坞宽阔的江面，把木材优、次等材质材料搭配改编扎成“把子排”。“把子排”的排头结构与挂子排相似，只是面积稍大，由8—10根木头穿连成一排作排底，排尾分层以藤缆拴最外之木头扽牢木排，形成排头窄排尾宽之状。一厢把子排可运输木材100根左右，计30多立方米。撬把子排也有不用打水眼作底，其排头以木杠作梁，用藤条竹缆紧扎木梢于梁下。由三厢以上“把子排”组合而成的木排称为“行江排”（亦称“苗排”或“苗头”），它是清水江流域最大的木排，排宽5—8米，排面叠加4—5层，材积达90立方米左右。一厢“行江排”至少由四人负责放运。“行江排”编扎方法和程序较其他排型规范，木排结构牢固。首先，在选料时，将木坞扎排处水面的“挂子排”或“把子排”散开排列，选择大木做排底，最长最大者用作木排两侧的帮护，中等木材撬放中层，端直干长者做面子，木撬放于排面，此工序俗称“编单”。其次，在“修头做篾”时，用斧头或刨子将木头的蔸部修整一番使其变圆、变小、变平，使之既光洁美观又使脚木中段尺寸的木材达到符合正木的规格。再次，在“复篾检码”时，逐根木头按销售检尺标准重新围量，计算两码或材积数量，确保交售时不出错。最后，在“检蔸撬扎”时，以木材齐蔸为准，头尾相向交叉编成排底，于排中央用竹缆编扎，两头蔸部用木杠穿水眼相连，按编单选择的木料依次逐层撬放，层间蔸距向内缩退一尺许。[①]

除了以上的木排编扎，还有如下的木排排型——盒子排，

① 曾梦宇、胡艳丽：《淌金流银五百年：清水江流域木商文化研究》，四川：四川大学出版社，2017，第26—27页。

与行江排的编扎基本相同，仅区别于排底上面只堆放一两层长木，然后在上面堆放枕木、圆木、枋板材、小材小料以及其他土特产商品物资。其无底排，是专运圆木的排型。以大条木6根分左右为骨架，每两根梢部相向连接，骨架间编扎圆木。因无条木凿水眼穿连作排底，故名无底排。无底排承载木材数量在15立方米左右，常运行于清水江上游及其支流至湖南洪江段。

### （五）水上放排技艺

清水江流域的水运木材时段，一般选择在春、夏、秋三季的水势适度之时。放排即水上运输木材，亦是历尽艰险的又一劳动强度大、风险高的苦活，它是考验体力、耐力、眼力及掌控木排在水面运行的技术。从事水路放排的人称“水夫”或“排夫”，俗称“放排佬”。水夫一般由穷苦得无活路的人来充当，因而水夫在水上放排运输过程中若遇到排散人亡，其后果均为自负。如果不出意外，放排佬把木排放到码头排坞交货，得到雇主发给的酬金，一般都比其他活路的酬金多。有木排活来放，对放排佬来说，虽有风险，但毕竟是一个凭技术受雇的机遇。所以，清水江流域有民谣唱道：“篙子下水，婆娘夸嘴；篙子上岸，婆娘要饭。”[①] 按放排技术水平划分，“水夫”分为“排头工”“解箱工”和“撩梢工”。“排头工”技术娴熟当掌舵师傅，“解箱工”技术稍次当放排骨干，“撩梢工”放排技术较



① 曾梦宇、胡艳丽：《淌金流银五百年：清水江流域木商文化研究》，四川：四川大学出版社，2017，第15页。

欠缺而由新手、实习学徒担任，其职责是在排尾撩梢掌撑杆当帮手。

在清水江流域放木排分为内外两段。

从清水江上游或支流放排到卦治、王寨、茅坪内三江的三个码头，称内段放排。内段水路不远，由这一带地方的“水夫”按所控制的地盘分江段承运而不得越段放排，否则会引起“争江”事端。内段放排又分溪运与江运。将木头堆放在溪水边，等到溪水暴涨之时，抓住时机将木头一根或数根相连沿溪而放。由放漂起点放到江河边汇集收扎，沿溪流各段都安排有“水夫”护木下漂而一段送至一段。木头经溪水拐弯处易碰磕卡住而造成木材损坏，因而需要避免并及时用啄钩引导。“水夫”放排一般都组成夫帮一起行江，最少必须两排以上同行。一旦遇险，或需要“搬滩”，可以相互照应。

在卦治、王寨、茅坪内三江码头木行办完手续后往清水江下游放排，叫外段放排。外段放排由购木商人主要雇请茅坪以下江段的“水夫”承运。根据需要，从三个码头中的任何一个出发，往清水江下游放去，一直到湖南的洪江，办完过关手续，把“行江排”并成更大的大排，继续下放，过沅江、经常德、汇入洞庭湖进入长江，至武汉、南京、上海各埠交货，或通过长江进入当时的大运河到达北京什刹海码头交货。外段放排流程远，时间长，放排到洪江交货，往返不到一个月。放排到常德交货，沿江先后须停靠 60 多个码头，水势大时全程约需 20 天，中水 30 天，小水 35—40 天。往返行程 600 多公里，需时在两月左右。如需雇请“水夫”放排至武汉或更远，往返那就得以月计算。这数月，除了夜间靠岸休息睡觉或白天停靠码头补充给养外，其余时间吃喝拉撒都在木排上。放排途中不能随意停靠岸边，对于放排人的辛苦劳动，赤手空拳跟江浪搏斗，清水江流域江岸姑娘们传唱的两首歌对此进行了揶揄："放排佬，/你脚踩木排手扳艄，/一会太阳一会雨，/晒得你头上臭尿臊！""放排佬，/你裤子没穿不害臊，/妹在江边你不想，/顺流下去哪里骚？！"[①] 放排人听到后性情涌动，想回敬一首，但因江水激流已将木排推到了下游而看不见唱歌的姑娘了，只能摇头表示无奈。放排途中经历数不清的激流险滩，惊涛骇浪，可谓惊险繁生。

江上放排一般由行江经验丰富的人掌舵，其余人只能当配角，在木排中部或木排尾部扳艄，操作撑杆。在每一条木排上，一般都有新手一两人。新手的主要任务就是在木排上实习，轮流当好师傅的助手，以期将来能够成为放排人。放排的风险大，学问多，技术水平要求高，没有师傅的悉心指导及长时间跟排实习，都不能成为放排人。

如今，清水江流域的运输，因公路的开通和江上水电站的修建，过去的人工水运早已被陆路车运取代。江上扎排、放排的技术工艺就派不上用场了，遗存为人们难忘的一份劳动记忆。但是，陆路人工搬运木材的活路依然存在，放木下山，架设木轨，把山里的木材搬运到公路边上车等树木运输技艺，仍然是十分宝贵的林业劳动经验，被当地的人们传承了下来。



① 傅安辉：《侗族民间文学研究》，北京：中国文联出版社，2016，第45页。

# 乡村振兴与产业发展的实践与策略

## ——以雷山县西江镇麻料村为例

粟周榕*

2018年9月26日，中共中央国务院印发的《乡村振兴战略规划（2018—2022年）》中明确提出，“乡村振兴，产业是关键”。乡村振兴，关键是产业振兴。农村基础设施建设、乡村治理水平提升、农业科学技术推广、农民知识技能培训、村容村貌整治等工作固然重要，但支撑农村经济社会发展的根本还是产业发展。从这个意义上讲，合理选择与有序培育主导产业将成为乡村振兴工作的总基调和主旋律。

### 一、麻料村现状

麻料村位于贵州省黔东南苗族侗族自治州雷山县西江镇东北部，距西江镇10千米，距雷山县城30千米。东靠九摆村，南邻控拜村，西接乌高村，东北与台江县排羊乡九摆村、屯上

* 粟周榕，女，侗族，现任贵州省黔东南苗族侗族自治州非物质文化遗产保护中心主任。

村以及凯里市三棵树镇脚高村接壤，是雷山县东北边缘的山村苗寨。

麻料村是典型的九山半水半分田的真实写照，该村四面环山，村落民居依山而建，传统的吊脚木楼、古朴的民风民俗和自然村落形成一个典型的苗族文化空间载体，建筑风格与村落周边的环境共存，数百年历史变迁中，建筑风貌基本保持完整。该村由 4 个自然寨（分别为上寨、下寨、小寨、新寨，上寨和下寨合称大寨）10 个村民小组组成，有 180 户 746 人，其中苗族人口 645 人。截至 2018 年底，全村共有建档立卡贫困人口 46 户 178 人。麻料村贫困面大，致贫原因复杂。麻料的贫困，贫在土地利用条件差。大多数贫困人口分散居住在深山区，土壤贫瘠、耕地破碎，生产、生活条件差，发展条件制约因素较多。麻料的贫困，还贫在产业没有发展起来。农业产业普遍存在“小、散、弱”等状况，规模小、市场竞争力不强，还存在“样样都有，样样都不成规模”的情况，农民增收渠道单一。全村 2014—2018 年共计脱贫 40 户 160 人，其中 2015 年脱贫 6 户 26 人，2016 年脱贫 1 户 5 人，2017 年脱贫 10 户 39 人，2018 年脱贫 23 户 90 人，2018 年返贫 1 户 4 人（因患大病，家庭无劳动力），未脱贫 5 户 14 人，2018 年底贫困发生率为 2.41%，2019 年 5 月麻料村全部脱贫。

自明代以来，麻料的村民就在这片土地上繁衍生息，经过几百年的历史沧桑，勤劳的麻料村民在这片土地上共同造就了独特的历史文化。至今遗存有古寨门、古井、古步道、水塘等文化遗产。同时，这里还保留了大量的非物质文化遗产。如：吃牯藏、招龙、扫寨、苗年、吃新节、苗族飞歌、苗族芦笙舞、苗族银饰煅制技艺、苗族刺绣、苗族织锦等，其中，银饰煅制技艺最具代表性。

麻料村素有“银匠村”的美誉，村寨中70%的家庭都在做银饰加工。由于坡陡田少，大量的有手艺的村民都纷纷外出做银饰加工。一部分银匠自己带个徒弟出门，挑着100多斤的工具箱子走村串寨，一走就是两三个月；有一些就近在景区景点开银饰铺，或是在黔东南州的一些县城租房加工银饰品；也有到省外去做加工的。出去的大部分手艺人都是男人，很多时候村子里只剩下老年妇女和孩子们，只有在苗年和春节时，村民们才会像“候鸟归巢”一样回到村里。

## 二、发展优势与战略分析

麻料村的发展，首先是把握好发展理念与定位的问题。面对越来越热的黔东南旅游市场，无疑，旅游是麻料村最好的发展途径之一。

发展旅游，首先要考虑吸引什么样的市场群体？满足什么样的旅游需求？这事关发展理念问题。如何满足现代乡村旅游消费需求？目前，传统乡村观光旅游在“乐活”“慢生活”“怀旧”“低碳生活”“返璞归真”“休闲养生养老”“绿色有机食品”等生活消费新理念的主导下向乡村休闲、体验、度假、养生的旅游形式转变。那么，麻料村发展旅游就必须以满足这一转变为目标。

黔东南村落群是一个不可多得的传统村落群，也是为数不多的文化和生态都得到良好保存的“一方净土”。近年来，黔东南州的乡村旅游得到了前所未有的发展，很多乡村除了有良好的自然生态环境，空气、水、土壤、有机食品等，都还打出了区别于其他村的文化品牌。那么，麻料就要分析好发展的优势，才能走出一条不同于其他苗族村寨的路子。针对麻料村的实际，做如下发展优势与战略分析。

### （一）较好的区位优势

一是村寨区域境内生态资源良好，植被覆盖率达 94%，森林覆盖率达 69.35%，有野生动植物 5000 多种，空气负氧离子每立方厘米高达 5.26 万个，是一般城市的 1600 倍以上，被科学家誉为“天然氧吧”和“物种基因库”。海拔在 1000 米左右，比西江千户苗寨高出 200 多米，夏天特别凉爽，是避暑的好地方。二是麻料村距西江镇 10 公里，距雷山县城 30 公里。雷山县为全国全域旅游示范区，特别是西江千户苗寨已是成熟的景区，客流量大，如西江公司统筹安排的话，可分流部分散客到麻料村。雷山县也可把麻江村作为旅游线路之一整体纳入旅游计划推广。



### （二）用好“银匠村”品牌



麻料村世代以银饰加工为生，曾经村中银匠走遍省内外各地，是远近闻名的“银匠村”。全村共有银匠 114 户 236 人，占总户数的 63.3%，且周边的几个村寨也有几百户的银匠户。近年来，由于雷山县旅游发展整体较快，特别是以西江、郎德为代表的旅游发展势头迅猛，雷山县城及两个景点开设了大量的银饰店铺，为此，村里一些银匠就为景区景点做来料加工，但加工费很低。要走出一条发展之路，必须用好这个知名品牌。

### （三）保存良好的中国传统村落，将是优质的旅游资源

2013年8月23日，麻料村入选了第二批中国传统村落。麻料村作为国家级别的传统村落，一是在选址和布局上保持传统风格，木构吊脚楼民居依山势而建，鳞次栉比，传建筑风貌完整。村前，有上百年大面积的枫树林，古树参天、林木葱茏，是村寨的风水林。通过古老的寨门，迎面便是给村寨带来财运的古水塘，村里老人说，至落寨以来，此水塘没有干枯过。村落选址和建筑风格都具有传统特色和地方代表性，是反映特定历史和传统文化的背景依据，村落整体格局保存良好。二是麻料村民在长期农业生产中形成的一整套适应农业生产、生活需要的社会自我管理制度、礼俗制度、文化教育等的文化集合，并形成了自己独特的文化内容和特征，其主体包括人际交往、语言、传统工艺、传统美术、饮食起居、民间歌舞，婚丧嫁娶风俗、传统木构营造技艺及各类祭祀活动等，是世界上存在最为广泛的文化集成，是典型的自给自足农耕文明的典范。这一特征对于研究黔东南州的区域文化有重要的研究价值。该村的知识体系具有可持续发展的全部特征。开发利用好丰富多彩的农耕文明与自然遗产资源，作为我国"三农"工作的重要组成部分，不仅对增进民族团结，维护国家统一，建设美好家园，激发爱国热情和丰富人民群众的文化生活具有春风化雨润物无声的重要作用，而且对经济全球化背景下维护和保护世界文化多样性，促进世界经济

安全稳定增长，协调平衡增长，持续包容增长都具有重要意义。保持好传统的生活、生产方式，也将成为新的旅游产品，可为高校、研究机构等人群提供研究案例，同时，也将成为更多家庭体验少数民族生活的样本。

## 三、产业发展与实践

在各级党委、政府的重视与支持下，在社会各界人士的关心与帮助下，麻料村通过两年多的实践与探索，在乡村旅游与产业发展上取得了一些成效。

### （一）拓眼界、增学养

2015年文化和旅游部实施“中国非物质文化遗产传承人群研修研习培训计划”（简称：研培计划）后，在雷山县文化部门的同志及凯里学院老师们的动员下，麻料村于2017年6月和8月共组织了28名银匠参加了为期1个月的两期培训，通过1个月的理论与实践，特别是让他们到云南省的新华村去实地考察学习后，学员们感觉不但开阔了眼界，启发了思想，同时，多名学员萌生了回到村子开工坊的念头。2017年10月又选派了两名优秀学员到苏工美院进行了为期1个月的研培，培训结束后，两人更坚定了回家开办银饰工坊的决心。

### （二）专业指导，发挥传统工艺贵州工作站的作用

一是早在2011年7月雷山县政府就与苏州工艺美术职业技术学院建立了合作关系，当年苏州工艺美术职业技术学

院在雷山县成立了“传统工艺雷山工作站”。并在当地购买了1200平方米的房产作为该校的学生实习基地，每年输送大量的学生到雷山县实地考察、调研。近10年来苏州工艺美术职业技术学院为雷山县做了大量的工作。如传统工艺人才培养；旅游产品的策划与包装；乡村建设规划等。2016年5月，在文化部的支持和指导下，苏州工艺美术职业技术学院与贵州省文化厅合作共建“传统工艺贵州工作站”。依托传统工艺工作站，苏州工艺美术职业技术学院积极开展“中国非物质文化遗产传承人群研修研习培训计划”（简称：研培计划），重点开班培训贵州等西部省市的传统工艺传承人群。主要培养传承人群的文化艺术素养和审美意识，促其“强基础、拓眼界、增学养”，力争使参加培训的学员能够“学艺谋生，传艺致富”。二是2017年10月，传统工艺贵州工作站启动了学员回访工作。回访教师一行先后三次到麻料村组织相关学员座谈，在详细了解村里的情况后，鼓励学员回到村中开办银饰工坊，并与学员们一起分析发展乡村旅游的方向与措施。三是传统工艺贵州工作站把麻料村设为“非遗扶贫”观测点，定期开展调查研究，定期举办村民、工作坊、专家、非遗工作者对话座谈活动。四是组织有代表性的银匠参加省内外非遗展示展销活动、非遗节活动及省级传承人群对话交流等相关活动，培养村中年轻骨干，鼓励他们走出去宣传展示自己。五是指导建设非遗扶贫工坊，开展产品设计、销售，培养村中网红，带动网上银饰产品的销售。

### （三）主动担当，发挥年轻骨干“领头雁”作用

以李林书、潘仕学为代表的一批有思想、有责任的麻料村人开始思考如何发展乡村旅游，如何带领村民共同致富。在苏州工艺美术职业技术学院、传统工艺贵州工作站、黔东南州非遗中心等部门的关心与指导下，村中几个年轻人积极动员全村村民联合成立了“百匠银器合作社”“银绣旅游发展有限公司”“银匠协会”等合作组织，采取“公司 + 合作社”的经营模式吸引村里的银匠回归山寨，在年轻人的号召、鼓励下全村 113 户集资 100 万元，并申请雷山县扶贫资金 58 万元，将村里废弃的小学改造成银饰加工坊和银饰刺绣传习馆。仅仅用了 5 个月的时间，于次年的 4 月中旬就完成了传习所建设工作。在开馆之日，成功举办了第一届麻料乡村文化旅游节。目前，传习馆解决了 7 个就业岗位，有 3 名银匠固定在银饰传习所上班，月收入 5000 元，其中 1 名为贫困户。传习馆的全部收入将和 28 户贫困户的利益联结起来，按“三七分”，七给贫困户，三给村集体。



### （四）发挥部门联动与组织引领作用

麻料村银饰传习馆开馆以来，得到了众多部门的支持与关心。一是州非遗中心、县非遗中心在麻料村建立非遗工作指导站并组织相关人员为传习馆建立了数据中心，指导开展对全村的档案记录及管理。并指导挖掘村中传统文化项目，定期对相关人员开展业务培训。如：带领相关人员到黎平县肇兴景区、广西三江龙胜等地考察民宿的建设与管理。邀请爱彼迎的老师

到雷山县开展相关的非遗体验项目上线及民宿的管理等培训工作。二是苏工美院、凯里学院、黔东南州职业技术学院、贵州民族大学等高校挂牌把麻料村作为学生实践基地和重大课题研究基地，目的是打造一个开放、包容、和谐的学术与实践共同体，服务于麻料村的民间艺术产业与市场发展。特别是在大众游客没有进入村寨前，各院校的实习学生的到来，为村民发展旅游增添了极大的信心。在接待近500余人次的学生实习中，村民们不断完善和改进接待设施和接待方式，一年多的实践中村民的服务质量与水平大幅度提升。三是得到了西江镇党委政府的大力支持。西江镇直接派出文旅局长作为驻村帮扶人员，对接相关扶贫工作。鼓励村民建设银饰非遗扶贫工坊和乐家乐，并对每户完成建设的农户补助2万元的经费。四是州工信委也支持帮助带领部分银匠到云南省的新华村进行为期1个月的银饰大件制作技艺的实地培训，并让银匠们实地感受该村文旅融合发展的经验。

### （五）内生动力是发展的关键



一是2018年4月25日麻料村银饰传习馆开馆，在大家的帮助下，村中打出第一张牌子："银饰锻制技艺免费培训学校"。对外宣传"你敢来，我就敢教"，第一个"五一"小长假，在西江镇的帮助下，共接待近100人的游客，为传习馆增加了1万多元的收入。二是初试尝到了甜头后，村民们纷纷建起了工坊与农家乐。目前共建工坊14家，农家乐7家。建立的7家银饰工坊，解决14户贫困户67人脱贫；14户农家乐，解决9户贫困户45人脱贫。除此之外，带动59户参加旅游产业发展，带动全村人参加合作社，提升村民“想发展、谋发展”的思想意识。三是在合作社和村两委的带动下，村民们自发清扫房前屋后，整理道路两旁的杂草，自觉地栽花、种草绿化美化村寨，清洗水塘、翻新寨门、打扫公共卫生、张贴道路指示牌，以红、黑榜形式开展评比活动。四是村两委积极争取国家扶贫政策。

## 四、产业发展路径与对策

思路决定出路，理念决定思路。与思路相比，理念才是最根本的，如果理念错了，思路也就跟着错了，所谓路径和措施也就有了差池，出路也就变得狭隘了。麻料村的产业发展在取得一些成效之后，更应该思考什么样的路子才能更可持续发展。笔者从以下几个方面提出发展路径与对策。

### （一）精心策划，着力推进文旅融合

文旅融合是新时代背景下，国家从战略高度推进乡村振兴的重要手段之一，也是有效促进文化产业与旅游产业共赢的可持续发展的有效措施。因此要梳理好村寨传统文化资源和其他可利用的资源，进行精心策划、包装成旅游产品，通过“旅游 +”来实现产品的销售与推广。

### （二）丰富业态，拉动其他产业发展

一是策划“做客乡村民俗”类项目，如苗年、扫寨、招龙、吃新、开秧门等重大民俗活动中，邀请相关高校的师生到

村中过节，或者发布过节通告，与旅行社合作，让村寨长年保持一定的游客流量。二是开发除银饰以外的体验项目。如酸汤与酸汤鱼制作的传统饮食制作体验项目、刺绣技法体验项目等。三是苗医药康养项目。当地苗药师可开发苗族药浴项目，可让住下来的游客进行体验。四是做精民宿项目。提升民宿基础设施档次、提高服务质量，做出特色。继续与爱彼迎合作，加大与其他平台合作，提高民宿销售量。

### （三）突出重点，继续做好与高校合作

一是利用好高校的理论与学术优势，共同挖掘整理好村寨传统文化，做到人人都能讲好村寨故事，同时，做好村中各种类信息记录，永久留住历史信息，让村寨文脉永存。二是针对高校学生实习课程要求，因人而异做好短期与长期课程设置，推动更多的高校实训基地落户麻料村。

### （四）统筹专业管理，拉动整体产业发展

引进专业管理团队，对麻料村进行统筹管理。引导群众把土地、房屋、人力、技术等作为资产入股到合作社，让“资源”变“资金”，“资产”变“股权”，整体规划、包装和运营，重点破解贫困户“无产业、难发展、难增收”难题，同时壮大集体经济，促进乡村振兴。

### （五）强化知识产权保护，做大“麻料银匠”品牌

知识产权是用利益促进人们去不断创新，同时，促进科技的发展和保护发明创造者的应得权利。对于促进人类不断发展

科技，改进生产力和发展生产力起到了决定性的促进作用。一是申请注册“麻料银匠”商标进行知识产权保护。二是对麻料传统纹样、创新产品、技术发明申报知识产权保护。

### （六）加大推广，多种形式推进“文旅产品”宣传

立足现有的文化品牌，积极开发优质文化新产品、新品牌，将文化产品宣传与旅游推荐相融合，让文化产品、文化精品得到宣传与推广。一是积极与各大知名电商企业合作，例如：淘宝、京东等，让更多非遗工坊产品进入展销，推进“黔货出山”。二是加强与更多的新媒体合作，对麻料村进行整体宣传与推广。如：“抖音”“快闪”等。三是创建微信公众平台，及时发布旅游产品消息和开设麻料村史馆及相关农副产品介绍等栏目。三是设立每年一次“麻料乡村论坛”。邀请国内外专家、学者就麻料村乡村振兴话题论道。四是有计划有步骤地参加全国各种旅游商品博览会，文化产业博览会、非遗节、非遗博览会等活动，利用这些活动，提高麻料村知名度，宣传、展示和推广麻料村品牌。



## 五、结语



麻料村在乡村振兴的路上才刚刚起步，离《乡村振兴战略规划（2018—2022 年）》要求还有很大的差距。但麻料村的发展方向是对的，乡村振兴，要靠产业来带动，只有老百姓安居乐业了，才能真正地走上富裕、幸福安康之路。

# 苗族二月二祭桥习俗的教化功能研究

龚　露*

祭桥，苗话称 tob jux（音“兔鸠”）。tob 在苗语语境中为“（再一次）加热”让某物再次升温，有循环往复之意。例如把冷饭加热就叫 tob gax（音“兔嘎”），所以 tob jux 在方言里也叫“热桥”“燃桥”“敬桥”“祭桥”，学术界根据这种习俗活动的祭祀性质多称之为“祭桥”。每逢农历二月初二，凯里、雷山、黄平、台江、三穗等清水江流域少数民族都要举行富有传统民族特色的“祭桥”仪式，其中苗族开展的范围广，影响力大，三穗、台江、黄平的苗族祭桥节已入选贵州省级非物质文化遗产名录项目。同时，为了凸显该民俗活动所处的特殊时间节点，本文题目概括为“苗族二月二祭桥”习俗，简称“祭桥”习俗。

人的行为具有一致性，习俗来源于传统和共同的习惯，它们同时形成偏好、行为组合和规范的信仰。因此，习俗是一种包含习惯、情绪和认知要素的复合物，且不能轻易被分解。在

* 龚露，女，土家族，贵州岑巩县人，贵州凯里学院副教授，研究方向为民族教育学。

习惯、情绪、信仰之间相互影响。① 谁也不会以一种质朴原始的眼光来看世界。一个人看世界时，总会受到特定的习俗、风俗和思想方式的剪裁编排，习俗在形成个人的行为中所起的作用远远超过个人对传统习俗所能造成的任何影响。② 苗族祭桥习俗是苗族文化的一个组成部分，它属于一种民俗文化现象，是在长期的历史发展过程中逐渐形成的一种固定的文化表现形式，与苗族原始宗教遗风紧密相连，体现着苗族人的共同信仰与生存哲学，在苗族现代生活中仍占有重要地位。从横向比较，关于农历二月初二的祭祀祈福、节庆集会活动在我国很多地区、民族中都普遍存在，例如土家族的过社，布依族的歌会，北方民间的社火、灯游会等。所以，本文将凯里旁海二月二祭桥习俗作为"深描"对象，研究"祭桥"在苗族社会结构中产生的功能以及当下的现实意义，再以此为原点探讨我国关于"二月二"多样化民俗活动存在的原因。

## 一、关于苗族祭桥习俗的已有研究

在已有的苗族祭桥习俗研究中，研究内容主要集中在四个方面：产生的渊源、仪式具体细节、祭桥功能及其涉及的民间习惯法。

① [德]施里特著，秦海等译：《习俗与经济》，吉林：长春出版社，2005，第4页。

② [美]露丝·本尼迪克特著，王炜等译：《文化模式》，北京：生活·读书·新知三联书店，1988，第5页。

一是关于祭桥产生的渊源，虽然各地流传的古歌或神话具体指涉人物不同，但主题都跟一对夫妇“架桥得子”的故事有关。传说苗族祭桥是由远古时期的仰欧色与略那兴起的。仰欧色是苗寨最漂亮的姑娘，与略那（月亮）结为夫妻，他们多年没有生育儿女，于是在二月二那天去架桥，才得以生育儿女。① 在黄平一带流传的是：苗寨一对夫妻年迈无子，从东方飞来的燕子告诉他们须在小河边搭桥接远道而来的孩子。不久后老妇生下男婴，之后每年都在搭桥那天去桥边敬桥。② 族群得到延续生存的基础是成员不断壮大，这种生殖崇拜是人类社会普遍存在的现象，“架桥得子”的神话传说也反映了苗族人对新生命的强烈渴望，同时在解释“人从哪里来”的原始哲学问题上创生了具有苗族特色的答案：桥背来的。二是关于仪式具体细节的研究。例如万必轩在《苗寨的祭桥习俗探讨》中介绍了与砍杉树、祭祀相关的仪式环节；杨红梅等人对祭桥所需的红蛋、糯米饭等各种祭品进行了“文化解码”，从民族学视角对仪式过程与人们物质经济基础生活进行内涵剖析。③ 三是关于祭桥作为一项民俗文化活动产生的功能研究，“一方面对坏了的桥进行维修加固，另一方面教育子孙爱桥、架桥、修桥补

① 万必轩：《苗寨的祭桥习俗探讨》，《民间文学论坛》1994 年第 3 期，第 68—72 页。

② 王萍丽：《黔东南苗族二月初二敬桥节》，《黑龙江民族丛刊》1999 年第 4 期，第 94—97 页。

③ 杨红梅，杨经华：《西南少数民族祭桥文化探析——以黔东南寨头苗寨祭桥节为个案》，《广西社会主义学院学报》2012 年第 5 期，第 70—73 页。

路，积下阴德。通过祭桥，对后人起到潜移默化的教育作用，而且起到填补苗族人民文化娱乐与愉悦身心的作用”。[①] 宫婷通过台江县反排村苗族祭桥节分析了祭桥的认知功能、维系功能、娱乐功能及文化传承等方面的社会功能。[②] 四是涉及因“祭桥权”纠纷引起的苗族民间习惯法的研究。徐晓光等人研究了黔东南“敬桥”习俗及相关法律问题，提出在少数民族地区司法审判中应结合当地风俗状况，了解掌握少数民族地区特殊的民族风俗文化和民族习惯法在当地的存储和发挥作用情况，准确地运用国家法律，推进当地民族法制建设。[③] 周相卿等人针对雷山县西江镇的一起因祭祀桥和重新架桥问题引起的民族纠纷进行田野考察，认为通过此案可以看出国家法实施的强化导致了部分习惯法内容的变迁，从微观上体现出国家法与习惯法互动过程中的关系。[④]

通过“祭桥”的已有研究发现，多数研究成果都是基于田野考察分析得出的，分析视角多样化，成果也较丰富。但是已有的研究起点为“祭桥是对桥梁进行祭祀活动”。其实从语言学层面分析，回到原生语境下的 tob jux 就完全是汉语“祭桥”





① 万必轩:《苗寨的祭桥习俗探讨》,《民间文学论坛》1994 年第 3 期，第 68—72 页。

② 宫婷:《黔东南州台江县反排村苗族祭桥节的社会功能》,《贵州工程应用技术学院学报》2018 年第 1 期，第 138—143 页。

③ 徐晓光:《徐斌修桥、祭桥与拆桥——黔东南“敬桥”习俗及相关法律问题》,《贵州民族研究》2017 年第 4 期，第 16—23 页。

④ 周相卿，李榛，杨家佳:《从雷山县的司法判例看苗族敬桥习惯法的变迁》,《贵州民族研究》2018 年第 6 期，第 36—39 页。

的意思吗？换句话说，我们把 tob jux 翻译为“祭桥”，研究者也都是将现实中的桥作为考察对象，而在苗语语境中 jux 会不会还有其他含义？如果仅以“祭祀桥梁”解读 tob jux 有没有可能窄化了苗语的本来含义？有研究者描述为“敬桥节这天，有的人家还要敬祭某些常绿大树、石头、水井等。原因是小孩多灾、生病，经占应拜祭某一事物，才能得到保佑，长命富贵”。[①] 这种解释并不完全正确。笔者通过在清水江流域典型的苗族乡镇旁海的田野考察得知：“祭桥”远不止于“桥”，将 tob jux 译为“祭桥”只能概括该习俗的部分内容。jux 在苗话中还有中介、媒介的引申含义。苗族信仰万物有灵，每个人都有自己的 jux，即“守护神”，二月二“祭桥”除了桥以外还有各式各样的 jux。

## 二、旁海二月二祭桥的个案观察

旁海镇位于凯里市东北部清水江畔，全镇总人口 3.12 万，其中苗族人口占 99%。重安江在境内汇入清水江，此地属于古代水上要道和物资集散地。清代时期清水江流域木材贸易繁华，“每逢场天，旁海码头上百只木船停泊，有‘小上海’之称”。[②] 虽然清水江航运和木材贸易已衰落，但从每年举办的吃



① 谭璐，麻春霞：《试析黔东南苗族敬桥节节日文化》，《民族论坛》2012 年第 11 期，第 60—63 页。

② 凯里市人民政府编：《贵州省凯里市地名志》，贵州省内部书刊，许可证第 049 号，1989，第 213 页。

新节、具有上百年历史的旁海芦笙会仍可窥见往日的盛况。笔者于 2019 年农历二月初二到旁海展开田野考察，关注重点在 tob jux 的内涵以及它“化民成俗”的价值体现。

## （一）多样化的“桥”

用当地人的话说，“每个人都有个‘桥’，每年都要燃‘桥’，它才保佑你得好”。在田野考察中发现各式各样的“桥”上贴满了由红色和绿色两种纸剪的纸花，“要花花绿绿的才漂亮”。有的是贴在可供人行走的桥上（不论石桥木桥），这也是已有研究中涉及最多的地点；还有的贴在石头上、树上、水井边（见图 1），或者在田里用竹篾支起的“桥”。“桥”还可以在家里，一块日常切菜的砧板、一个小竹篓都可以成为人们的守护神“桥”（见图 2）。

**图 1**

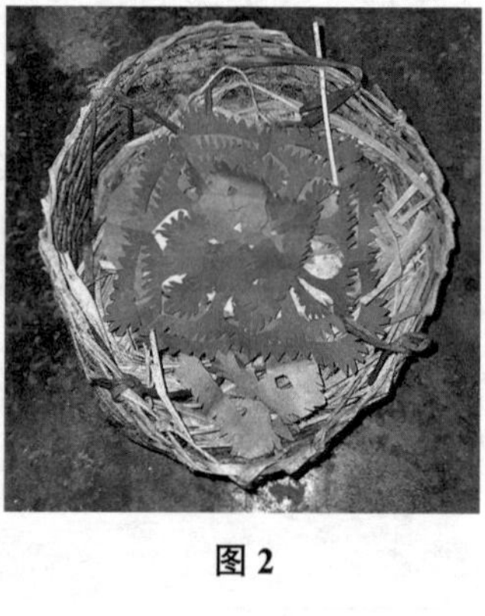

**图 2**

据当事人口述，竹篓之所为成为她的“桥”，是因为她属相是狗，“鬼师”说需要个窝狗才有睡的地方，她才得好，所以竹篓相当于窝。通过“让属相狗得到一个窝可以睡”再推广到当事人会生活得好，这其实是一种古老的、原始的与大自然的交互感应心理。在原始人的世界观中，人类与自然之间始终存在着某种交互感应的关系，人可以通过各种象征性的活动把自己的愿望、意志强行投射到自然中去，达到操纵和控制自然客体的目的。[1] 所以祭桥实际是整个族群意识的外显，竹篓的案例展示一个具体的“桥”如何对“拥有者”产生“庇佑”的功能。有很多研究者已经对具有现实意义的建桥修路展开研究，并不是每家都有修桥的经济实力，所以演变成在农田沟渠之间搭一块长条状的大石头以方便走路，或者在泥路上铺上几块大石以防下雨路滑，还有专门用三块平整的石头摆成稳固的板凳状的，这些都属于桥，需要年年拜祭。所以，每当在二月二祭桥的时候，水泥桥、木桥、大树、石头等都会被贴上纸花，它们都属于“桥”的范畴，接受信众年复一年的祭拜。

### （二）可传承的“桥”

“桥”可以保佑家人，属于一种非常珍贵的“资源”，苗族中人人都拥有这种“精神食粮”，即使年长者离开人世，后人也会继续按照曾经的习俗祭拜下去，在 tob“循环往复”的含义中就暗示了传承意蕴。当面临家族分家、搬迁时，这些老一辈的“桥”作为“珍贵资源”可以传承给下一代，搬到他们新居所在的地区。田野考察中就遇到一家，祖上居住在凯里火车站，后来几兄弟分家迁居后也将火车站的“桥”分成几份由各

① ［英］弗雷泽著，徐育新等译：《金枝》，北京：中国民间文艺出版社，1987，第 19—21 页。

自在新的居住地安置好继续祭拜。“我们分到一捧捧（土），压在这个石头下，年年来燃桥。”所以对这位老人来说，从祖上传下来的“桥”是一种象征意义上的财产，每年的燃桥也寄托着他对先辈的追思。同时这个继承下来的“桥”也会继续传承下去。随着房族扩大，祭桥的人也会越来越多，最后成为一个宗支共祭的桥。当祭桥人达到一定规模后很容易促成现实中的修桥筑路行为，这也是祭桥习俗产生的最大实用功能。例如旁海小河沟的石桥旁便有写有：“王家第一桥”的立碑。所以这座桥属于旁海王家人拥有并负责传承。

### （三）不能随意乱动的“桥”

“桥”可以为拥有者带来好运，所以就要防止别人对自己的“桥”“搞破坏”，因此创生出“不能随意乱动别人家的桥”的道德禁忌。在苗族地区鲜有人乱砍大树、开凿巨石或者是搬弄房前屋后的石头的，因为这些都可能是某个人的“桥”，一旦被无缘无故地破坏，那破坏者就会“遭到报应”。其实年复一年祭桥，哪家的桥在具体的哪个地方，乡间邻里都非常清楚，往往一到二月二，漫山遍野随处可见的都是花花绿绿的剪纸。换个角度也可以说在苗族人的精神世界里，万事万物都在无时无刻地保护着他们。一般自然物经过人精神世界的投射就会变得具备“神性”，并有一定的归属性。卡西尔把人定义为符号的动物，[①] 人在创造符号的同时反过来也被符号创造。任何



① [德]恩斯特·卡西尔著，甘阳译：《人论》，上海：上海译文出版社，2004，第 37 页。

族群都成长于不同的自然和社会环境，各自拥有的、从古到今相互作用的环境的复杂性直接反映到其符号系统即文化之中。[①]祭桥习俗作为苗族文化的外在表现，苗族人将自然物化为自己的“庇佑神”，体现了对自然崇拜的原始思维，反过来又促进了尊重、爱护自然的生态理念的形成，实现人与环境的和谐发展。

## 三、祭桥习俗的教化功能分析

“教化”之“教”是会意字，甲骨文写法为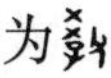，左边上部是“爻”，表示两组交错的算筹，下部是“子”，表示人。右边是表示手的符号，从攴，从孝。“攴”的篆体像以手持杖。因此根据甲骨文的写法得出“教”的原始大意：一个人正在学习，右边是一只手持教鞭的形象，这正是教的状态。“化”的甲骨文写法为。《说文解字》释为“教行也”。“从字形上看左边是‘人’，一个头朝上站立的、活的人；右边是一个头朝下入土的、死的‘人’。‘化’的本意是事物没有固定不变的状态，一切事物永远是在变化着、运动着的，是一个相互转换的过程。”[②] 从文字视角追根溯源我们可以将“教化”理解为运用万事万物变化运动的规律去促使人们达到学习、接受新事物的

① 张诗亚:《强化民族认同——数码时代的文化选择》，北京：现代教育出版社，2005，第 6 页。

② 石玉昌，张诗亚:《“学在野”之“化”——兼论民族教育田野调查法》,《民族教育研究》2015 年第 6 期，第 17—23 页。

效果，因此所有事物都可以作为资源，也可以说教化需要处理的是物与人的关系，这是从甲骨文角度分析。有学者指出，教化主要指以民为对象的思想教育与伦理道德感化。[①]“教化”之“教”指文教，是指使人向善的方向改变，“化”之本意是潜移默化，使悄然改变。是故，所谓“教化”，是指“教行迁善，使人向善，最终达至社会的‘至善’”[②]结合田野考察发现，祭桥习俗在教人向善等方面发挥着积极作用。

### （一）助人为乐、甘于奉献的道德教化

黄平县谷陇镇香马桥碑云：“盖天下之远德者，建桥修道也。智者顺时而谋，愚者逆理而动。考马鉴于斯而施于志，见其果而扬其名，故创建斯桥名曰香马桥。”修桥补路是祭桥的重要内容。从时令来看，初春二月即将迎来一年中最繁忙的春耕，在此之前“修检”阡陌间的路桥，为大家挑抬农作物创造更好的行走条件。这种不计回报的奉献行为源于苗族“行善积德”的精神，苗族人相信在世时多做善事可以“积阴功”，而这些“阴功”可以带来儿孙满堂、全家平安乃至个人长寿等。倘若之前许下的愿望得到实现，为了感恩也会建一个桥以示还愿。根据个人能力大小决定修桥修路的规模，不影响具体所积功德的多少。年复一年的行为重复，祭桥习俗将助人为乐、感



① 张岱年：《中国哲学大辞典》，上海：上海辞书出版社，2010，第330页。

② 杨朝明：《刍议儒家的教化文化》，《孔子研究》2008年第6期，第8—12页。

恩奉献意识逐渐根植在年轻一辈心里，并通过“桥”一代一代传承下去，这种道德教化是祭桥习俗最重要的功能。

### （二）万物有灵、尊重自然的生态意识教化

民俗文化现象是在精神环境“沃土”上开出的“花朵”，自然环境是先于人意志的客观物质存在的，精神环境则是在自然环境影响下形成、指导一切社会现象的深层次、集体享有的抽象结构系统。它包括“该群体共有的道德观念、价值体系、风俗习惯、宗教形态等诸方面的总和。宗教形态常常居于中轴的或者核心的地位”。[①] 苗族“万物有灵”为核心的原始宗教信仰奠定了祭桥习俗的精神底蕴。泰勒在《原始文化》中阐述了灵魂观的产生和发展，创立了宗教起源于“万物有灵论”学说，他认为灵魂观念是一切宗教观念中最重要、最基本的观念之一，是整个宗教信仰的发端和赖以存在的基础，也是全部宗教意识的核心内容。[②] 通过苗族祭桥习俗我们可以窥见在苗族的信仰体系里世界万物都具有和人一样的灵性：水里有水神，大树有树神，山有山神等。一次笔者在丹寨田野考察中遇到一棵被风刮倒的大树刚好倒在河里，当地人说“你看它没有打到人，也没有倒进稻田带来麻烦，我们都讲大树是有灵气的。”在苗族的世界观中，一切自然物与人处于平等





---

① 张诗亚：《祭坛与讲坛——西南民族宗教教育比较研究》，云南：云南教育出版社，1992，第 213 页。

② ［英］泰勒著，蔡江浓编译：《原始文化》，浙江：浙江人民出版社，1988。

的地位，而非人对自然的控制。因此苗族人对自然环境的爱护不仅仅因“靠山吃山”的生存需要，而是根源于信仰体系中人与万事万物皆处于平等地位，倘若侵犯大自然，具备灵性的大自然也会“反击”于人。这种万物有灵的思想促成了人与自然和谐共处的生态观，也通过祭桥习俗逐渐“化”于民众。这种万物有灵的观念不仅存在于对自然界的认识，还存在于人造物崇拜，例如对房屋建筑、桥梁、水井等的崇拜也源于苗族“万物有灵”的思想，当这些人造物具备了神性，再反过来“保护”人。

### （三）关于生命起源观的教化

在苗族传统社会中，新婚夫妇一般情况都要“架桥求子”，因为在苗族传说中“小孩子都是桥背来的”，所以有很多苗名里会包含桥、凳等当初“架桥”的因素。这或许是源于古代苗族人对生命起源的原始解释，虽缺科学性，但这种原始思维的方式可以增进我们对“过去人如何看待世界”的认识，最终也可以使我们更加了解现在的自己。在祭桥习俗中还有一项作为隐喻生命起源的活动：染红蛋。用红蛋祭桥，编织彩线蛋篓装蛋系在小孩腰间的织锦上。在远古苗族先民的观念中，人类始祖是蛋生的。苗族古歌中表明：蝴蝶妈妈生下12个蛋，其中一个孵出了人类祖先姜央。“来看妹榜留，古时老妈妈，怀十二个蛋，生十二个宝。来唱十二蛋，来赞十二宝：白的什么蛋？黄的什么宝？白的雷公蛋，黄的姜央宝。”[①] 蛋在苗族传统

① 田兵编选:《苗族古歌》，贵州：贵州人民出版社，1979，第198页。

文化中还发挥着很多重要作用，许多仪式、场合都少不了蛋，可以烧蛋占卜，蛋还可以用于穴位“蛋灸”[①]，“蛋灸”还有“收魂”的作用。对蛋的崇拜可见古人将蛋视为了一种具备“魔力”的事物，其中关于生命起源问题中的生殖力是其功能之一。从历史的渊源来看，将蛋作为祭桥的主要祭品是与对生命的渴求相吻合。当苗族小孩问自己的父母“我是从哪里来的”的时候，或许他也会听到“你是桥背来的”这种充满浪漫色彩的回答。

## 四、讨论

“二月二”的特殊性在于我国很多少数民族都在这一天有属于自己民族特色的民俗活动：土家族的过社，布依族的歌会，北方民间的社火等，而不像元宵、中秋这一类推广开来、习俗统一的节日。倘若将苗族二月二置于横向比较中又会发现它格外有意义，这也是祭桥习俗已有研究中没有受到足够重视的地方。各民族多样化的庆祝方式何以产生？通过分析祭桥习俗，我们或许可以从这几方面考虑。首先，“二月二”属于我国古代传统历法系统，“二月二，龙抬头”是古人观察天象的结果：每年农历二月初二，代表龙角的角宿开始在东方显露，这是星辰运行的一个重要节点。其次，初春二月，万物复



① 将煮熟的蛋去掉蛋黄，置银片于内放在肚脐等重要穴位处滚动，类似中医艾灸，有驱寒活血功能。苗话称“包金”，方言称“滚蛋”，“蛋灸”为笔者的说法。

苏，一年中最重要的春耕时节即将到来，“二月二”也代表着农耕文化圈中的人对秋天丰收的祈祷，是美好愿望的寄托。再次，民族是文化的概念，各个民族都是处于不断交流融合之中的，不同形式的“二月二”庆典展示的是在不同区域中共有的“文化共振”，体现了我国各民族文化的同源特性，同属于中华传统文化，是有机联系的共同体。

# 试论旅游环境下车江侗族祭萨仪式的变化

吴永谊*

侗族是一个历史悠久、文化独特的民族。侗族的民俗节日众多，其中“萨玛节”是侗族古老的民俗活动之一。“萨玛节”侗语称为“喜萨”（苗语 sigx sax）、“合萨”（苗语 hogc sax）或者“为萨也”（weex sax yeek），即“请萨”“祭萨”及“联祭”的意思，或通称“祭萨”。萨玛节主要在贵州榕江、黎平、从江及湖南通道、广西三江等侗族聚居区盛行。举办萨玛节主要是为祈求村寨人丁兴旺、清吉平安，其中以传统性较强、宗教性色彩较为浓厚的民间祭祀仪式为主导贯穿始终。近年来，随着现代经济地快速发展以及地方政府筹划宣传本地旅游地不断开展，榕江县深入挖掘民族文化旅游资源，祭萨仪式成为打造该县民族文化旅游品牌的对象。在旅游地推动下，侗族祭萨仪式开始变形，由原生态、传统性、宗教性的民间祭祀仪式转变成了一种迎合现代审美观念和感受的民俗展演活动。本文以

* 吴永谊，男，侗族，贵州榕江人，上海师范大学人文与传播学院2017级博士研究生。

榕江县车江片区侗族村寨为例，对旅游环境影响下的侗族“祭萨”活动所发生的变化进行探讨。

传统侗族“祭萨”仪式的缘由、时间和过程，以及对参与者的性别、年龄、家庭、家族等都有具体的要求。每年正月初，“登萨”[①] 会根据村寨前一年的吉凶拜访鬼师，鬼师“过阴”[②] 后，转达“萨”对村寨吉凶的指示，根据指示视情况举行不同规模的祭萨仪式。如果是吉相，就会在春节（正月十五之前）举行祭祀，这种祭萨仪式规模较小，通常是择一吉日，村中寨老和登萨会在萨祠内举行祭祀仪式，焚香祷告，晚饭时分各家各户带上饭菜到萨祠附近吃寨饭，登萨会将祭品分发给吃寨饭的人们，饭后妇女进入“耶坪”[③] 唱“耶歌”[④] 即可。如果是凶相，可能是“萨”认为村寨不吉，导致萨已经离开村寨，所以屡生凶事。为求得村寨安宁，就要得请萨回祠。请萨回祠要准备很多必备物件，如河滩边沾鸟屎的白岩、深山水塘中的螺蛳蛋和浮萍、倒地插入泥土中的杉树枝、一棵三叉的巴茅草、三株三庹长的茅草、东边坡最高处的蚁窝等，寻找这些物件须在农历二月初完成。在祭祀之前，有专人到各户领钱，作为祭

① “登萨”，系侗语 dens sax 的音译，“dens”即“根”，“sax”即“萨玛”，意为掌管萨坛的人。一般是由德高望重的老年妇女担任，家族世袭。

② “过阴”，侗族民间常见巫术。鬼师通过“过阴”，可以传达“阴阳两界”的话语。

③ “耶坪”，即唱“耶歌”的场地，每寨都有固定的耶坪。

④ “耶歌”也称“嘎萨”，即内容是“萨的根源”“萨玛恩德”“祈求萨保佑”等这类歌。因这类歌每一句后都有“耶哈耶”结尾，故名。

祀的开销。祭祀当日，请鬼师安坛，通过“过阴”召唤萨玛英灵回来，寨老、登萨等扮演不同角色在萨祠内外互问互答，直至将萨请来为止。午饭后，妇女们都穿上盛装，跟萨游寨，进入耶坪唱歌，歌颂萨玛恩德，祈求萨玛保佑。傍晚吃完寨饭后再次进入耶坪唱歌，直至深夜方散。

除上述所说的各寨各祭之外，“中宝”几个寨子每三年一次要举行联祭，称为“为萨也”（weex sax yeek），其规模较大，由两寨或多寨共同举办，祭祀时间两到三天。联祭前，各寨登萨征得萨的同意之后定下吉日，准备祭品。祭品是花毛鸡一对、绿头公鸭一对，由男童用反搓草绳将其勒死；黑毛猪一只，由几名男童将其置入水中溺死。将鸡鸭及猪肉煮熟，用于献祭。是日午饭后，众人穿上盛装聚集于萨祠附近，饮用祠门前的茶水，带上黄杨枝，等候吉时游寨。联祭第一天，主寨等客寨萨队伍到达本寨萨祠后，与客寨队伍一起踩歌堂。踩歌堂完毕，主寨萨队伍送萨回祠，晚上吃寨饭，后在本寨踩歌堂。客寨萨队伍送萨回祠后，晚上吃寨饭，也在本寨踩歌堂。第二天活动则在客寨举行，仪式一样。

联祭有严格规定，寨头和口寨联祭，脉寨、月寨和章鲁联祭，不能混乱。跟萨游寨列队的顺序是按家族或“垧”[①] 为单位来排列。整个游寨队列以撑伞的“登萨”为中心，寨老在“登萨”之前，均手持草标，用以驱除邪魔。其中一人鸣锣，有芦笙队，炮手等，最后一位则是此次祭祀的鬼师，他走在

① “垧”系侗语 saengx 的音译，意为在某一自然地域上，若干个家族组成的共同地域关系的村落单位。

“登萨”跟前，手持茶杯，每路过一个土地庙都前去敬茶。“登萨”手持半张半闭的纸伞，伞顶插花，伞面置有项链等，此时她已经被视为“萨”的化身，庄严肃穆，不能说话、换手等。紧跟着就是“登萨”家族的妇女，之后是寨上其他家族妇女，最后则是寨中其他民族的妇女。对游寨的人也有要求，除少数德高望重的男性寨老外，其余的都是已婚女性。这些已婚女性中，“然说邓”的人是不能参加的。被当作“然说邓”[①]的人分别是：①孕妇；②服孝（家中未除服）之人；③家里有孕妇的人；④未出月子的人；⑤一个月之内出入过产房的人；⑥当天来例假的女性。游寨时芦笙和鸣锣不断，每遇土地庙、萨“歇凉”处或村中吉地，都要放鞭炮和铁炮。游寨结束要进入耶坪踩歌堂，先要唱进堂歌，最后才唱散堂歌。车江传统的萨的耶坪有三处：一是车寨鼓楼北面的四方井附近；二是章鲁老电影院门前；三是口寨林业站内。现在中宝各寨的耶坪是：章鲁在“高步垧”榕树下；寨头在“腊别垧”河边，近年来转到鼓楼广场；脉寨在“大哉垧”晒谷坪；月寨在“曼亚垧”文化室广场；口寨在“步秀林”业站内篮球场。

车江侗族社区是侗族聚居区，祭萨仪式是当地侗族的风俗之一。在现代旅游环境下，车江侗族祭萨仪式发生了很大变化。



① “然说邓”系侗语 yanc soh dengv 的音译，“然”即“家、房子”；“说”即“气”；“邓”即“暗”。意思就是“黑户”“暗门”，车江一带侗族忌讳这类人参加婚庆、玩龙等“好事”。

## 一、仪式的展演形态变化

按照美国社会学家欧文·戈夫曼的“前台”和“后台”的理论，即前台是潜意识下的刻意“表演”，希望别人能看到的；“后台”是表演者能够确认没有观众能闯入的地方，在此他们不需要表演，是真实的呈现。据调查，近年来车江祭萨仪式已经发生了变化。按照戈夫曼“前后台”的理论，我们认为“前台”就是祭萨仪式的表演者与游客所塑造的情境空间和欣赏空间，表演者在此展示本民族的传统文化。“后台”就是车江侗族人民真实的生活空间。村民只有在祭萨仪式的展演中才具有表演者的身份，表演完成之后又回到了自己的生活空间，这是游客和欣赏者看不见的空间。祭萨仪式举行的时间都是在农历正二月，都是由“登萨”定好的吉日，参与的对象也是有着严格规定的。但在现在旅游环境影响之下，祭萨仪式已经介入了政府等多种力量，时间、人数、参与对象都是根据政府的安排定的，“登萨”、寨老和鬼师等不会去组织祭萨这一仪式。政府对侗族传统文化进行包装展演，添加了现代化元素，但是却使侗族祭萨仪式丧失了它本身的传统性和神秘性，产生文化传承的误导。比如在传统祭萨仪式中，“萨”被请出殿堂之后进行游寨，游寨后要绕耶坪三圈最后进行踩歌堂，人们歌颂萨玛，祈求风调雨顺，国泰民安。但是在旅游环境的影响下祭萨的程序发生了变化，原始色彩看不到了，取而代之是侗族最高的信仰者“萨”及参与者列队要等待领导入场，聆听政府领导讲话，观看艺术团的表演，最后才是祭萨的踩歌堂。活动过程大大简化，很多程序都被强制剪除。另外，为了迎合现代审美需要，冲击游客的视觉和听觉感受，在祭萨仪式中除了使用芦笙、锣等传统乐器，还加进了音响设备，采用现代科技制作的伴奏乐，从而使本应该在此时传唱传统“耶歌”却无从入手。同样，搭建祭台、宣读祭词、鸣鼓祭祀等一系列做法虽然使得祭萨仪式艺术感更强烈，可极力将侗族祭萨传统表现出来，但由于是为迎合游客而进行的一种新的“构建”，与真实的、传统的民间仪式有很大差别。

## 二、仪式导致村民的心理感受变化

祭萨活动在车江侗族地区一直得到良好的传承，人们对于祭萨仪式也不会陌生。在未开发旅游之前，侗族人民严格按照传统规矩传承这一仪式，祭萨的神秘感十分浓厚，人们对“萨”的敬畏之心未曾动摇。村中长期流传着“萨”惩恶扬善，保境安民的故事，祭萨仪式的神秘无疑是一种教化。近年来，政府对祭萨仪式过度的干预，加上主导部门在未充分征求村民、寨老和“登萨”的意见下对某些神圣仪式进行更改，个别宣传部门对“萨”文化解读水平不高，对“萨”文化产生误读，导致祭萨活动失去原有的神秘色彩，丧失了信仰功能和教化功能。萨玛节是侗族人民对萨神的祭拜仪式，作为侗族现存最古老的民间祭祀，萨神崇拜和祭萨在侗族人心中具有最神圣的地位。2006 年，萨玛节被列入第一批国家非物质文化遗产名录。在车江侗寨开发旅游之前，祭萨活动严格按照传统方式进行。从 2000 年开始，2001 年、2007 年、2012 年、2013 年、2015

年、2016年等年份，车江侗寨的祭萨活动均由政府牵头举办。从某种角度来说，官方的意图是让更多参观者能最直观地看懂祭萨仪式，因此，祭萨仪式从时间、程序、参祭对象等方面都不再由寨老、鬼师和“登萨”说了算了。原本每年正二月的祭萨，官方改在公历10月、7月、12月举行。萨玛游寨原本都是在午饭后13点左右，但是如果与政府主导的其他旅游活动时间相冲突，在清早或傍晚也有请“萨”出堂的。作为信仰，每名侗族妇女都有参加祭祀的权利，为家人祈祷吉祥。但是近年来官方给每寨定了“名额”，想去参加祭祀的人可能会因为没有“名额”而去不成，不够数的寨子又只有召集未婚女性充数，严重伤害了信仰自由及破坏了祭祀以已婚女性为主的传统。同时，“登萨”作为“萨”的化身，整个祭祀仪式以她为中心，她的神圣在于不仅她是通过层层筛选出来的，而且她的一举一动都含有各种禁忌，这些禁忌无形中增加了“萨”的神圣感。侗族人认为萨玛阴灵住在伞里，以伞遮阳，才能走村串寨，保境安民。“登萨”手上的那把伞充满着神秘色彩。然而，政府为了迎合旅游做表演，要求“登萨”把伞放下，退到队伍中去。这种充满着神秘感的仪式被毫无保留地揭开，信仰被强制歪曲，对于民族信仰、民族心理、民族感情来说无疑是巨大的伤害。





## 三、仪式的动机和目的的变化

侗族生存的环境山高林密，这一定程度上阻碍了侗族社会自身的发展。侗族没有自己的传统文字，但艰苦的生活并没有淡化侗族人的民族自觉意识，他们更加重视自己的民族文化，并以口传心授、宗教意识的祭祀活动把民族文化传承下来。萨神崇拜和祭萨在车江侗族人心中具有最神圣的地位，侗族人为了改变生存的艰辛，渴望风调雨顺、民康物阜、人畜兴旺而向萨神表示祈求。当然，平时人们为了求功名、求吉运等也会祭祀萨玛。可以说这些仪式满足了侗族人民的功利价值追求和精神价值追求，通过祭萨消除了人们内心的恐慌，给人们带来了愉悦和快乐。在祭萨仪式中，人们歌颂萨的祭词、耶歌，内容从开天辟地、民族迁徙，一直唱到当今幸福的日子。实际上，这些集体活动为侗族文化的传承提供了场景，向全体族人传递本民族的“创世”和“迁徙”史诗，从而增强了民族的凝聚力，使他们不断为自己的民族发展壮大而努力。随着人们生活质量地提高，旅游业不断发展，在这样一种环境之下，车江侗族举行祭萨仪式的原因和目的也在不断地发生变化。近年来，侗族萨玛节举办过于频繁，导致这样一个具有民族文化风俗、严肃的祭祀活动变成了一种商业活动，学界对此也产生了争论。这种凝聚了侗族人民真实情感和虔诚之心的仪式被误导和歪曲传承，它的文化价值也将大幅下降。政府主导可以让民族民俗文化的传统性和现代性相互交织，在一定程度上为侗族的发展和非物质文化遗产的传承做出了贡献，虽然这不失为一种传承民族文化的有效途径，但是如何引导，如何开发，还要科学考察，充分征求群众的意见。

综上，旅游环境下的侗族祭萨仪式确实发生了很大的变化，原始的神圣性变为了世俗的展演性。在当今民族民俗文化的传统性和现代性相互交织的时代，作为政府应多方面提供平台，扮演引导者而不是参与者的角色，应该做到既要保护好传统民族文化和艺术，又要能吸取现代先进文化观念，让传统民族文化朝着积极、健康、向上的方向发展。

# 用微信传授苗族古歌的刻道歌王

潘世仁 *

2018年夏秋之际，受组织委派，笔者到旧州镇川心堡村担任包村干部，开展脱贫攻坚工作。由于单位原来的帮扶联系点在川心堡村附近的百子桥村，抽空也到百子桥村回访，于是认识了用微信传授苗族古歌的刻道歌王龙启光。龙启光向笔者讲述了他的传歌经历。

## 一、如歌岁月，刻道生涯

我叫龙启光（苗名 DliaokSaib），属马，苗历1941年（dailhmebbeef）九月初十生，今年77岁了，现住黄平县旧州镇百子桥村百子桥组。我家祖籍在凯里市炉山镇，后迁到黄平县重安江一个叫梁坊（苗语：LiangxBangd，音译）的地方居住。再后来我爷爷又从重安迁到旧州百子桥定居，现已在此居住了六代人。

* 潘世仁，男，苗族，贵州黄平人，黄平县史志办正乡长级干部，贵州省民间文艺家协会会员。

我爷爷耇乜（GhetNix），学名叫什么不知道。他是旧州一带有名的歌师，唱了一辈子歌，教了很多人。我父亲他们这一辈有四兄弟，唯有我的大伯父龙玉华能够继承我爷爷的歌，我二伯和我父亲会一点，但不敢到大场合去唱，满叔被抓丁到台湾去一直杳无音讯。到我这辈就只有我会了，算是我们家的第三代传人吧。

## 二、年轻不会唱酒歌，走客吃酒遭惩罚

记得我还是娃娃的时候，一到晚上，乡亲们就经常到我家请我爷爷教唱歌，后来我爷爷去世了，乡亲们又请我大伯教。见多了，我已习以为常，不以为然了，对学歌也没有多大兴趣，到了谈情说爱的年龄，我还不会唱情歌、酒歌。我刚满18岁，父亲就在“粮食关”中饿死了，丢下我与母亲相依为命。22岁时，我结婚了，妻子是一碗水乡印地坝苗寨的。她也是个苦命人，很小的时候父亲就过世了，她母亲由仁里（苗名：DionglNiangfLil，野洞河镇驻地）改嫁到一碗水乡印地坝，她随母到了印地坝。印地坝苗寨的人很会唱歌，妻子也是一个歌手。刚结婚不久，妻子娘家就请我们夫妻去过节，娘家人说，这年头困难（指“粮食关”刚过），没有什么吃的，让我俩悄悄去就行了。我不知是娘家人开玩笑，信以为真，真的一个人陪伴妻子回了娘家。因为只有我一人送妻子回去，我又不会唱酒歌，舅舅、舅妈就责怪我：“喊你一个人来你就真的一个人来呀，也不晓得多带几个伴来。”酒至半酣，舅妈她们就唱起《敬酒歌》来不断地灌我酒。由于我不会回答她们提问的

歌，被罚了很多酒。那时，我们苗家的木房门槛有一尺多高，她们就把我按在高而硬的门槛上，非要我开口唱歌不可。我的背被刮伤了，回到家躺在竹席上（当时我们苗家大多都睡竹席，没有床单），疼痛难忍，几天不好受。这就是我当初不会唱歌受到的惩罚，至今记忆犹新，想起来还真好笑。

作者采访刻道歌王龙启光





## 三、跟随伯父学古歌《刻道歌》棒传真经

自那以后，我痛下决心，非学会一两路酒歌不可。那时我爷爷已经去世，好在我大伯父继承了爷爷的艺术细胞。爷爷去世后，大伯自然就成了歌师。我生活在这样的家庭，尽管过去并不在意学歌，但平时耳濡目染，在不知不觉中也记下了不少

段落，只是连贯不起来，若下了决心来学也并不难。大伯是歌师，但大伯的子女不爱学，不会唱，大伯就把传承古歌的希望寄托在我身上。

听歌师讲述苗族古歌故事

那时集体生产劳动很忙，生活条件又不好，天天早出晚归上坡干活，所以白天我没空，大伯也没时间，只有晚饭后才有一两个小时的时间学歌。那时没有电灯，条件好的人家点煤油灯，条件差的人家就只能到山坡上捡松枝、刮松油来照亮。伯父家有时点煤油灯，有时燃松油。为了不给伯父家增添负担，有空的时候，我们几个年轻人约在一起，一人拿一小捆松枝，冬天还加一小捆柴或几个树蔸，去伯父家请伯父教歌。有时方便了还提一壶酒去，伯父可高兴了。伯父认不了几个字，但藏在他心头的歌却不少，十二路酒歌他都会，尤其以《刻道歌》最在行。因为爷爷传下来一根《刻道歌》歌棒和一本用毛笔抄的《刻道歌》的歌本给他，他得了这歌棒和歌本就悉心珍藏，不轻易示人。我们去找他学歌，他只拿在我们面前晃了几下，轻易不让我们摸，更不让我们借回家，只凭口耳相传教我们唱。我最初见到的是歌本而不是歌棒，而且只见过一次，是毛边纸订的，我不知上面画的是什么符号，弯弯扭扭的，纸质已经破烂不堪。伯父告诉我，这就是《刻道歌》呀，是祖爷爷（我的曾祖父）请人抄的。伯父对我们学歌的年轻人比较苛刻，一首歌一般只用白话念一两遍，有时再清唱一遍，然后就叫我们自己去练习，互相提醒着对唱，确实记不清时再去找他。因为那时时间很宝贵，白天累了一天，吃完晚饭已经是晚上八九点钟了，再学一两个小时的歌，已快午夜时分了，再不睡觉，第二天就起不来，会误了上工。那时是集体劳动，统一出工，如果迟到了要被扣工分的。如果被队长知道是因为教歌学歌而迟到，那就要被拉去游乡批斗。所以，每天晚上我们只能学两个小时的歌。即便是这样，也不是每天都能学，有时我们有空伯父没空，伯父有空我们没空，要想熟练记牢还得自己平时多练习，大胆唱。

**老歌师杨光合刻在烟杆上的刻道符号**

有一次，我好说歹说，死缠硬磨，伯父才答应把歌棒借给我拿回家一晚上，于是我连夜仿照刻在我经常用的十厘米左右的竹子烟杆上，第二天赶紧还给伯父。怕被伯父发现我“盗版”，我曾一度不敢拿给他看，这真是“做贼心虚”啊。后来这事儿被伯父无意中发现了，想不到他直夸我聪明，居然会把一根长歌棒缩成这么短，而且巧妙地刻在烟杆上，不仅平时能练习，更重要的是到对歌时一时记不起，悄悄摸一下就想起来了，别人也不会轻易发现我“作弊”。原来是我多疑了。从此我就更加用心研习苗族古歌，特别是《刻道歌》。我的烟杆歌棒也一直随身携带，无论走亲访友还是上山劳动，都棒不离身。

随着年龄的增大，经历的场合越来越多，我唱歌的内容也越来越广泛，走的地方也越来越多。青壮年时，十二路酒歌我都会，寨子上哪家有客来，都喜欢叫我去陪客唱歌，哪家娶媳妇或送媳妇回门也都喜欢请我当“代理主人”（苗语：GhabGhab），我到过很多地方唱歌。现在老了，加上老婆子去世得早，我一人照顾一儿一女两个孩子，既当爹又当娘，忧心事多，好些年不唱歌，忘记了不少。改革开放后，生活稍微好些了，孩子们也渐渐长大了，心情好转了才又唱起歌来。

## 四、几经磨难歌棒丢，凭着记忆把歌传





唱歌成了我们苗家人不可缺少的日常文化生活，很多年轻人尤其是年轻媳妇都来请我教歌。但我不让她们到我家，因为我老伴去世了，年轻妇女们到我家，深更半夜的，怕别人误解。我叫她们集中在哪一家，然后我去教她们。那时一晚上也有七八个人学，他们需要哪一方面的歌我就教他们哪一方面的。有时临到走客吃酒了，就突击几个晚上学。改革开放之初的那一段时间，教歌学歌唱歌对歌成为苗家人的一种时尚。后

来随着打工潮的兴起，下海经商浪潮的涌动，学歌的人就渐渐少了。

我家是穷人，新中国成立后分得一栋木房。人民公社时，大队将房子要了去，用来办集体食堂，食堂解散后又改办学校。那时我父亲已去世，我和母亲无房住了，就以每月 6 元钱租住别人的一间土墙木房住。后来这家人搬到别处去了，就把这间房子以 36 元钱卖给我们娘俩。大伯去世时，把歌本和歌棒都交给了我，希望我保存好，传承下去。我十分珍惜祖辈留下来的这些文化遗产，平时都把它们放在这木房里面。

1996 年，黄平全县遭遇百年难见的特大洪灾，我们百子桥地处旧州大坝下段，灾害更为严重，整个寨子被水淹没了。洪水半夜来袭，幸有村党支部张书记挨家挨户敲门，全村人才幸免于难。但我那本来就摇摇欲坠的土墙木屋经不起洪水冲刷，大水过后已是荡然无存，衣物、粮食等什么都不见了，歌棒、歌本也都没了，可惜我爷爷留下来的这根歌棒和我曾祖父请人抄的歌本就这样在我手头丢了，我非常内疚。幸好我随身带的烟杆还在，我亲手刻的歌棒也就还在，于是我又按烟杆歌棒所刻内容，用枫木精心刻了一根与爷爷传下来那根差不多长的歌棒，珍藏在家中，不轻易拿出来，平时教别人唱歌只用烟杆歌棒。有时到外地去唱歌、赛歌，我也用特制的布口袋把长歌棒背去。如果别人也背去，大家就拿出来互相比较、借鉴，互相学习，取长补短。

遗憾的是，有一次钻进深山老林里砍柴，不小心裤子被刺挂破，裤包漏了，烟杆歌棒不知什么时候丢了。待我砍得柴，捆好柴，坐下来掏烟杆准备抽烟时才发现烟杆不见了，沿着所钻过的密林山路往回找，始终没找到，不知掉在什么刺蓬里了。歌棒丢了，我的心里很不好受，好长一段时间魂不守舍，心如刀绞，很不自在。

**黄平县旧州镇百子桥村苗族刻道歌王龙启光向作者展示他收藏的刻道歌棒**

后来，我到黄平县城新州赶场集，见场上有人在卖《苗族古歌》碟子，播放着《刻道歌》，不少人在围观，卖碟子的人自称是仁里下坝（属野洞河镇）的。由于我对苗歌情有独钟，见他在卖歌碟，又放《刻道歌》，一时兴起，就主动同他攀谈起来，我们一见如故。我告诉他："我家里也有一根歌棒，不知同你放的是不是一样？"他就向我借歌棒来一看。我俩谈得很投机，我认为交上了歌友，就答应了他。第二次赶场我如约把歌棒拿到新州借给了他，并约定下一个新州赶场日拿来还我。可是一个场期（五天）过去了，一个月过去了，一年过去了……他也没还我。开始时他说放在家忘记带来了，后来他又说亲戚借去没拿来。几经周折，仍然未果。后来我年纪大了，去新州的次数少了，这件事就渐渐淡忘了。再后来又有一次到新州赶场，又去找那人。但在那里卖碟子的人不是他了，一问才知道他死了，现在卖碟子的人也不清楚原来卖碟子的那人是哪里的。至此，我也仍然不知道那人叫什么名字，到底是不是仁里的人。我这人太糊涂了，因为喜欢歌，居然把珍贵的歌棒借给没有深交而且不知底细的人。母亲在世时曾叮嘱我要记住古人的话：害人之心不可有，防人之心不可无。由此，我明白了当初伯父为什么不轻易把歌棒借给别人的原因了。

### 五、改革开放形势好，微信传歌更神奇

我亲手刻的第二根歌棒就这样糊里糊涂被人骗走了。我冥思苦想，怎样才能重新刻成一根歌棒呢？于是我凭着自己的记忆又刻了一根，这是爷爷留下来的版本。后来我到各地唱歌时，觉得有些地方的唱法与爷爷的版本有所不同，就有意识地询问对方有无歌棒，只要听说有，我就想方设法借来看，甚至追到别人家去看。精诚所至，金石为开，经过几年的积累，我先后收集、仿刻了四个版本，加上祖传的版本，现在我一共有了五个版本的《刻道歌》，并逐渐学会了各个版本的唱法。我在比较了各个版本的唱法后，弄清了一个道理：版本虽多，其实万变不离其宗。只要懂得了歌棒的精髓，无论怎样变化，形式如何多样，都能随机应变，运用自如。加上之前熟悉我爷爷传下来的歌棒，对于其他版本我一看就懂，只是各个版本的符号由于雕刻者手艺的熟练程度不同，笔画有些差别，位置有点

**听老歌师杨光合夫妇唱《刻道歌》**

不同，这都不是大问题。大问题是，有了歌棒，没有人学，不知道教谁，很担心失传。

改革开放是件好事情，大家吃饱饭了，住上了高楼大厦，物质条件好了，文化生活丰富了。但与此同时外出打工的人也多了，年轻人都出去了，没有人学歌，连在家的年轻人都不愿学。我曾一度感觉我的歌和我的歌棒没有用了，过时了。平时办喜事大家唱歌，都是年轻人的天下，老年人觉得自己老了，不合时宜了，不愿坐到酒席桌上唱歌。年轻人喜欢热闹，喜爱唱歌，但不懂古歌的内容。他们只打打闹闹，嘻嘻哈哈，打情骂俏，唱一会流行歌曲就散了。有客人向他们挑战唱歌，他们也不会回答，更不敢应战。每次吃喜酒，如果遇到同班辈的，我也上桌唱几首。但很多时候都在场边看热闹，心想，如果有哪位年轻人不会唱，过来问我，我就教他们。但始终没人过来问我，把我真正当作靠边站的老人了，每次我都很灰心。逢年

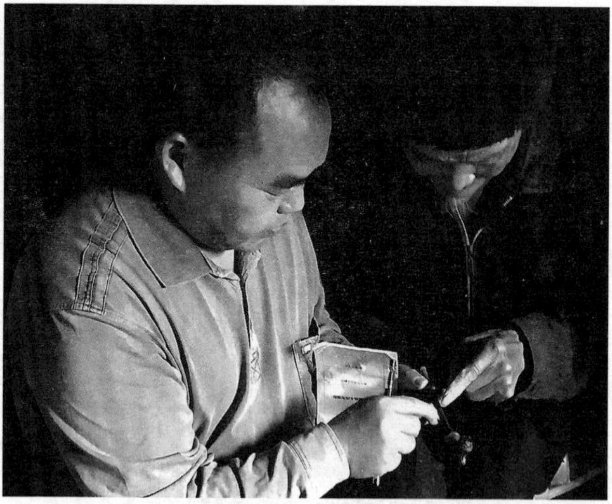

**老歌师杨光合教作者识别烟杆歌棒上的刻道符号**

过节，年轻人聚在一起不像过去我们那样学歌练歌唱歌，而是打牌打麻将赌钱，看了我很心酸，常常感叹这世道不用古歌了，歌棒不值钱了，连我儿子儿媳都出去打工淘生活了，不想学歌，枉费了我一肚子歌不知传给谁。

儿子儿媳都外出打工了，老伴早已过世，女儿、孙女都出嫁了，孙儿到湖南读大学，留下我一个孤老头在家，感到寂寞了就哼会儿歌，把《刻道歌》歌棒翻来覆去看了又看，擦了又擦。好在儿子儿媳都很孝顺，为方便联系，了解我的动态，观察我的生活，他们给我买了一部高档手机，并教会我使用。他们不时从外地打电话来，还跟我视频，像面对面一样讲话，这样我的心也就暖和一些，宽慰一些。

有一次，逢旧州赶场，闲来无聊，我就到旧州街上去转，看见有个年轻妇女在街上摆摊给人看“灵哥”（算命、预测未

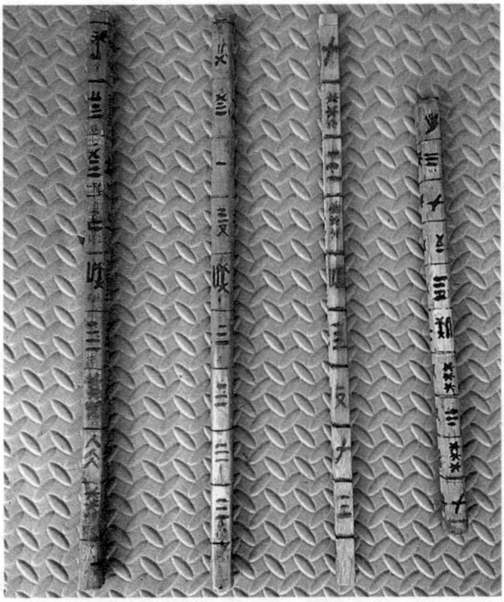

龙启光收藏的刻道歌棒

来）。没生意时，她就拿出手机与别人对唱苗歌。我很好奇，看了好一会儿，就问她，怎样才能与别人在电话里唱歌，怎样才能找到这么多人唱歌。如果天天有人和我唱歌，那该多好啊。那看“灵哥”的年轻妇女听了我的问话就很感兴趣地对我说：“公，如果您喜欢唱歌，我把您拉到我们这个唱歌群里来，您有智能手机吗？”当时我也不知道什么是群，什么是智能手机，就把手机拿给她看，她高兴地说：“太好了，您老人家还会用这么高档的智能手机呀，我马上把您拉进群里去。”于是她一项一项地教我怎么操作，怎么发送。我是学歌的，还算机灵，经她几番指点，我这快八十岁的老头子居然操作几次就会了，慢慢地也就熟练了。

就这样，一传十，十传百，这个群里的歌友都知道我会唱

《刻道歌》，才一两年的时间大家居然把我拉进了十多二十个唱歌的群，有微信群，有 QQ 群，大家都要我教唱歌。白天大家都忙着劳动、工作、做生意，晚上才上网。只要我一上网，他们就息声静气听我唱。在群里，大家不仅唱歌，还家长里短地交流思想，沟通感情，认识了很多不同年龄的歌友。那位最初把我拉进群的看“灵哥”的告诉我，她的名字叫依荷（苗语：YibHvob），家在新州街上，她叫我抽空常去她家做客、唱歌，群里的其他歌友也都邀请我去聚会。但是我老了，力不从心了，孩子们也不支持我随意外出。

除了认识那位“灵哥”，知道她的真名和地址外，其余的歌友都不曾见面。群里有很多歌友不显示真名，我始终不知道

**刻道歌王龙启光展示他在 QQ 群上所教的歌手**

他们姓甚名谁。但是无论如何，真名也好，假名也罢，我都愿意把我所知道的苗族古歌传授给大家。只要我们的苗族古歌代代相传，后继有人，只要老祖宗留下来的《刻道歌》不失传，我也就心满意足了。这是我最大的心愿！

故事讲到这里，已是中午十二点多了，龙启光仍然意犹未尽，拿出手机展示他所进入的微信群和QQ群。由于时间关系，我要走了，他执意留我吃了饭再走。盛情难却，我只好听从主人安排。他特意煮了一锅苗家人在节日或款待嘉宾时才煮的糯米饭招待我，席间还唱起了酒歌，向我解读了许多过去未曾知晓的苗族风俗来历。由于脱贫攻坚重任在身，很遗憾不能在此久留，没有更多的时间聆听龙启光老歌师的精彩讲述，与之握手分别时，深感依依不舍。

再见了，刻道歌王——龙启光。愿您在有生之年能够将更多的苗族古歌传授给更多的年轻一代，让我们的民族文化遗产代代相传，发扬光大。

采访时间：2018年9月4日
整理完稿：2018年10月23日
采访地点：旧州镇百子桥村百子桥组龙启光家
记录整理：黄平县史志办潘世仁

# “建设各民族共有精神家园”背景下《仰阿莎》的文化价值与品牌打造

龙再成 *

## 一、《仰阿莎》是建设各民族共有精神家园的优秀载体

中共中央办公厅、国务院办公厅 2017 年 1 月 25 日发布的《关于实施中华优秀传统文化传承发展工程的意见》，明确了传承中华优秀传统文化的重点任务：一是深入阐发文化精髓；二是贯穿国民教育始终；三是保护传承文化遗产；四是滋养文艺创作；五是融入生产生活；六是推动中外文化交流互鉴。

要深化民族团结进步教育，建设各民族共有精神家园，实施途径就在于抓实中华优秀传统文化的传承。《仰阿莎》作为苗族《苗族古经》中的十二路苗族大歌之一，其“天人合一”的主题思想，契合中华传统民族文化的内涵，是开展民族团结进步教育，建设各民族共有精神家园的一个很有意义的





* 龙再成，男，苗族，贵州施秉县人，国家级非遗项目《仰阿莎》州级传承人，“仰阿莎”施秉传习所负责人。

载体。

## 二、苗族美神仰阿莎

《仰阿莎》是《苗族古经》十二路大歌之一，是人类优秀的非物质文化遗产，它所包含的神话、传说、历史、文化，浩如烟海，是世界各族人民认知苗族的一个重要途径，仰阿莎在苗族社会中被普遍知晓。在苗族十二路大歌中，苗族把她排为第八路，在排唱时，首先唱这首最好的歌《仰阿莎》。

“仰阿莎”黔东南苗语方言叫“仰阿瑟”或“仰阿桑”。音译是“清水姑娘”的意思，被苗族人民奉为“美神”。传说仰阿莎的母亲是水井，仰阿莎从水井出生后，渐渐长大成为“如花枝娇艳，面庞白又胖，鬓发柔如丝，额似米花白，双眸亮闪闪，闪闪亮如银，如银模铸成”的绝世美女。另有侧面描写仰阿莎的歌词：“去旁海看卯，渡条清水江，丝裙不挽低，挽齐膝盖处，脚后跟稍下，脚跟白如雪，人人都想追，追求仰阿莎，仰视怕花眼，眼花黑沉沉。”仰阿莎到底美到什么程度？仅仅雪白的脚后跟就给人无限遐想，美得让人不敢仰视！甚至各种鸟兽都倾慕她，追求她，但仰阿莎只和他们友好相处，没有接受他们的爱情，后来仰阿莎嫁给了热情的太阳。

但太阳“商人重利轻别离”，长年外出经商，留仰阿莎独守空房。在9年寂寞痛苦的生活中，只有太阳的弟弟月亮同情和安慰她。月亮勤劳善良，诚实温厚，仰阿莎从月亮那里得到了她不曾得到过的温暖。后来，她终于爱上了月亮，二人逃到了月亮的寨上结为夫妻。太阳得知后，跑回来找麻烦，要射死仰阿莎以解心头之恨。后经天狗理老评理，判定太阳败诉，月亮胜诉，仰阿莎改嫁月亮。为了调解矛盾，又判月亮把半壁江山赔偿给太阳，让太阳白天出来，温热山山水水，夜间月亮出来，给天下一片银光。

《仰阿莎》用丰富奇特的想象演绎了一个神话故事。故事的起因与发展，处处显示人与自然的和谐共处。故事的结局，彰显了天人合一的主题。

## 三、仰阿莎文化断层现状

仰阿莎在苗族民众心中具有很高的地位，在苗族文化中具有很强的代表性。在发展商品经济的今天，许多苗族商人使用仰阿莎给产品或公司命名，如仰阿莎工艺作坊、仰阿莎饭店等，甚至国家“十五”计划重点水利工程三板溪水电站形成的 80 多平方公里的水库，也命名为“仰阿莎湖”。《仰阿莎》这部民间文学，体现了人与自然和谐共处、“天人合一”的思想境界。

“仰阿莎”作为最好的苗族大歌，在民间流传了几千年。而今，在经济全球化新形势的挑战下，文化断层现象特别严重。目前，仰阿莎大歌主要是 50 岁以上的中老年群体在传唱；而年轻一代纷纷外出务工，没有传唱环境，她们的学习兴趣不浓；中小学生在学校多接受汉文化教育，苗族文化教育开展得较少，所以面临严重的代际传承危机，出现严重的文化断层现象。

## 四、《古歌笙笙——苗族古经》的收集出版工作为仰阿莎文化的传承提供契机

2013 年年度国家社科基金重大项目（第二批）评审立项工作完成，中国人类学民族学研究会苗学研究专业委员会副主任、贵州大学人文学院民族学人类学研究所负责人、博士生导师刘锋教授领衔申报的课题《中国苗族古经采集整理与研究》获得立项。该课题着力挖掘和阐发“古经”承载的民族优秀传统文化的思想价值。2019 年 6 月 11 日，由贵州大学人类研究所、黄平县文体广电旅游局、黄平县民宗局主办的《古歌笙笙——苗族古经》收集出版启动仪式在黄平县举行，黄平县、施秉县、镇远县、凯里市、安龙县、贞丰县、关岭县、镇宁县等地的民族文化专家学者都随即积极开展了收集整理工作，这无疑为仰阿莎文化的传承提供了良好的契机。

## 五、仰阿莎文化品牌打造

《古歌笙笙——苗族古经》收集出版工作的开展，为仰阿莎文化的传承提供了良好的契机。黔东南各县应乘势而上，切实制订相关传承方案，采取行之有效的措施，确保仰阿莎等优秀的苗族原生态文化在黔东南发扬光大。笔者认为，可以从以下几个方面来打造仰阿莎文化品牌。

第一，加强立法。结合黔东南州的实际制订《黔东南州民族民间文化保护条例》，运用法律手段，保护好民族原生态文

化艺术。2002 年 7 月，贵州省人大制定公布了《贵州省民族民间文化保护条例》，这是保护和发展民族原生态文化的重要举措。黔东南州是民族自治的地方，有关部门应抓住时机办好这件事。必须加大民族文化的整体立法力度，才能对民族原生态文化进行有效的保护、开发和利用。

第二，加大宣传力度。广泛宣传优秀的民族文化，让优秀的民族文化与旅游业挂钩是激活传承仰阿莎文化的关键。我州各县的旅游文化，往往“就景点谈景点”，几乎没提及仰阿莎等苗族古歌的人文文化景观。就连仰阿莎古歌的内容是什么，它与苗族文化及旅游文化的关联是什么，知晓率也不高。这样，怎么能谈得上把宣传与旅游相结合、互相挂钩呢？怎么会自觉地以仰阿莎文化活动为载体去展示丰富多彩的民族文化，让文化的保护与传承得到重视与关注呢？笔者认为，必须从黔东南的实际出发，通过建设旅游大州的机遇，让仰阿莎文化与游业挂起钩来，千方百计激活民族文化的人文元素，让民族民间文化在旅游消费中作为文化产业健康发展，使传统的民间文化真正成为旅游的重要资源，发挥其源泉和动力作用，增强旅游景点的吸引力和竞争力。

第三，加大投入。政策倾斜是发挥仰阿莎人文文化桥梁作用的根本。贵州周边的广西、云南、四川的民族文化利用得比较好，故而旅游业得以蓬勃发展，这是有目共睹的。广西以《刘三姐》电影为载体，推动了桂林的旅游业发展；云南以《五朵金花》和《阿诗玛》电影的人文文化作为云南旅游文化资源，推动了旅游大省又快又好地发展，这就是人文文化能推动旅游业发展的最好证明。苗族的仰阿莎与壮族的刘三姐，白族的五朵金花，彝族的阿诗玛，不都是民族民间文化吗？我们应该多学习借鉴他们的经验，以促进仰阿莎文化艺术的传承和利用。如果将优秀的民族文化与黔东南旅游业挂钩，给予政策倾斜，投入一定资金尽快把《仰阿莎》拍摄成电影或电视连续剧，这将有助于提高黔东南的知名度，促进苗族地区的经济发展。

第四，要传承优秀民族文化，弘扬民族精神。一要继续办好“凯里国际芦笙节”“黔东南原生态文化旅游节”“雷山苗年文化周”“台江姊妹节”“剑河仰阿莎文化节”“黄平谷陇九月芦笙会”“施秉刻道文化节”“施秉蝴蝶妈妈文化节”“施秉杉木河漂流节”等大型民族原生态文化活动，利用各种民族节日，充分展示丰富多彩的民族文化，为民族原生态文化进一步走向全国、走向世界开辟更加广阔的道路，为苗族仰阿莎原生态文化屹立于世界民族文化之林创造更多更好的条件。二要大量拍摄制作苗族原生态文化题材的电视纪录片、专题片和艺术片，通过各级电视台等媒体，广泛深入地宣传苗族优秀的原生态文化。要在利用各种媒体宣传的同时，积极创办多种公开出版的原生态文艺报纸杂志，把《仰阿莎》等优秀苗族文化作品刻成光碟，公开出版，使在全国各地务工的苗族青年随时都能观赏并学习。这样，优秀的民族文化才能得到进一步的传承。三要大力组建原生态民族艺术团（队），积极组织和支持他们到全国乃至全世界各地去展示演出，让苗族原生态文化艺术更广泛地展现在世人面前，赢得世界更多的认同和赞赏。四要真正抓实“民族文化进校园”。民族文化的传承发展，最终还得依靠下一代，学校是“下一代”的聚集地，因此，只有让“下一代”在富有民族文化气息的校园里浸染熏陶，才可能从根本上解决传承发展的难题。五要保护民族村寨的原生态元素，努力建设民族文化特色村。在民族文化的绿洲正在被迅速荒漠化的今天，只有靠政府行为才能阻止这块绿洲过早消亡。

## 六、总结

苗族是一个世界性的民族，苗族文化是中华民族优秀文化的组成部分。澳大利亚著名的史学家格迪斯在《山地民族》一书中说：“世界上有两个灾难深重而又顽强不屈的民族，他们是中国的苗族和分散在世界各地的犹太民族。”从远古的蚩尤部落开始，直到清代的张秀眉退守雷公山，苗族人民在大逃亡大迁徙中锤炼出了顽强不屈的民族精神，创造了丰富多彩的民族文化，《苗族古经》之所以被奉为“经”，就在于它积淀了丰厚的文化价值。

把《仰阿莎》打造成黔东南的文化品牌，让黔东南人民真正为生活在《仰阿莎》故乡而骄傲，这才是真正在践行习总书记在十九大上提出的“建设各民族共有精神家园”。

# 传承人与设计师

# 试论民间手工技艺复兴在传统村落保护中的价值

龙耀宏 *

今天结合“乡村振兴与传统村落文化保护”这样一个话题，谈谈复兴侗族民间传统手工技艺在乡村振兴中的地位和作用。

## 一、手工技艺与传统村落

侗族是一个没有真正意义上的工业的民族，侗族一直生活在传统的手工艺社会里。侗族的传统村落是农耕文明的栖息地，也是传统手工技艺孕育的摇篮，在今天手工技艺已经成为人们“乡愁”的一部分。

在过去的传统村落里，人们生活的方方面面都是自给自足的，因此手工技艺非常发达。过去农村寨子里几乎什么艺人都有，最多的是木匠，成年男性几乎人人都能来两下子，要是哪

* 龙耀宏，男，侗族，贵州天柱人，语言学博士，贵州民族大学二级教授。

家要建房子，随便都能请到寨上的木匠师傅，只要“把墨”的师傅召集就能组建好一支队伍，不到半个月，一栋木房子就建好了。木匠们不仅为本寨建房子，还被周围寨子请去建房子。木匠们平时有的给人家装修房子，有的给人打家具做嫁妆，有的打桶、盆、桌子、凳子、椅子等拿到集市去卖。窗花雕得好的木工，有钱的人家装修房子都去请他们，工钱自然也不一样。农村寨子里一般都有大片的竹林，竹子不仅是一道风景，还是一种生产资料，有的人以竹编为生，他们编篮子、箩筐、撮箕、筱箕、鱼笼、鱼篓等用具，应有尽有，工艺精良，受人喜爱。村里有会编晒席的艺人，每到秋收前就有人来找他们定做晒席。还有做斗篷的，做雨伞的，做香的，做银饰的，等等。妇女的手工艺主要是纺纱织布、挑花刺绣，20 世纪 80 年代以前，几乎家家都纺纱织布，姑娘们则绣花。在天柱高酿、石洞一带，打草鞋是妇女最主要的副业，除了自家用，也拿到集市上去卖，我就曾经帮母亲去茅坪卖过草鞋。过去天柱石洞一带的姑娘编的糯稻芯草鞋精致漂亮，常常作为她们与男青年“玩山凉月”时的定情品……传统村落的手工艺远不止这些，比如还有修锁的，刻章的，弹棉花的，刻字碑的，打石槽、做石磨的，等等。这些手工艺在那时候与其说是工艺技艺，还不如说是技能，因为掌握的人很多，有些技能几乎人人都会，只是手艺高低和产品的精致程度不同而已。

进入 20 世纪 90 年代以后，随着社会地快速发展，情况慢慢地发生了变化。社会在变，生活在变，艺人虽然还在，但他们的技艺好像已无用武之地。到今天，在短短的 30 多年的时间里，传统村落上述的工艺技艺除了像银饰技艺等个别门类外，90% 已经悄然消失了，现在绝大多数村寨再也找不到能“把墨”建房子的木匠师傅了。社会的变迁带来了传统技艺的消亡，传统技艺的消亡，加速了传统村落的衰败。

## 二、手工技艺的文化价值

为什么要重视传统手工技艺呢？手工技艺跟传统文化是什么关系？手工技艺跟传统村落是什么关系？传统村落保护要保护些什么东西？乡村振兴要振兴什么？有人把手工技艺简单地认定为只是某一部分人的生产技能，未能把手工技艺放到人类文明进步阶梯的高度加以认知和考察，把手工技艺看得简单了。那么手工技艺的价值在哪里呢？

我们认为，手工技艺是一个地方、一个民族文明程度的具体表现。手工艺是人类对美好生活追求的结果，是一种用创意装点人们生活的文化传统。随着人类现代生活方式地改变，我们已经不需要再打草鞋，许多曾经非常熟悉的手艺活会离我们远去，这也是历史发展的必然。然而，我们要认识到，手工技艺和手工艺品是蕴涵人类文明的原始工艺文化，是一种满足人的物质生活及精神生活需要的艺术。日本著名学者柳宗悦在他2006 年出版的著作《工艺文化》中对手工技艺价值有一段非常精妙的论述。他说：“只有工艺的存在我们才能生活。从早到晚或工作或休息，我们身着衣物而感到温暖，依靠成套的器物来安排饮食，备置家具、器皿来丰富生活……因此，如果工艺是贫弱的，生活也将随之空虚。”

手工艺是以手工劳动进行生产制作的，具有地方民族特色、独特生活气息和艺术风格，所生产的产品现在称为工艺品。手工艺品就是生活中具有审美情趣的器具和用具。手工艺是世代相传的，具有地方特征、民族特色，是传统文化的一个重要组成部分，属于文化遗产的范畴。在我国非物质文化遗产保护的十大类别中，有一个大类别就是“传统工艺技艺”，侗族木构建筑营造技艺、侗族鼓楼花桥建造技艺、侗族鼓楼营造技艺、侗族织锦染技艺、侗族藤编竹编技艺、侗族芦笙制作技艺、侗族银饰锻造工艺、侗族土纸制作技艺、侗族织染技艺、侗族乐器制作技艺等不少的手工技艺已被列为国家级或省级非物质文化遗产名录。名录中的工艺技艺固然需要得到有效地保护和传承，但是，一个民族、一个地方的手工技艺不是一个一个简单的项目，而是一个完整的体系，也就是说，名录以外的手工技艺都是应该得到有效保护和传承的。

## 三、手工技艺的衰落与复兴运动

手工技艺是农耕时代的产物，随着社会的发展，手工技艺的衰落成为社会发展的普遍性问题，这一点西方国家来得比我们要早。面对传统手工艺的衰落，从 20 世纪六七十年代起，西方国家就开始了范围广泛的“手工艺复兴运动”。虽然手工艺的复兴作为文化上的一种思潮，不可能从根本上改变社会生产的大趋势，但却充分肯定了手工艺品在人们生活中的地位和作用，同时启发人们进一步思考如何避免工业化对社会文化环境带来的不良影响。

20 世纪以来，保护和发展民间文化已成为各个国家文化发展的重要课题。在20世纪90年代的“乌拉圭回合”谈判中，法国提出“文化例外”的原则。新加坡开展“华语运动”以维护东方文化。日本、韩国把传统民间艺人视作国宝，称为“文化财”。我国台湾则实施了“民间艺术保存传习计划”，将民间艺术教育纳入中小学教学课程。由此可见，对传统手工艺的保护体现了人类的一种文化自觉，保护好这种文化就保护了民族文化的尊严。

## 四、手工艺复兴与村落文脉延续

过去的农村，家家户户的生产生活器具、享用物件都是自己或本乡本土的手工艺人制造的，材料是木、竹、藤、草等植物材料或石头，来源于大自然又回归到大自然，是生态的也是环保的，取之不尽，也用之不绝。反观现在，几乎所有的器具都是塑料制品，桶是塑料的，盆是塑料的，篮子是塑料的，水缸是塑料的，筷子是塑料的，碗、碟是塑料的，凳子是塑料的，管线是塑料的，袋子塑料的，扫把是塑料的，箩筐改为编织袋，晒席变成塑料布等，不一而足，还不算生产用的地膜。这些塑料制品在给人们的生产生活带来极大便利的同时，也带来了无穷的生态环境问题，现在的农村可以说是生活在塑料的世界里。由于塑料是不可降解的化学品，便宜但不耐用，用完以后随便丢弃，目前广大农村又没有垃圾处理设施，因此溪沟田角、路边屋旁随处可见塑料垃圾，造成十分严重的环境污染。因此，复兴传统的手工技艺生产，倡导使用传统的生产生活用具，回归传统的、生态的、环保的、健康的生态生活方式，一方面可限制或少用塑料制品，保护和传承民间的传统技艺；另一方面又能营造乡村美丽的生活环境，文脉可传，乡愁可记。

传统手工技艺复兴的另一个价值就是能丰富我们的旅游商品供给。就侗族地区来说，我们不缺旅游景区，独具特色的自然山水，丰富多彩的民族风情，是全域理想的旅游目的地，但侗族地区的旅游缺乏地方特色的旅游小商品，各地景区的商品没有多大的差别，大都是一些白铜银饰品和蜡染制品，还有很多的旅游商品是域外进来的东西，真正具有地方特色、民族特色的旅游工艺商品不多。如何解决这个问题？我认为复兴我们的传统手工艺产品，使传统的、有地方特色的生活用品工艺化，商品化，无疑是一条可走的路子。比如把传统的藤编器具工艺化，竹编器具工艺化，木制器具工艺化等，不仅可以极大地丰富旅游商品，还可以促进传统技艺的传承。

手工技艺是能融化到血液里的文化能力，也是传统的产业，对于广大农村来说易学易记易掌握，能够吸纳较多的劳动力，是精准扶贫的好路子，已开展的百万绣娘行动就是很好的事例。



## 五、传统手工产品要推陈出新



传统手工艺的衰落是现代社会转型的必然趋势，因而手工艺的复兴必须面对现实，响应时代需求，要不断“推陈出新”，适应时代的发展。

第一，传统手工艺要与现代生活相结合，满足和适应现代生活的需要。传统手工艺需要灵活运用于生产生活的方方面面，比如传统的绘画与雕刻工艺应用于传统建筑与装潢，在保持手工艺品基本特征的基础上，使其进入市场流通。刺绣也不一定都使用在服装上，也可以用于其他的装潢装饰。编织工艺除了用于生活器具，也可以用于装饰。工艺只有能满足人们的生活需要，才能发挥其功能。

第二，工艺的生命力在于创新。利用现代科技手段，加快传统手工艺品地不断创新是历史的必然。因为不管是从样式、质料还是从风格等方面来看，传统工艺品都已成为一种定式，有的已作为一种传统和规范而呈封闭状态。随着时代的发展，消费者的市场需求、审美情趣、消费行为都会发生变化，那种品种单一、款式重复的工艺品已不符合时代发展的要求。必须根据消费者的需求和最新的科技发展，将新技术、新材料、新工艺合理运用到具体的手工艺品生产中。传统文化只有与现代要素重新组合，才能融入现代社会。

第三，立足于传统，保留民族特色和地方风格，在继承中创新发展。民族特色和地方特色是旅游工艺产品的生命线，守住底线，在继承中创意发展。通道、三江的侗锦传承经验值得总结借鉴。

第四，有市场，有使用价值，才有工艺的存在。那么传统手工技艺的市场在哪里呢？我以为就在我们的生活里，在转型期的经济大潮中，就看我们如何把握当下这个社会的变迁，不为外来文化过度干扰。

# 生活化、艺术化、时尚化是民族传统工艺品传承与创新的定位

## ——谈谈侗族传统纯棉手工布艺品的传承与创新

龙初凡*

随着社会地进步发展，人们更注重生活品质，产品的选择，审美心理的需求呈现多样化，并且彰显个性需求。因此，自然质朴、简约舒适、绿色环保的理念已经成为世界消费理念的主流。民族传统工艺品需要在更高的层面和更广的领域得到更有效的传承、发展，为生活创新，让侗族传统工艺品为生活服务，为大众服务，真正让民族传统工艺上升为一种生计手段，为老百姓脱贫致富助力，推动侗族优秀传统文化繁荣发展。民族传统工艺品的生活化、艺术化、时尚化应该成为侗族传统纯棉手工布艺品传承发展与创新的一个新定位。

侗族传统纯棉手工纺织工艺历史悠久，工艺精湛。传统纺织工艺有平织和套织，尤其套织技艺要求很高，已濒临失传。许多优秀的侗族传承人都在为传承侗族优秀的传统文化努力

* 龙初凡，女，侗族，贵州三穗人，副研究员，原黔东南州民族研究所所长。

着、奋斗着，其中成立于2015年的贵州娘美布彩印染布坊是其代表之一，正极力抢救和传承、发展侗族传统纯棉手工纺织布艺，改良传统织布机和创新侗族传统染布技艺，融入了现代时尚元素，生产的布匹、服装、女式包、床上用品、挂饰、布偶、茶旗等文创产品，远销美国、法国及北京、上海、广州等地，年产值1000万元，并带动榕江、从江等周边地区上千名妇女就业。但作为一家民族企业，在资金、人力还较弱的现实情况下，在产品创新的投入上还须加大力度和速度。"为生活创新"，找到一个与国内国际大众消费理念与需求结合更紧密的切入点，让侗族传统纯棉手工布艺品成为千家万户雅俗共赏的生活品、艺术品。

第一，侗族传统工艺品的设计理念在传承、彰显民族传统文化内涵的基础上，要做到"雅俗共赏"，也就是民族传统工艺品既要成为一种艺术品，具有美学价值，同时也要成为文化产品，成为人们的生活用品，这样传统工艺品的创新才会具备社会价值和经济价值。侗族传统纯棉手工布艺品的生产设计要体现其实用性、民族性，就是要源于生活，贴近生活，回归生活。侗族纯棉手工布艺品具备了天然质朴、简约舒适、绿色环保的消费理念及主流的特点。所开发生产的生活用品类如服装、鞋、袜、包、床上用品等还可以加大力度。这类产品的消费群体定位是大众，受众面广，是重复消费的易耗品。日本"无印良品"的设计理念，倡导自然、简约、质朴的生活方式，产品包装简洁大方，以降低成本，口号是"物有所值"，这些都是值得借鉴的。无印良品从1980年诞生以来，一直秉承这个理念，现在在法国、英国、美国、韩国、中国等许多国家都有专卖店，说明传统纯棉布艺品的生活化是有世界市场的。反过来它又促进了传统工艺的可持续发展，形成了一个重要的国民产业。

第二，侗族传统纯棉手工布艺品的生产、设计要源于生活，高于生活，也就是要体现工艺品的艺术装饰性。尽管侗族传统纯棉手工布艺品也一直在探索这种艺术表现形式的产品，比如女式拎包、挎包、壁挂件、旅游鞋帽等，但是一直没有较大的突破，没有形成自己的品牌效应，社会、经济效益都不是很显著。因此，把传统布艺、刺绣、织锦、银饰品等民族文化元素进行巧妙的艺术结合，再创新设计，在突出民族特色工艺的基础上，彰显艺术的品味和文化内涵，以适应追求个性化的消费群体。比如在纯棉手工布艺制作的小方巾上加一点刺绣的点缀装饰或装饰边，就在生活化的基础上体现了艺术化，具有审美价值，其产品的经济附加值也得到了提升。

第三，侗族传统纯棉手工布艺品的生产、设计“为生活创新”，实际就是一种时尚化的体现，也就是传统工艺产品要顺应时代潮流，具有国际性。消费潮流与时尚是不受国界、民族、年龄、性别消费群体限制的。“民族的就是世界的。”我们的民族传统工艺产品要进入国际市场并引领消费潮流，必须立足于民族传统工艺并创新。黔东南州有一位苗族女企业家，她设计的一款服饰“铜钱衣”，就是以棉麻材质为基础的，在服饰的袖口、领口融入了苗族的刺绣蝴蝶妈妈图案，而蝴蝶妈妈是苗家的保护女神，在苗族人心里有崇高的地位，衣服的纽扣采用的是中国的古铜钱装饰，寓意天圆地方，财源滚滚来（广进），这也是中国传统文化。把苗族的传统文化内涵与中国传统文化寓意结合在一起，深受欧美国家的喜爱，成为欧美国家许多重要人物在重要商务洽谈等重要场合首选的服饰。10 多年来，这款服饰在美国的旧金山和加州博物馆卖得十分火爆，民族企业的经济效益和社会效益都显著提高，这为民族传统工艺产品的国际时尚化闯出了一条可借鉴的发展之路。

第四，侗族传统纯棉手工布艺品设计师的设计理念应该与民族文化传承人精湛技艺的表现手法保持在一个链接上，双方的设计理念或者创作构思要达到一个共同的艺术高度，做到紧密结合，资源共享，信息互通，而不是各自“闭门造车”，脱离生活，远离生活。民族传承人的产品要源于生活，要表达一个民族的生活或情感，赋予产品生命力，突出作品的生活性、民族性，彰显民族文化的艺术魅力，就能打动人心。而设计师则要站在时代潮流上，汲取民族传统文化的营养，赋予文创作品时尚性，使作品走向市场，提高民族传统工艺品的文化价值、艺术价值和经济价值。这样民族传统工艺品就能在体现民族性、艺术性、生活性、时尚性的基础上获得新的生命力，“为生活创新”，形成民族传统工艺品品牌，走向国际大舞台。

民族传统文化要“传承不离本，创新不离根”，这是民族传统工艺品传承发展与创新设计一定要坚持的原则。民族传统工艺品真正要做到“为生活创新”，既要回归生活，又要走向世界，任重道远，仅仅依靠侗族传统文化的传承人及有关的民族企业的努力是远远不够的，也是不现实的。民族传统工艺的传承发展与创新还需要政府的大力支持、企业间的合作、设计师创新的理念、专家学者的智力支持，只有做到了力量整合，资源共享，信息互通，才能发展共赢，侗族传统文化的传承、发展之路才会走得更加坚定，走得更加久远，侗族传统文化也才能成为全人类共享的文化成果。

# 浅谈贵州传统工艺保护与传承
## ——以苗族刺绣为例

李　佳*

文化自信是一个民族兴旺成长的内生动力，本文以苗族刺绣为例，探究贵州传统工艺在新时代下所面临的困境以及相应的对策，促使对其进行有效的保护与传承，让传统工艺的魅力继续无限闪耀。

## 一、苗族刺绣的简介

中国文化具有历史悠久、多样性等特点，传统工艺只是其中的一部分，但是传统工艺在中国文化发展中具有举足轻重的作用。传统工艺不仅仅是中国文化的重要组成部分，它还是地方文化的载体。众所周知，传统工艺来自民间，发展于民间，其自身散发着民间的淳朴气息。苗族刺绣以其优美的图案、精湛的针法、丰富的寓意，历代被人们称道，由此苗绣成为人们

* 李佳，女，汉族，河南省驻马店市正阳县人，硕士研究生，中南民族大学民族学与社会学学院学生，研究方向：散杂居民族关系史。

最熟悉的民族传统工艺之一。

### (一)苗族刺绣的起源

非物质文化遗产记载着中华民族文化的发展历程,引起国家和社会的高度关注。苗族刺绣代表了中国少数民族刺绣的最高水平,是苗族历史发展和文化传承的重要载体,2006 年 5 月 20 日,经国务院批准其被列入第一批国家级非物质文化遗产名录。有关苗族刺绣的传说有很多种,但被苗族人世代颂赞的只有一种。

苗绣是指苗族民间传承的刺绣技艺,其反映的是苗族人民的勤劳智慧,同时它也是苗族文化发展与传承的载体。苗绣主要流传于贵州省贵阳市以及黔东南苗族侗族自治州剑河、台江等地区,少部分流传于其他地区。据了解,苗族刺绣源于民族迁徙。传说远古时期一位苗族女首领,为了逃难,带领族民不断迁徙,由于族民对故土持有深切的感情,为了日后能够重回家乡,首领号召大家采用针线编织方式把行踪记录在所穿衣服上,每到一个不同的地方,就采用不同的针法和不同的色彩编织图案,比如翻过一座山,就编织山的形状,最终到达可居住的地方时,身上已经绣满了美丽的图案。[①] 就这样,苗族人民把自己的历史和文化一针一线地绣在了自己的服饰上。关于苗族刺绣的起源有很多种说法,但是这个传说是苗族人熟悉且公认的,这段美丽的传说也反映了苗族人无穷的智慧以及苗族刺绣的悠久历史。

---

① 阿多:《解读苗绣》,北京:民族出版社,2007,第 69 页。

### （二）苗族刺绣工艺及其特点

社会不断地发展变化，在一定程度上对苗绣也产生了影响。不同地区的苗绣由于地理环境等因素影响，其表现形式也有所不同。比如贵阳地区由于交通比较便利，苗绣展现出更多的时代元素，而且比较多地应用在文化产品上；然而黔东南地区的苗绣总体上传统色彩比较浓厚，主要应用于服饰。即便不同地区苗绣表现形式不同，但是其最基本的元素还是贯穿其中的，比如针法、图案、色彩等。

苗绣的技法多样，色彩比较绚丽，主要采用五色彩线进行编织，五色不断交叉配色，给人不一样的视觉感受。苗绣中图形对称协调，图案主要以花、草、鸟、兽、鱼、蝴蝶等为主，呈现出不拘一格的风采。据笔者在黔东南地区走访了解，苗族分为很多支系，每个支系的绣法是不同的。蝴蝶是黔东南地区苗绣共用的图案，传说因为蝴蝶妈妈创造了万物，所以蝴蝶在黔东南苗绣中占有重要地位。但由于每个支系生活环境等因素的不同，苗绣中展现的蝴蝶妈妈图案也不一样。比如黔东南苗族侗族自治州剑河地区属于红绣支系，其绣品主要以红色为主，以橙色、蓝色、紫色、黄色等为辅，图案以蝴蝶为主，其绣法主要采用抽象几何的方式勾勒蝴蝶图案。红绣在编织绣片中占主要部分，由于针法比较紧密，所以绣片间见不到一丝底色。这从侧面反映了苗族绣工的精湛。而有些支系是以刺实物图案为主来展现蝴蝶妈妈的，还有一些支系则是以蜡染的方式展现蝴蝶妈妈的。苗绣拥有独特的针法技巧，包括平绣、凸绣、辫绣、结绣、缠绣、贴花、抽花、打子、堆花等十多种。[1] 主要是因为苗族人在没有文字的情况下，借助针脚勾勒不同图案，把不断迁徙的历史、精神、文化以不同的形式展现出来，以表达自己的思想。比如剑河苗绣的工序主要是先穿线挑花，再画图案，最后进行配色，对于空隙的地方用不同颜色的花朵进行填充，很有地域特色。

以前，苗绣主要用于服饰上面，随着社会发展，我们可以在很多地方见到苗绣。据笔者了解，在贵阳地区人们除了把苗绣镶嵌在服饰上外，还用在窗帘、桌布、背包等上面，而黔东南地区还依旧坚持传统，把苗绣嵌在袖口、衣边上面。总体而言，苗绣所具有的特点没有改变：

第一，虚实结合。苗族人在刺绣过程中，并不是简单地对实物进行勾勒，而是善于运用分解法，根据想象力将实物展现在不同的地方，运用抽象构图艺术表达想法。

第二，是色彩鲜明。苗绣中的色彩选配主要采用亮色，浅色使用很少，比如剑河苗绣主要采用红配绿，蓝配黑等，以达到一种视觉色彩的冲击效果。

第三，画面自然，充满生机。苗绣中的图案主要源于大自然，鸟、鱼、草等都可以在苗绣中见到，苗族人凭借智慧将大自然穿在身上，构成一道亮丽的民族风景。

苗绣分为很多类，剑河苗绣只是其中一类，以上是笔者以剑河苗绣为例对苗绣起源、内容和特点进行的梳理，以便读者对苗绣有更清晰的认识。





---

① 高文麒：《贵州苗侗文化》，北京：经济科学出版社，2012，第106页。

## 二、贵州传统工艺保护与传承的问题

21世纪是“互联网+”的时代，当今社会是个不断变迁流动的社会。在当今时代下，传统文化不断受到冲击，传统工艺作为文化的一部分也难逃此命运。贵州传统工艺在发展中就出现不断走下坡路的情况，如水族马尾绣、苗族刺绣在发展传承中面临着传承人培养单一化、销路不佳、市场需求份额小、缺乏创新等问题。传统工艺传承人虽然在日常生活中也发现了众多问题，但是奈何自己能力和精力有限，无法顾及全部，造成有些问题越发严重。从众多保护与传承传统工艺的实践中看，传统工艺的保护与传承是一个多方协调合作的工作，国家、地方、社会、个人要多方合作，齐心协力解决传统工艺在保护与传承中所遇到的问题。

### （一）传承人培养方式单一

传统工艺作为文化的重要组成部分，需要不断传承发展才能历久弥新，适应新时代发展潮流。然而，现在传统工艺的传承人出现“断层”、老龄化等现象。究其原因，这其实跟传承人的培养方式有很大的关系。中国的传统工艺一般都遵循“家族传承，传男不传女”的原则，这就导致传统工艺传承人的培养范围狭小，传承人数量不多而且质量也不高的现象。苗家刺绣是贵州地区苗族特色的传统工艺，然而目前从事这项手艺的基本上都是老年人和一部分中年妇女，其他年轻人都认为这成本高，耗时耗力，收入不高，考虑到付出与收入不成正比，都纷纷出去打工，不愿意静下心来学习这门手艺，不愿意担负传承传统工艺的重任。所以，目前苗家刺绣传统手工艺面临着严重的接班人传承问题。

### （二）销路不佳市场需求小

现代社会是东西方文明交融的社会，人们受各种文明地冲击，消费观念在不断改变。很多年轻人乐于追求新鲜事物，对于传统工艺品持一种嫌弃的态度，认为传统工艺品上不了台面，因此都不愿再去购买有民族特色的手工艺品。苗族刺绣是苗族一种特色手工艺。苗族人民很注重节日的气氛，在重大节日时他们都会穿着带有本民族特色的服装，戴着本民族特色的首饰，以表示隆重。然而，现在更多本民族人们认为市面上的服饰首饰更精致，比较热衷于购买市面上的流行服饰。更关键的是，更多年轻人价值观转变，通常认为传统工艺样式老旧，没有时代气息，不时尚，对本民族特色服饰不再问津，逐渐地，传统工艺品销售大不如从前，市场份额越来越小，难于在市场立足。



### （三）造型陈旧缺乏创新

传统工艺拥有悠久的历史。传统工艺的传承人在传承这项技艺的时候通常都是为了传承而传承，一个工艺品造型图案可以延用一辈子甚至几代人，没创新、新颖的元素。苗绣以五色线织成，图案主要是由若干规则的几何图形组成，花草图案极少，几何图案也多为方形、菱形、十字形等，基本上一直以这种方式延续。众所周知，长时间看一样事物时，我们会产生视觉疲劳，传统工艺品也不例外。苗族姑娘在结婚时，父母都会为其准备绣有图案的服饰，如果仔细观察就会发现，现在的结婚服装图案与以往父辈是一样的，虽然这是一种有寓意的图案，但是时代在变，人们的价值观、审美观都在变，任何事物要想适应社会发展，必须要创新。传承人要善观时局变化趋势，抓住消费者心理，为苗绣注入新元素，让传统工艺品成为引领时尚的翘楚，如此才能更好地发展。贵州由于地理位置的缘故，比起其他地方，比如上海、北京，获取时尚气息方面比较滞后。所以，贵州传统工艺在新时代下更要拥有洞察时局的能力，兼收时尚元素，这样才能吸引更多消费者的关注。

### （四）没有核心品牌，知名度不高

传统工艺对于现代人尤其年轻人来说只是一个代名词，人们对其背后的文化内涵及寓意并不了解。每一个传统工艺品无论以何种图案和造型展现出来，都有其存在的意义。比如苗族刺绣中物象类的龙、猴子、狗；花果类的桃李、牡丹、玫瑰等。他们用不同的图像来表达自己的生活和感情，反映内心的憧憬。[①] 通常情况下，对于这种传统工艺采用的图案设计理念，只有工艺人或传承人才能道出其中精髓。现在，工艺品很多，工艺品样式也很多，但是人们却缺乏品牌意识。贵州是个多民族聚居的地区，各种各样的传统工艺品有很多且各具特色，但

① 龙玉良:《苗绣浅议》,《中共铜仁地委党校学报》2011 年第 4 期，第 63 页。

是这些传统工艺品却没有一个核心品牌，知名度不高，无法引起消费者的关注。

### （五）缺乏社会支持力度

由于人们消费观念和价值观在改变，传统工艺其自身的吸引力在退减，加上人们对传统工艺的文化了解甚少，因此现在的人们并不热衷于传统工艺和传统工艺品。而且，苗族的青年人，对民族刺绣服装穿得越来越少，苗族刺绣的消费力在退减，在民族自身内部无法引起重视，外部对其了解更少，更无法引起整个社会的关注，社会层面的支持在不断变小。

## 三、贵州传统工艺保护与传承的建议

### （一）改变传承人培养的单一化，多渠道培养传承人

传统工艺想要长久发展，传承和保护是其最基本的一方面。目前传统工艺的传承主要集中在家庭内部，范围太小，对于传统工艺发展有很大的局限性。贵州作为多民族聚居的地区，传统工艺各具特色，有很高的保护和传承价值，更应该做好传承与保护工作。可以从家族传承、社会传承、学校传承三个方面进行。

第一，传承人要有长远眼光，不能只把传承局限于自己家人之间，可以扩大到家族内部，对于家族里面对传统工艺感兴趣的族员，进行专门培养，手把手地教，给他们讲解传统工艺的文化价值，引起他们的重视。

第二，贵州省各级政府或传承人可以成立民族传统工艺

传习所或培训班，面向社会招生，请专业的传统工艺老师进行讲授有关传统工艺的知识和操作程序，在有限的条件下做到理论与实践相结合，充分利用资源，从源头上扩大传承范围。比如，西藏唐卡的传承人丹巴绕旦采取办唐卡艺术学校的方法打破传承的局限性，现在在唐卡艺术学校学习的有上千人。这种传承方式值得借鉴。

第三，国家和贵州省各级政府及教育部门应该重视学校传承，尤其是高等学校的教育，应该把传统工艺作为课程向学校推进，做到传统工艺与教育相结合。比如可以把苗家刺绣引进学校课堂，给学生进行理论讲解，传递刺绣文化。学校的学习具有集约化性质，学校有专业老师进行传授，学校的学生学习具有较大的灵活性，高等学校会针对课程配备相应的实践活动，可以更好地将理论与实践结合起来，这样就可以很好地形成一种灵活的授受关系。

### （二）借助新媒体平台，拓宽销售渠道

当今时代，要学会用当下条件为自己的生存寻找出路。当下是“互联网 +”时代，新媒体方兴未艾，对于传统工艺的传承与保护来说既是机遇又是挑战，对于贵州地区传统工艺的传承保护亦是如此。

贵州地区的传统工艺要学会借用新媒体平台，创造属于自己的舞台，展现自己的风采。自媒体的一大重要特点是将同类主题的内容集中呈现。自媒体的使用者大都是“草根、平常

人”，更具亲和力。[①] 贵州政府以及相关部门要为传统工艺打造具有自身特色的门户网站，利用新媒体主题集约化的功能为传统工艺推送不同主题文章。苗绣分为雷山苗绣、花溪苗绣、剑河苗绣三类，传承人或政府可以寻找它们的相同点，推出同主题文章，同样，可以根据它们的不同点，推出专栏特色文章，这样读者可以更好地了解各自特点，勾起读者购买欲。传统工艺传承人要借助新媒体音频、视频功能对苗绣的制作程序、构造、文化内涵进行解读和展示，让社会上更多的人了解其文化价值。同时手工艺人还可以借助互联网，新媒体平台，进行线上销售，开办培训专门从事线上销售的手工艺人，把线上销售和线下销售结合好，推动传统工艺品走向海内外。贵州的苗族刺绣传承人可以借助新媒体打造自己的文化平台，根据刺绣的种类不同，图案造型不同，设置不同的栏目窗口，定期推送相关文章，这样可以很清晰地让观众了解苗族刺绣，有利于对刺绣的推广。

### （三）改变设计理念为传统工艺注入新元素

社会在发展，观念在改变。传统工艺要想更好地适应社会发展，不仅要拓宽销售渠道，占领市场，更为重要的是要改变自己的设计理念，为传统工艺注入新元素，让传统工艺品走向时尚前沿。贵州传统工艺传承人在不失传统工艺艺术性的基础上，要适应时代发展，学习新时代所赋予的文化内涵。贵州政

① 王建罡:《传统手工艺传承保护与新兴自媒体建设探索》,《产业与科技论坛》2018 年第（17）5 期，第 237 页。

府和传统工艺保护部门要组织传统工艺传承人学习新理论、新知识，及时为传承人送去时代发展的春风，让其了解现代社会人的观念，消费理念及需求，以便及时改善传统工艺技术，以迎合受众的消费心理。

### （四）打造核心品牌由礼品经济向品牌经济转化

由于传统工艺品是民族文化的载体，大多数人都喜欢以此作为礼品送给自己的亲朋好友。苗族的刺绣图案有以花草为主的，有以动物为主的，不同的图案寓意是不一样的，所以，苗族刺绣的传承人就可以把这些图案与现代元素结合在一起，形成具有民族特色的核心品牌，推动传统工艺走向市场，让传统工艺品的经济价值发挥到最大限度，以此来带动本民族的发展。贵州传统工艺比较多，特色化又比较明显，贵州政府或非遗保护机构可以对其进行归类，针对不同类型、不同特色，设计不同的品牌，推动传统工艺品向市场进军，借助传统工艺品的经济效益来带动本地区的经济、文化发展。

### （五）加大宣传，扩大内需

广告的价值就在于广而告之，它可以让观众更好地了解它并消费它。传统工艺要想生存，就要为自己打造特色广告，提高宣传力度。贵州传统工艺传承人可以利用省市电视台平台，打造属于自身的特色栏目。首先，让本省本地人们了解它，爱护它，购买它。其次，传承人还可以带着传统工艺参加国家和社会举办的特色传统工艺展示活动，借助活动平台宣传自己，推动传统工艺走向社会和全国，让更多人了解、关注它。

## 四、总结

综上所知，贵州传统工艺在当代社会中存在传承人难续、销售渠道缺乏、市场需求小、没有核心品牌、缺乏社会支持力度等问题；在互联网+的社会中，贵州传统工艺要具有一览众山小的姿态，着眼于当代发展的趋势，利用网络为自己寻找发展渠道，根据自身特色打造核心品牌，为自己拓宽销售渠道，提高市场需求度，采用多方案培养传承人。传统工艺保护与传承不是单方面工作，而是多方面合作的工作，从长远来看，贵州传统工艺在未来传承与保护中，政府、传承人、社会要协调合作，做好非遗保护工作，推进传统工艺的长久发展。

# 试析侗族传统工艺振兴的路径选择

向同明*

侗族先民在长期的生产实践过程中，通过与木、竹、藤、草、土、石、银、铁等自然物地不断接触和运用，总结和传承了独具侗族文化元素与工艺理念的侗族传统工艺。他们所创造的这些工艺品在一定程度上解决和满足了侗族人民在生活中的物质与精神需求。然而，随着农耕文明向工业化、城市化转型，侗族传统工艺不同程度地受到影响，面临失传的危险。文章结合国家提出的“乡村振兴战略”及“中国传统工艺振兴计划”，总结侗族传统工艺，概括分析侗族传统工艺传承现状，探讨振兴侗族传统工艺的对策，以期能够对侗族传统工艺的振兴、繁荣发展提出一些参考建议。

## 一、侗族传统工艺概况

2017年3月12日，国务院发布《中国传统工艺振兴计划》，

* 向同明，男，侗族，贵州锦屏人，硕士研究生，黔东南州文化研究所馆员。

该“计划”对传统工艺进行了阐释，即指“具有历史传承和民族或地域特色，与日常生活联系紧密，主要使用手工劳动的制作工艺及相关产品，是创造性的手工劳动和因材施艺的个性化制作，具有工业化生产不能替代的特性”。[①]

什么是侗族传统工艺？目前，学术界尚未有统一的定义。笔者认为，侗族传统工艺主要是指侗族先民在长期的生产实践过程中，通过与木、竹、藤、草、土、石、银、铁等自然物的不断接触和运用，以人为核心，手工创造了与这些物产相关的雕、刻、塑、剪、绘、织、染、绣、锻、冶、削、磨等工艺方法，通过长期的经验总结和积累，形成了独具侗族文化元素、审美方式、工艺理念和工艺规范的手工技能知识体系。

侗族人民在适应自然环境与社会环境的发展过程中，形成了依山傍水而居的聚落格局。宋代朱辅《溪蛮丛笑》这样描写侗族人民的居住环境：“五溪之蛮……沅其故壤，环四封而居……”其意为以四面高山或原始森林作为屏障地带，且有小河流过。如此的自然地理环境，形成了“自然、和谐、包容、朴素”等民族文化内涵，其传统工艺也深受自然环境和民族文化的影响，形成工艺精湛、兼收并蓄、自然朴素、实用性与艺术性有机结合的传统工艺特点。其工艺品主要有服饰、刺绣、织锦、印花、银饰、建筑、彩绘、雕刻、造纸、剪纸、刻纸、藤编、竹编等类别。其中，纺织品类有侗锦、侗布、侗帕，比如通道侗族织锦技艺、锦屏侗族刺绣、黔东南侗族服饰分别于2008年、2011年、2014年列入国家级非遗名录；侗族建

① 国务院办公厅：《中国传统工艺振兴计划书》，2017年第3期。

筑有鼓楼、风雨桥、戏台、民居、寨门、禾仓、凉亭等，比如广西、贵州侗族木构建筑营造技艺列入国家级非遗名录；侗族竹编、藤编工艺有篮子、晒席、箩筐、鱼篓、簸箕等，比如三穗竹编、会同竹编技艺等都列入省级非遗名录；侗族银饰有颈圈、项链、耳环、手镯、戒指、银簪、银花等，比如锦屏侗族银饰锻造技艺列入县级非遗名录。以上列举的这些工艺品是侗族传统工艺的具体艺术、生活方面的表现，它们在一定程度上解决和满足了侗族人民的物质与精神需求。

## 二、侗族传统工艺传承现状

随着全球化、城镇化进程的加快，塑胶材质的工业化产品在农村生产生活中的普及，近20年来侗族地区的传统工艺受到巨大的冲击。侗族是稻作民族，农业和手工业是其主要生计方式，随着农耕文明向工业化转型，农业在新的生计方式中其比重和意义不断下降，手工业在侗族人民生活中的比重和意义也不断降低。如此，作为手工业发展基础的传统工艺也失去了原动力，遭遇了前所未有的严峻危机，主要表现在以下方面：

### （一）侗族传统工艺传承后继乏人

因塑胶材质的工业化产品占领了农村手工业市场，侗族传统工艺品市场缩小。如靠某一传统工艺谋生，难以养家糊口，导致年轻一代学习传统工艺的兴趣不高，甚至血缘传承的传统工艺也面临失传的危险。侗寨中的青年男女纷纷外出务工谋生，一个村寨能够掌握和愿意传习传统手工技艺的人越来越少。据调查，当前掌握侗族传统工艺者，主要集中在30岁以上的人群，但是30岁至55岁年龄段的工艺传承人大多外出务工，从事与自己所掌握的技艺无关的工作，仅55岁以上的老年人在家偶尔操持。可以说年轻一代侗族青年对侗族传统工艺不感兴趣，导致了侗族传统工艺在传承与发展过程中面临后继乏人的困境。

### （二）工艺传承人知识结构单一

侗族传统工艺类别多，涉及面广，数量大，但是传承人只掌握或擅长某一方面的技能知识，在信息化、市场化、经济全球化时代，传承人知识结构单一的特点尤为突出。仅传习祖辈、父辈传承下来的技艺，导致传统工艺传承人对技艺的创作与创新能力不足，以致工艺品市场需求量减少，甚至出现传统工艺品与现代生活脱节，不能更好地融入现代生活。工艺品失去市场需求的这块土壤，其工艺自然难以存活。许多工艺传承人生活难以为继，被迫改行另谋生路。因此，传统工艺传承人在提高工艺水平的同时，还需优化工艺知识结构，形成多元工艺知识体系，促进传统工艺的繁荣发展。

### （三）产品设计、研发力量单薄

事物是变化发展的，在侗族传统工艺面临巨大社会变迁和文化变迁的市场经济时代时，部分年轻一代传统工艺传承人也在不断地探索侗族传统工艺的创新发展之路。比如侗族服饰类工艺，榕江县侗族绣娘杨春懿于2012年成立榕江县侗乡人民服装厂；黎平县肇兴侗寨的侗族绣娘陆勇妹、陆彦梅 2014 年成立了侗品源旅游商品服务有限责任公司。她们对侗族服饰和侗族传统的蜡染技艺进行开发，研发设计适应市场需求的工艺产品。但通过采访黎平县侗族绣娘陆勇妹、陆彦梅、陆婷、石庆兰，榕江县绣娘杨春懿、欧阳仁惠、赖蕾，从江县侗族绣娘石明香，锦屏县侗族绣娘陈显月、龙令香、王红炎等工艺传承人，发现侗族纺织类工艺目前在设计、研发方面尚未形成专业团队，产品的设计、研发能力不足，导致侗族传统工艺的相关产品比较单一，其他类别的传统工艺亦是如此。

## 三、侗族传统工艺振兴对策

如何在新时期，尤其是在《中国传统工艺振兴计划》《中华人民共和国非物质文化遗产保护法》《国家级文化生态保护区管理办法》《贵州省非物质文化遗产保护条例》等相关纲领性文件的指导下，结合侗族传统工艺的传承与发展现状，从实际情况出发，本着《中国传统工艺振兴计划》的总体目标、“五个”基本原则以及“十项”主要任务，探寻振兴侗族传统工艺的对策。

### （一）加强工艺传承人才的培养

侗族传统工艺的传承发展，离不开人才的培养，而侗族传统工艺人才的培养主要集中在技艺传承、研发设计、管理营销等方面。如何创新侗族传统工艺人才培养方式，解决侗族传统工艺的技艺传承后继乏人，研发设计、管理营销人才短缺等问题，笔者认为可以采取多种方式相结合的人才培养模式进行相关人才的培养。比如可以采取传统工艺进校园的方式，把侗族传统工艺融入当地的学校课堂当中，在丰富学校课堂教学的同时，亦可以增加学生对民族文化的认同以及对侗族传统工艺的了解。而且，还可以通过职业教育，采取实地教学与远程教学相结合的方式，在吸取现代学校学徒制教育经验的基础之上，加强企业与传承人、从业者的合作关系，实现“产、教、学、研”人才创新培养模式，为侗族传统工艺的振兴输送更多的人才资源。

此外，可以组织侗族传统工艺传承人（群）参加研修、研习和培训，提高传承能力。比如，贵州省文化和旅游厅、省民宗委等部门联合实施《贵州省传统手工技艺助推脱贫培训计划》，采取“送出去”的办法，重点培养民族传统手工艺研发、创新人才，优秀学员在返乡后充分发挥辐射带动作用，成为振兴传统工艺，带动村民脱贫致富的带头人。

### （二）加强侗族传统工艺传承体制建设

2016 年，贵州省文化厅与苏州工艺美术职业技术学院率先在雷山县成立传统工艺贵州工作站，以工作站为平台，开展研修研习培训、示范引导、品牌培育等活动，提高传统手工艺的市场竞争力，助推乡村振兴，形成了行之有效的文化富民经验和模式。传统工艺贵州工作站的建成及其积累的宝贵经验，为侗族传统工艺传承体制建设提供参考和借鉴。今后可以引进品牌企业，利用企业成熟的管理方法和产销机制来促进侗族传统工艺的传承和创新发展。

### （三）对侗族传统工艺进行数字化保护

侗族传统工艺的保护，目前侧重于文本保护和开展技艺培训班，而数字化保护亟待加强。可以组织非遗保护中心、融媒体中心、高校、科研院所等机构，重点搜集现存的侗族传统工艺实物进行数字化保护，采取影像、音像、图像的多媒体化编码记录，并结合市场经济的需求特点，为侗族传统手工艺创建新的生存空间，实现新的社会价值。结合文化生态区建设和传统村落保护政策，对侗族手工艺进行活态保护传承，使传统工艺得以传承和发展。

在有条件的村寨建立展示馆，引进数字化高科技设备，对侗族传统工艺分布的自然环境、人文环境、材料、工艺流程、工艺品需求市场、仪式需求、传承人等进行影像拍摄记录，积极探索馆藏式的数字化保护模式。然后，建立档案数据库，对采集到的侗族传统工艺实物、传承人、工艺流程、传承场的文字、图像、音像等进行数字化筛选、处理，复原和再现侗族传统工艺的文化基因、工艺元素、知识与技艺及传承人信息，创新共享和体验式传播展示空间。做好数字化保护工程后，对有市场开发条件的传统工艺项目，可以进一步创新开发，比如形成包括数字影视、数字游戏、数字动漫、数字教育、数字应用、网络信息服务等方面的数字资源产业链，以实现侗族传统工艺的存续、共享、创新与再生。

### （四）加强侗族工艺品牌创建

近年来，贵州省文旅厅、省民宗委、省文联、省民协等部门着力打造民族文化艺术优秀品牌，先后举办民族蜡染、民族建筑、民族银饰、民族刺绣、民族剪纸、民族制茶工艺等传承人高级研修班、竞技竞艺、优秀作品展览等系列活动。这些政策促进了侗族传统工艺的传承发展和品牌建设。

当前，侗族地区在推动传统工艺振兴上，涌现了一些作坊、工作室、传习所、技术协会、合作社等传习机构和产销公司，但是在工艺品牌建设方面还处于起步阶段，很多体制尚未健全，急需做好相关的规划，避免仿品扰乱传统工艺品市场。在开展侗族传统工艺品牌创建时，应结合侗族文化特点，提倡以“自然、和谐、优美、环保”的社会理念来创造设计侗族工艺品牌。《中国传统工艺振兴计划》中就明确指出，要“鼓励研发绿色环保材料，改进有污染的工艺流程，加强生态环境保护”。[①] 环保是工艺品牌建设的根本宗旨，这样工艺品才有生命力。我们可以借鉴国内外一些工艺品牌的创建经验来建设侗族工艺品牌，如“无印良品”的成功经验就值得学习。

### （五）加强侗族传统工艺市场化产销体制建设

市场需求是传统工艺品存续的根本所在，侗族传统工艺的市场化发展，离不开健全的产销体制。《中国传统工艺振兴计划》提出“鼓励商业网站与相关专业网站设立网络销售平台，帮助推介传统工艺产品”。[②] 在创新发展侗族传统工艺时，要为传统工艺品寻找好市场销路，而销路离不开工艺品产销信息

① 国务院办公厅:《中国传统工艺振兴计划书》，2017 年第 3 期。

② 国务院办公厅:《中国传统工艺振兴计划书》，2017 年第 3 期。

共享平台。为此，要抓好侗族传统工艺信息共享平台的建设工作。比如建立侗族传统工艺电商平台、微信公众号、工艺品网站、APP 等信息共享平台，规范信息发布准则，确保提供及时有效的供求信息资源。

## 四、总结

随着乡村振兴战略和传统工艺振兴计划的实施，侗族传统工艺面临一个复杂的传承环境，但也迎来了最好的传承机遇。在《中国传统工艺振兴计划》实施的背景下，侗族传统工艺的传承与发展事关人才培养、理论和技术研究、产品开发、市场拓展、行业组织建设、生态环境保护、国际交流等诸多工作，是一项系统工程。它需要来自政府、企业、高校、传承人、设计者以及社会各界人士的广泛参与和互动，建立起"政府主导、企业运作、专家支持、传承人参与、社会互动"的传统工艺传承与发展协同创新中心。我们有理由相信侗族传统工艺的传承与发展在这一系统工程的实施下，必将能够实现创造性传承与创新性发展。

# 名录解读

# 国家级非遗名录：苗族贾理

黔东南州文化研究所

《苗族贾理》是由黔东南州文化研究所于2007年1月申报的国家级非物质文化遗产代表性名录，经文化部评审，于2008年6月入选第二批国家级非遗名录民间文学类（序号563，编号Ⅰ–76），保护单位为黔东南州文化研究所。黔东南州申报第一批国家级项目都是由以县（市）为单位，由各县（市）组织申报。由于《苗族贾理》分布范围较广，涉及全州大部分县（市），于是由州级统一申报，是黔东南州第一批跨县（市）申报的项目之一。

## 一、概述

《苗族贾理》是黔东南苗族民间文学中的一种古典文类，也是苗族地区最经典的历史文化记忆集成。它集创世神话、族源传说、支系谱牒、知识技艺、宗教信俗、民俗仪礼、伦理道德、诉讼理辞和典型案例于一身，荟萃了苗族的原典文化，集中反映了苗族的精神和意识，体现了苗族人民的智慧和情感。它是苗族言史述典的范本，也是苗族栽岩议榔、举行祭祀盛典和重大节庆活动的根本依据，更是苗族先民言行必遵的神圣准则。它传承固有文化，塑造族人性格，促成民族认同，增强内聚力，实现对苗族社区的有效管理，从而推动苗族社会的有序发展，发挥了极其重要的历史作用。

随着社会的变迁，苗族自立自主的传统社会解体，贾理的社会管理功能急剧萎缩，它的教化功能也一度受到质疑和限制。但作为长期影响苗族历史命运的丰厚的文化遗产，《苗族贾理》潜在的文化学、人类学、史学、哲学、宗教学、文艺学、语言学的研究价值十分可贵，是其他文化遗产不能比拟的。贾理的主体精神与现代社会所崇尚的公正、公平、正义原则异曲同工，它在历史上的成功之处，是构建和谐社会的良鉴，民族地区应予以特别的关注。贾理还存在特殊的实用价值。在一些苗族聚居的乡村，至今还把贾理直接运用于民间非诉讼调解，成为现行法规的有益补充。

贾理通过师承习得，通晓贾理、为人公道、众望所归者是被苗族社区公认的精神领袖，通常称之为理老或贾师。20 世纪 50 年代，理老制度受到政治冲击，大多不敢收徒传授。目前，懂得贾理者已经不多，通晓贾理者寥寥无几。贾理在历史上广泛流行于苗语黔东方言区，目前在黔东南仅限于比较偏远闭塞的苗族聚居乡村。

据调查，贾理现主要分布在凯里市舟溪镇、下司镇和凯棠乡，丹寨县的兴仁镇、大兴乡、南皋乡和扬武乡，麻江县的铜鼓镇和宣威镇，黄平县的新州镇、苗陇乡、谷陇镇和黄飘乡，施秉县的杨柳塘乡，台江县的方召乡，剑河县的岑松镇、太拥乡和南哨乡，榕江县的兴华乡、计划乡、朗洞镇的色同村、宰牙村、高略村、宰帮村、两汪乡和古州镇，从江县的加勉乡、加鸠乡、宰便镇、停洞镇和下江镇，雷山县的丹江镇。贾理集中分布于月亮山区，其他地区都属于分散分布。

## 二、历史渊源

《苗族贾理》是苗族的一部叙事述典、教化人心、整合社会的口述经典巨制。根据已出版和待出版的苗汉对译的《苗族贾理》文本，几乎看不到汉语借词，其定型期可断在清代改土归流之前，其草创期则可推至社会复杂化程度较高的父系社会中期。其中关于万物之起源等内容，当取自更早时期产生并传承下来的神话传说。其余内容是历代有选择地层累叠加上去的。

历史上，苗族以议榔（栽岩）立法、理老司法、鼓社执法来维护苗族社会的稳定和发展。议榔是跨越不同聚落血缘宗支鼓社盟会立约的活动，由此产生的规约，体现了公众的意志和利益，人人必须遵守。最早的规约即最早的古规古理，它与族源传说、祖宗崇拜以及相关天地形成、卵生万物、鬼灵和人祖的神话传说结合，便构成了贾理的雏形。以后随着社会的演进，人与自然、人与人之间的关系复杂化，人类面临的困惑和难题越来越多，于是才有了人类对生存环境的不断调适，有了各种知识技艺的不断发明创新，于是才有了一次次议榔和人际关系的调整，贾理的内容也不断调整和丰富起来。尤其是负责处纠判案的理老，往往会将由他经手的成功典型案例，精心加工提炼，充实到本地的《苗族贾理》版本中去。临近的理老相与效法，经典案例和理辞也就越来越多，贾理在维护社会有序发展中的作用也越来越大。

黔东南苗族自立自主的传统社会秩序在清代雍正年间被打破，但很快就爆发包利、红银为首的苗族反清大起义，七省清兵数万人赶来镇压，双方都付出了惨重的代价。战后，朝廷不得不采取“风俗治理”的政策，为此，乾隆专门下了“苗众一切自相争讼之事，俱照苗例，不得绳以官法”的圣旨，所谓“苗例”，当是指苗族按贾理治理地方的传统惯例。

民国年间，汉人戴星武主政炉山县（现凯里市）舟溪区，专门邀请当地的理老到区公所坐堂办案，一时大治，至今仍引为美谈。

中华人民共和国成立以后，《苗族贾理》成为政策法律的有益补充。许多苗族的乡规民约就是在政府指导下，充分吸收贾理的合理内涵制订出来的。一些复杂的案件，法院判不服的，理老用贾理去评断，当事双方都服判，绝无反复。无怪乎基层干部慨言：“光懂政策，不懂贾理，当不好干部。”历史事实和现实都说明，贾理不愧为苗族弥足珍贵的非物质文化遗产。

目前，黔东南掌握贾理的人已不多，全部掌握的人更少，且大多已是风烛残年，其濒危程度令人担忧，抢救工作已经到了刻不容缓的地步。

## 三、基本内容

黔东南州文化研究所在制作申报文本时调查发现全州贾理

传人100人左右，他们分属10个县（市）。根据他们提供的信息，各地《苗族贾理》民间版本的内容有同有异，各具特色。相同的是，它们的第一部分都从开天辟地、运金运银、铸造日月、射日月、请日月，卵生万物鬼灵和人类始祖说起，继之叙述人类始祖与雷公斗法，导致洪水淹没大地；洪水消退后，兄妹无奈成亲，人类得以繁育，接着是人口压力或民族纷争，苗族先民大迁徙，各支系分迁各地……这和《苗族古歌》内容大致相同，只有从江版本略异。从江《苗族贾理》中无运金银、打柱撑天之说，并认为日月是原本就有的，多余的日月也用不着去射下来，而是通过栽岩立约，由一对日月分别轮流出来照亮。这些关于苗族族源命运的史话传说既是族群认同的依据，也是《苗族贾理》赖以产生和传承下来的基础。尽管贾理会因社会变化需要对《苗族贾理》原有内容做出相应的调整，但绝不涉及上述经典性的内容。第二部分各地版本都有关于早期婚姻制度的演变，中古时期的分支开亲，贾理从天上来，以贾理治地方、议榔、栽岩、造鼓祭祖，以及古代知识和技艺发明创新等方面的内容，其差异主要表现在编排的顺序上各有先后，具体内容也各有侧重，甚至大异其趣。如议榔、栽岩都是性质相同的盟约活动，都是真实发生的事件。但从江的《苗族贾理》，却有一系列虚拟的有关天地之间、动物之间、植物之间、动植物之间，以及人类与动物、植物甚至非生物之间的栽岩立约活动，昭示了苗族谋求与自然和谐共处的理性和睿智，也显示出从江贾理独具的地方特色。

从总体比较来看，差异最大的是：从江，榕江和丹寨及凯里南部的舟溪镇，丹寨兴仁镇、南皋乡，麻江铜鼓镇，宣威镇和凯里开发区的《苗族贾理》中，保留了较多富含哲理、法理意味的动植物之间的矛盾冲突的虚拟案例，和属于神话的日月争妻案；而凯里北部的凯棠乡、台江的革一乡，黄平的谷陇镇、新州镇，施秉的杨柳塘乡、剑河岑松镇，三穗的台烈镇，已少有甚至没有了这类动物植物故事案例。它们大多已从《苗族贾理》中淡出，成为口头文学中的童话寓言故事和富于哲理性的儿歌。至于“日月争妻案”这个著名的婚姻纠纷案例，竟演化成神话爱情叙事歌《仰阿莎》。但世俗社会人际纠纷的案例和专用的成套理辞却丰富多样，这可能是黔东南苗族主体部分从榕江分迁到各地以后，各自所处的人文环境不同，文化选择有所不同所致。

## 四、主要特征

第一，区域民族性。贾理以苗语黔东方言传播，流行范围仅限于苗语黔东方言区，贾理的使用者也仅限于该方言区的苗族，因此，它的内容、功能、适用场合、表述方式、传承方式诸方面，都具有鲜明的民族性和区域特征。

第二，知识性。《苗族贾理》记述和反映了宇宙天地、万物神灵和人类的起源、苗族数千年的历史发展脉络、古规古理、信仰、习俗以及古代各种知识技艺的发明运用，涉猎广博，知识信息量居各苗族口述作品之冠，被誉为苗族的百科全书。

第三，文献性。《苗族贾理》记述苗族中近古以来在黔东南境内分支开亲、分流迁居，以及各支系与异族之间的交往传说，证之以苗族的其他口碑，大都可以指实，具有可靠的文献价值。

第四，神圣性。贾理集中体现了苗族人民的人生观、自然观、文化观、价值观，反映了苗族的民族意志和根本利益，是苗族人判别善恶是非的根本依据和为人处事的最高准则。

第五，权威性。在苗族传统社会里，榔社组织依据贾理议榔立法，理老依据贾理司法，寨老或鼓藏头依据贾理主持公共事务和执法，巫师依据贾理主持祭祀和祈禳；在社会管理领域，贾理俨若苗族的宪法，具有至高无上的权威。

第六，实用性。贾理大量用于排解纠纷，评理断案，就是在走向法治的今天，贾理依然是国家法律政策的有益补充，频频用于民间非诉讼调解。

第七，语言美。《苗族贾理》讲究表达效果，一句话之意，两句去陈述，形成一组对偶句，上下对仗工整，语词声调高低升降、起伏跌宕，极富韵律美。其句式以五言为主，兼以少量长短句，长短交错使用，并选用大量同义词、反义词，以及运用比喻、排比、拟人、夸张等修辞方法，形成《苗族贾理》特有的语言表达技巧。民间大量的谚语、格言就是出自《苗族贾理》中富于哲理、情趣的优秀对偶句。



## 五、重要价值



《苗族贾理》具有多学科的研究价值，贾理记述和反映了苗族古史中传说的时代至清代中期的发展脉络，涉及文、史、哲、经、法、科技、宗教信仰、伦理道德、风俗习惯等领域。从知识意义上讲，《苗族贾理》堪称苗族传统知识的百科全书；

从精神信仰的意义上讲，其可谓苗族的圣经；从社会管理的角度看，不愧为苗族的习惯法典，因而具有十分可贵的多学科研究价值：

第一，《苗族贾理》是关于天地形成、卵生万物到人类社会形成的神话，折射了苗族先民古朴的宇宙观、自然观、社会观，是探究苗族原始哲学社会思想的基石。

第二，《苗族贾理》是关于万物有灵、人神同源、人祖争大的神话传说和对于制鼓祭祖缘起的描述，是探讨苗族原始宗教巫术和祖宗崇拜的最佳切入点。

第三，《苗族贾理》是关于兄妹开亲（订婚）、嫁男嫁女、分支开亲和大量婚姻纠纷的案例、理辞，是研究苗族婚制婚俗及相关伦理道德、礼仪风范的绝妙参考。

第四，《苗族贾理》是关于苗族中近古以来支系分流的原因、去向、路线的追述，连支系名、异族名、人名、地名，以及可推断年代的血缘代数，都有明确的交代，并大都可以指实，是苗族支系断代史、宗族史和族群关系史的可靠口碑史料。

第五，《苗族贾理》是关于贾理来源、功能和栽岩议榔以及大量直接用于调解纠纷的故事案例和专用理辞的记述，反映了苗族习惯法实践的悠久和成功。苗族地区要构建和谐社会，贾理是最值得研究和借鉴的苗族文化遗产。

第六，《苗族贾理》是中很难找到汉语借词，古词甚多，内蕴丰厚，是苗族语言学研究最好不过的系统资料。

《苗族贾理》还具有实用价值，有多方面的知识技能的记述。

第一，《苗族贾理》记述的古老苗历，在一些地方依然沿用不衰。主要用于选择日子，把握季节，指导生产生活。

第二，《苗族贾理》记述的农技、匠艺、加工、织造等传统知识技艺，大多至今仍在沿袭使用中。

第三，《苗族贾理》在一些地区仍被用于非诉讼调解，效果甚佳。

第四，《苗族贾理》中的不少篇目，仍被一些地方选作历史文化知识传播、伦理道德教育的口头教材。

## 六、传承保护

《苗族贾理》是传统苗族农耕社会的产物，清代改土归流后，其社会管理功能受到巨大冲击，旋即又在官方推行“风俗治理”的百余年中，重新发挥重大作用。但在咸同起义失败后，清廷在苗疆正式推行保甲制度，贾理的社会管理功能便渐趋式微了。20 世纪五六十年代的贾理传人，普遍受到政治冲击，贾理的道德教化功能也受到了普遍的怀疑和全面的制约，造成如今仅存的贾理传人大多都是耄耋老人。据调查，在黔东南 180 多万的苗族人中，发现才 100 多人懂贾理，且分属 10 县市区的偏远山乡。另外，改革开放 20 多年以来，山乡的青年人大多都有到大都市和发达地区打工的经历，他们的生活方式、价值取向都发生了不同程度的变异，对《苗族贾理》这样古老的文化经典大多并不知晓，知晓者也大多态度冷漠，无动于衷。因此，贾理的传承面临着空前的危机。

《苗族贾理》的传承保护分三个阶段，第一阶段是清代中期以前，大致是改土归流之前，苗族社会基本处在自治状态；第二阶段是改土归流之后到 19 世纪 80 年代后期，苗族社会逐渐被官方介入，最后完全由政府管理；第三阶段是《苗族贾理》进入国家级非遗名录之后。

第一阶段，是纯民间传承和保护。贾理是苗族的制度，又是苗族的教材，传承和保护是依照苗族社会规范来开展的。贾理传承，有一套完整的机制，主要形式是师傅办班招收学徒，和学校教学相似。由于贾理内容多记忆难，为了便于学习，老师（贾师）发明了贾片，配合念诵的节奏排放和拾起，以增加记忆。贾片是约1尺2寸长的竹片，4片、8片、9片或12片为一组，由一节竹筒破成，不用任何修饰。用1尺2寸长的竹筒或木棒（木质不限）制成贾棒，不用任何修饰。使用时贾棒横置于地，以架放贾片。贾撬，约1尺2寸长的竹片，在一端（1尺1寸）处用火烤再掰弯，不用任何修饰。每念一句，把贾片拾起一片，念完一段拾起贾撬。再念下一段时，按原来的顺序把贾片放在贾棒上，徒弟跟着师傅念诵和拿放贾片。由于各地贾词长短不同，所以4片、8片、9片或12片为一组。目前，在贾理流传区，仍然用这一方法学习。

第二阶段，苗族社会发生了深刻的变化，特别是中华人民共和国成立之后，《苗族贾理》逐渐失去了规范人们行为和调整社会关系的功能，年轻人对学习贾理也失去了动力和兴趣。“文化大革命”期间，贾理又被当成“四旧”加以限制和消灭，逐渐被人们淡亡。改革开放以后，国家重新重视民族传统文化，各项民族文化活动逐渐恢复。由于贾理的特殊性，恢复其传承形式比较难，特别是打工潮出现之后，贾理传承更难以为继。这阶段贾理传承和保护工作主要为抢救性收集保存。经过文化、民委、学校和相关部门及个人的努力，收集、翻译和整理出版了一批不同地区和不同版本的《苗族贾理》。对《苗族贾理》民间口承版本的翻译整理，始于1956年，形成20余份汉译文本，除了一份可称为地方性全本外，其余为零星篇章。由于不是苗语和汉语对译对照版本，不能用于传承和学术研究，其价值也受到一定影响。1996年贵州省民委古籍办内部出版了苗汉对译的《苗族理词》，但口述者有限，得到只是《苗族贾理》的部分篇章。2002年，贵州民族出版社出版了一部相对完整的苗汉对译《苗族理辞》，遗憾的是没有任何注释。丹寨的王凤刚，20世纪七八十年代就录下10位理老口述的《苗族贾理》，由贵州大学出版社出版，是一部比较完整的丹寨凯里一带的版本。

第三阶段，《苗族贾理》进入国家级非遗名录之后，《苗族贾理》的保护工作就进入了一个新阶段。传承与保护工作结合，抢救性保护和恢复传统传承方式结合，同时利用各种民间活动开展诵贾活动，以促进和激励保护。在拯救性保护方面，收集翻译了都柳江流域版本的贾理，出版了《贾词选译》一书，还保存了大量的不同地区的版本的音频和视频资料。在传承人保护方面，全州贾理基础较好的地区建立了6个贾理传习所，请贾师办班收徒弟学习贾词。恢复传统的传习方面，对于传习做得好的贾师选入不同级别的代表性传承人名单，目前，国家级1人，省级2人，州级1人，县级多人。遗憾的是近几年有多位有名的贾师去世。为鼓励传承和记述贾师活动，保护单位（州文化研究所）编写了《贾师传》一书。根据保护计划，在办好传习所的基础上，编写《贾理案例集》，收集相关资料，为建立数据库做准备。

# 国家级非遗名录:《仰阿莎》

黔东南州文化研究所

《仰阿莎》，由黔东南州文化研究所于2007年1月申报国家级非物质文化遗产代表性名录，经文化部评审，于2008年6月入选第二批国家级非遗名录民间文学类（序号548，编号Ⅰ-61），保护单位为州文化研究所。黔东南州申报第一批国家级项目都是由以县（市）为单位，由各县（市）组织申报。由于《仰阿莎》分布范围较广，涉及全州大部分县（市），于是决定由州级统一申报，是黔东南州第一批跨县（市）申报的项目之一（同时入选的还有州文化研究所的《苗族贾理》和州民族医药研究所的《侗族医药》《苗族医药》）。

## 一、历史渊源

《仰阿莎》是流传于黔东南地区的苗族长篇神话爱情叙事歌，一部完整的《仰阿莎》长达万余行。传说仰阿莎是一个从水里诞生的姑娘，美丽非凡，能歌善舞，又能吸引百鸟百兽来找她谈情说爱，但都没有打动她的芳心。后来太阳看上了她，派乌云来做媒，仰阿莎轻信了乌云的话，与太阳结了婚。太阳是理老，经常外出给人处理纠纷。婚后不久，太阳就去东海给人当理老评理断案，成天沉醉于人们对他的夸赞中，忘了家中还有一个漂亮的妻子。太阳一去六年不回，家里的一切事情全部由仰阿莎一个人独自承担。勤劳的月亮，经常给仰阿莎帮忙，天长日久，仰阿莎与月亮产生了爱情。他们私奔到一个遥远的地方去定居。后来，月亮和太阳双方请理老评理，理老支持月亮与仰阿莎永远在一起，但江山必须让给太阳，从此太阳永久占据了白天。

不同地区的《仰阿莎》内容也有所不同，其演唱形式也不相同，形成不同的口头版本，这些版本覆盖面与服饰区域基本吻合，不同的服饰区有不同的版本。《仰阿莎》在各地流传过程中，除形成了不同的口头版本外，还形成了不同的演唱习俗和禁忌。清水江北岸的黄平、施秉的苗族已婚的妇女可以在家里哼唱，而未婚的姑娘只能在室外演唱。黄平服饰区的苗族则全部由男子对唱，女子则在旁边聆听。剑河的演唱没有室内和室外的禁忌，但限同辈人对唱。凯里舟溪为中心的中短裙服饰区也有《仰阿莎》，现在已经失传，据说此歌不能随便唱，唱不完要出人命，丹寨、麻江、雷山等地情况也与此相似。也许是由于这一原因，无法找到当地版本，也弄不清它的原貌。《仰阿莎》在民间心中是“最美的歌”，在作家的眼里，它是值得改编的好题材。

《仰阿莎》不仅在苗族民间流传，也为作家提供了创作改编的题材，迄今一共发表了仰阿莎题材的剧本6个：曹雨煤的歌舞剧《最后的天堂》(发表于《贵州剧作》)、潘洪波歌舞剧《仰阿莎》、杨光全的电视剧《仰阿莎》、李凡玉的歌舞剧《仰阿莎》、伍略和韦文扬合作改编的电影文学剧本《仰阿莎》(作家出版社出版）、韦文扬的歌舞剧《仰阿莎》。韦文扬的《仰阿莎》还获得2005年戏剧文学奖金奖。

《仰阿莎》的完整文本和传唱人虽然日趋减少，但仰阿莎的名字却广为流传。它还影响到社会经济的各个方面。黔东南境内最大电站三板溪水电站水库命名为仰阿莎湖，剑河县的矿泉水以仰阿莎为注册商标，一些城镇街道、广场、公司和艺术团体以仰阿莎命名。

## 二、基本内容

《仰阿莎》是用苗语传唱的神话爱情叙事歌。“仰阿莎”苗语的意思是“清水姑娘”。由于方言的差别和记录者采用的汉字谐音不同，故还有“仰欧桑”“仰奥瑟”“仰欧色”等。《仰阿莎》不同的版本有较大的差异，主要表现在三个情节上，直接影响到人们对仰阿莎的评判和对文本的评价。一是凯里凯棠、黄平东坡、剑河部分文本说月亮是太阳的长工，或者说月亮是太阳的弟弟兼长工。这是后起情节，有明显阶级社会的痕迹。二是太阳离家的原因及其身份，东坡和三穗寨头文本说太阳是商人，他几年不回家是在外面经商去了，东坡的文本说得更具体，说太阳做马生意去了；凯棠的文本说太阳的身份是理老兼商人。“太阳商人说”是晚期的附会，特别是马生意显然是苗族早期社会不可能发生的事。三是仰阿莎的归属，只有寨头—兴民版本说仰阿莎最后判给了太阳，可能是受到汉族封建婚姻观的影响，认为月亮拐人妻子是不道德的，而仰阿莎应该回到自己丈夫的身边。不同版本还有在一些枝节上有所差异，不同的版本歌花多少也不等。

《仰阿莎》演唱场合和习俗差异较大。《仰阿莎》在剑河、台江、凯里部分地区，作为婚宴的酒歌对唱。凯里忌讳唱完，因为后面涉及仰阿莎的改嫁，与喜宴气氛不和谐，尤其对新婚者的婚后生活来说不吉利；剑河正好相反，唱完才能显示出歌手的才能。黄平、施秉和凯里部分地区，把《仰阿莎》当作自由婚姻的歌来表达，与游方对歌有密切的联系，和其他对歌一样忌讳在室内演唱，但并不是游方所唱曲目。青年男子到外寨与其他宗支姑娘对唱前，主人选出两位男青年邀请客人与之对唱《仰阿莎》，对唱必分胜负。剑河、台江、三穗不分场合，但要同辈分不同宗族才能对唱，如果在酒席上对唱，也忌讳同一个房间里有不同辈分的人。

《仰阿莎》的基本内容是演唱的“歌骨”，主要情节基本固定。“歌花”是《仰阿莎》的重要组成部分，是由于演唱形式需要而产生的。“歌花”内容与“歌骨”文本有一定的关联，但没有直接的联系。有的“歌花”在《仰阿莎》文本中有较固定的穿插地方，有的是歌手的即兴创作，“歌花”的长短由歌手决定。



《仰阿莎》是苗族的长篇叙事歌，完整的版本按民间的说法是“唱三天三夜”，共万余行，是五言盘歌体（问答式）。已经过民间艺人和相关学者搜集并整理的有 6 个文本，少的 1200 多行，长的 7000 多行。



## 三、主要特征

第一，《仰阿莎》是苗族人民长期传唱的长篇神话爱情叙事歌，具有广泛的群众性和民间传承性。《仰阿莎》具有口头性、集体性和变异性特点，用苗语口头演唱、集体参与演唱和传承，在传承中产生变异，形成了多个口头版本。

第二，《仰阿莎》反映了古代苗族人民的自然观、婚姻观、价值观，仰阿莎是苗族人民塑造的美神。

第三，《仰阿莎》具有苗族歌谣的主要特点，是五言体苗歌的代表。每句都是五个音节，最后两个音节（至少最后一个音节）必须是同一个调值即押调，前面的三个音节调值高低相间，两句对应的音节高低相反，形成高低错落、抑扬顿挫的音乐效果。

第四，完整的《仰阿莎》文本，包括以基本故事情节为“歌骨”和以演唱时歌手即兴创作的“歌花”组成。

第五，不同版本（与服饰区基本吻合）的演唱习俗差异较大。

## 四、重要价值

第一，文学价值。《仰阿莎》是迄今发现的苗族最长的叙事歌，以盘歌形式演唱，唱法独特，富有鲜明的民族特色。《仰阿莎》不仅在苗族文学史上具有很高的地位，同时也对苗族的歌谣特别是叙事歌的发展有重大的促进作用。《仰阿莎》修辞手法多样，形式活跃。修辞手法有外貌描绘、心理刻画，采用夸张、重叠、顶针、对偶、比拟、排比、比喻等方式，增强场景的气氛和效果。比喻是《仰阿莎》使用最多的一种修辞方法，对某一人物或某一细节，从不同的角度进行比喻，使人印象更加深刻。《仰阿莎》以顺叙为主线，“歌花”以“插花”的形式切入，这一唱法不仅运用得当、插入自如，还增加了《仰阿莎》的艺术魅力。

第二，音乐价值。《仰阿莎》，不同的版本使用不同的唱法，唱法多种多样。各版本的演唱曲调和演唱习俗又直接相关，进一步丰富了苗族音乐的内容和形式。

第三，学术价值。《仰阿莎》是一部神话叙事歌，反映了苗族的古老自然观、生活观、价值观和社会观，具有文化学、社会学、民族学、民俗学、历史学等多方面的学术价值。

## 五、传承与保护

### （一）传承谱系

《仰阿莎》是集体性演唱的歌谣，在传承上没有明显的师承关系，传承谱系不明晰，是家传（祖传）、拜师和自学三种相结合，不同的歌手有不同的学唱方式，有的只有一种，有的兼用多种。家传是家庭多代都会唱，由多人在不同时间传给后代；拜师是专门跟一个歌师或几个歌师学习；自学是没有专门拜师也没有家庭背景，是在听他人传、唱中学会的。在《仰阿莎》还广泛流行的年代，大部分歌手向多人学唱，或者以一个歌师（包括家长）为主然后向多人学唱，现在由于会唱的歌师越来越少，才出现较为明显的师承关系。现在剑河县、凯里市和三穗县以家传为主，剑河的柳旁和三穗的寨头传承谱系稍明显，黄平县以自学为主，其他县则有多种传承方式并存。

### （二）分布情况

《仰阿莎》主要分布于黔东南州苗族侗族自治州清水江流域的苗族地区，少数分布于都柳江流域。在行政区上，分布在 8 个县市：黄平县（谷陇镇、黄飘乡、新州镇、旧州镇、苗陇乡、翁坪乡）、凯里市（凯棠乡、湾水镇）、施秉县（城关镇、双井乡、马号乡、杨柳塘乡）、剑河县（岑松镇、观摩乡、久仰乡、太拥乡、革东镇）、三穗县（台烈镇）、台江县（施洞镇、老屯乡、台盘乡、革一乡）、榕江县（古州镇、朗洞镇、两汪乡）、黎平县（平寨乡、尚重镇）。

《仰阿莎》是苗族广泛流传的长篇神话爱情叙事歌，随着经济和社会的发展，《仰阿莎》流传面在缩小。据调查，《仰阿莎》至少有 8 个版本，其中，台拱—番省和雷山—巴拉河版本已经消失，现存 6 个版本。1956 年出版的汉译本，是以巴拉河畔台江、雷山和凯里 45 位歌手的演唱综合整理形成的，现在巴拉河地区和整个雷山县的版本都已经消失。凯里的旁海版本里仰阿莎是天神所生，最后被天神收回天庭，演唱时要全部唱完，不然得罪天神。由于现在没有人可以唱完，所以都不敢唱，《仰阿莎》只留下了一些片段。麻江也有类似的说法，唱不完不吉利，《仰阿莎》在麻江也已经消失。

改革开放以后，由于现代科技的推广，生活节奏在加快，人们的活动范围扩大。传统的婚恋习俗也已经改变，《仰阿莎》的演唱已经失去了原来的大部分文化土壤。随着各种大众传媒越来越普及，特别是电视进入绝大多数苗族家庭，《仰阿莎》的传习受到很大的冲击。

随着汉文化和现代科技的影响进一步加大，学唱《仰阿莎》的年轻人越来越少，会演唱完整的绝大多数是老年人，加上大量年轻人外出打工，带来各式外来文化活动，更加快了《仰阿莎》的消失。对《仰阿莎》的抢救保护已经刻不容缓。

### （三）保护措施

#### 1. 文本保护

已经采取的对《仰阿莎》的保护措施，主要是对文本的记录和翻译。从 20 世纪 50 年代开始，贵州省文联派人到巴拉河地区搜集《仰阿莎》，当年就出版了第一个汉译本即《民间文学资料第 1 集》。“文化大革命”结束后，文联联合文化、民族部门着手抢救民族民间文化，在凯里和台江等地用苗文记录《仰阿莎》。1983 年贵州省民研会（现民间文艺家协会）编印了苗汉文对照的《仰阿莎》(即《民间文学资料第 62 集》)。与此同时，各县文化馆也对当地《仰阿莎》进行记录翻译整理，黄平、施秉、剑河等县内部出版了汉译本。此外，一些个人也从不同的角度记录《仰阿莎》，州民委的杨文瑞和吴陪华、凯里市民委的张文用苗文记录了多个歌手多个版本的《仰阿莎》，凯里运输公司子校的姜柏不仅记录了各个版本的《仰阿莎》，还记录了不同地区的演唱音乐。“仰阿莎”资料库有调查报告 40 篇，州文化研究所已把《仰阿莎传说》交稿至贵州人民出版社，待出版。

剑河县把传说仰阿莎出生的地方巫包开辟成为旅游区，并在村口立牌介绍仰阿莎的故事，鼓励人们学唱《仰阿莎》，对《仰阿莎》起到了间接的保护作用。

**2. 建立传习所，开展培训会**

2013 年 6 月至今先后在雷山县郎德村、黎平县平寨乡纪德村、凯里市凯棠镇凯哨村、剑河县岑松镇稿旁村、施秉县城关镇、三穗县台烈镇寨头村、黄平县苗歌协会建立《仰阿莎》传习所。2012 年 10 月在剑河县召开了为期三天的全州《仰阿莎》保护传承暨培研讨会。2013 年 11 月，在台江县举行为期三天的全州《仰阿莎》保护传承暨培研讨会。通过两次培研讨会，为项目相关单位和代表性传承人提供了相互交流的平台，增强了对该项目的抢救和保护工作的紧迫感。

**3. 拍摄图片、音频及视频**

从项目实施保护以来，总共拍摄图片 500G 和音频 32G。2015 年由州文化研究所出资，联合州电视台前往台江县施洞拍摄《仰阿莎》视频宣传片，先后调研拍摄视频共 6T。图片、音频及视频的拍摄起到很好的宣传效果，能够让人们从视觉上更直观地了解仰阿莎文化，唤起苗族同胞们对自己文化的觉醒，引起更多人和相关部门的关注。

**4. 申报非遗保护专项资金**

2017 年，州文化研究所申报非遗保护专项资金，用于《仰阿莎》的保护。2018 年至 2019 年 11 月期间，我所在前期工作的基础上，继续开展深入调查，即对《仰阿莎》流传的六个版本地区继续跟进、收集整理资料，建立完善传承人档案，采集《仰阿莎》的传承、流变情况。2018 年 9 月，在三穗县开展了一次仰阿莎歌手赛。根据申报项目书内容，项目结束时，将出版《仰阿莎》文本和音乐研究、文化（习俗）研究、传承和利用三个专题书籍。

# 专访对话

# 国家级文化生态保护实验区建设

## ——对话陈华文教授

向同明

**专家简介**

陈华文，教授。2007 年入选省五个一批（理论）人才。现为浙江省非物质文化遗产研究基地主任，校非遗研究所所长，民俗学硕士点负责人等。同时兼任中国民俗学会常务理事、中国立春文化研究中心主任、中国民俗文化产业研究中心副主任、中国梁祝文化研究会副会长、浙江省民俗文化促进会副会长、浙江省民间文艺家协会副主席、浙江省文化产业学会副会长等。浙江省哲学、历史和新闻与传播学教指委委员等。论文被《新华文摘》《社会科学文摘》《高等学校文科学术文摘》及《人大复印资料》转摘与复印。出版《浙江民俗史》《浙江民间丧俗信仰研究》《丧葬史》《吴越丧葬文化》《民俗文化学》《文化学概论》等 30 余部著作。主持各类课题 20 余项，成果获浙江省哲学社会科学优秀成果（浙江省人民政府）一等奖一项、三等奖两项，浙江省高校优秀科研成果奖一等奖等其他奖项 20 余项。

**采访者：**向同明

**向同明（以下简称向）**：陈老师，您好！很荣幸您能接受我们的采访，我们想就“国家级民族文化生态保护实验区建设工作”方面的一些问题向您请教，聆听您的真知灼见。

**陈华文（以下简称陈）**：好的。

**向**：非遗产生于民间，繁荣于民间，与当地的社会、人文、自然环境密切相关。您觉得文化与生态是怎样的关系？文化生态如何平衡？

**陈**：首先纠正一下，民族文化生态保护实验区，叫文化生态保护实验区，这是国家确定的。文化与生态，文化它是一个整体，当然它也可能是一种个体，文化与文化之间互为表里的这种现象，我们可以称它为文化生态。因为一种个体性文化它是依存于另外一种文化的。现在我们公路修得多了，汽车使用得多了，所以马车、驴车，包括骑马等就消失了。你看一种新的文化出现，另外一种文化就消失了，这就是我们所说的文化与文化之间的这种关联性。所以，当我们没有汽车这样一种东西的时候，我们就有马车、驴车等。当年我们就留下了茶马古道，生产生活当中各种各样的用品通过这条古道来运输，而现在我们还有汽车、火车、飞机，有很多其他方式来完成，所以茶马古道上的文化就逐渐消失了。茶马古道文化消失了，从事这个工作的人员消失了，相关的文化也消失了，那养马的人也消失了，为茶马古道上的商队积极服务的有些特别的行业也消失了，你看这就是文化互为表里的这种关系。那么一种文化跟另外一种文化实际上相互之间是互为生态，所以文化保护实际上是整体性的，不是简单的保护。

再说到文化平衡，它是相一致的独特的保护方式，就是当我们对这种以非物质文化遗产为核心的独特文化进行保护的时候，实际上我们同时要保护相关的一些文化。比如说，我们这两天可能去看过他们那儿（云南迪庆州）的一些民族舞蹈，那么保护民族舞蹈的时候，我们应该知道，他们这种民族舞蹈是相互依存的，跟它的一些节日，跟它的一些喜庆日，也包括跟它的一些信仰、祭祀活动等是相依存的。那我们就不能仅仅保护这个独特的舞蹈形式，必须要保护与它相关的节日、喜庆日的相关的独特文化，也包括祭祀、信仰，因为只有在那些独特场合里跟它结合在一起的文化，才具有生命力，那么这种文化实际上才是平衡的。所以我们保护的时候就不能只是保护非遗，不保护其他相关的这种文化。因为与其相关的文化消失了，那这个非遗它可能也走不远。再说我们要保护它的生命力却没有融入他们的生活、生产或者他们的信仰，那也是不可能的。

**向：**建立文化生态保护实验区是在中国实践的一种较好的非遗保护模式，这在世界上来说也是比较独特的，您能跟我们分享一下建立文化生态保护实验区的社会背景和意义吗？

**陈：**我们知道，我们这个非物质文化遗产的保护是一个最重要的背景，有了非物质文化遗产保护，我们就有了所谓中国独特的非物质文化遗产保护模式的探索。当然中国独特的保护模式有很多种，比如说，你提到的文化生态保护区的这种保护模式，我们还有生产性保护这种模式，也有很多地方在探索非遗小镇的保护模式。当然最近几年也有研修、研培计划等，还有工艺美术站和其他相关的，比如传统工艺振兴结合的这种保护模式，还有多种。其中一个最显著的，也是提到最多的就是文化生态保护区。文化生态保护区这种模式最早出现在改革开放初期，社会变革带来的对传统文化，也包括对非遗这种传统文化的冲击，使我们有了要保护它们的这种动力。因为一个民族的独特性，并不取决于GDP究竟达到多少，更重要的是直接体现的、独特的，跟我们生活相结合的、民间的这种文化。当然我们也有方方面面的其他文化，那种文化有很多，它是理想性的，不是实践性的。一种文化在某一社区、某个族群里面出现的时候，它常常会发生一些异化，不可能完全按那些精英人士所设计的模式发展。而民间的这种文化是非常真实地跟生活结合在一起的，最具有特色，别的地方是很难模仿的。改革开放之后，从农耕社会向现代工业社会的转型和发展，带来了很多冲击，包括对传统文化的冲击，就像我们前面说的文化生态的很多前置条件改变之后，我们有很多新的独特文化出现了一样。于是这个时候，我们在改革开放不断深入的过程当中，意识到了另外一个问题，就是通过回顾我们所走过的路，意识到我们究竟该干什么？我们就意识到了必须保护我们独特的优秀传统文化，因为这样子才可以保证我们文化的独特性、独立性，还有就是为世界整个文化多样性贡献我们独特的成果。所以是在这么一个独特的社会背景下形成的，我们所说的传统文化或优秀传统文化的保护是借助于联合国教科文组织文化遗产的一种保护方式。

加入《保护非物质文化遗产公约》之后，整个国家承诺保护优秀的传统文化，就是非物质文化遗产保护在中国的实践，走出我们自己独特的一条路子，这个过程当中就有一个被称作文化生态保护区的这种模式。文化生态保护区的模式，就是来自我们对非物质文化遗产的整体性保护，这就是非遗保护三性之一，即整体性。当时的整体性主要是针对非物质文化遗产项目，因为我们知道一个项目它要存在，它并不仅仅是因为项目本身，而且包括项目相关联的独特的那些内容，实际上多样性保护才能够传承下去。比如说，我们的陶瓷，我们中国被称作“瓷器的国家”，我们陶瓷类的保护项目在国家级非遗保护名录当中的非常多，瓷器的传统技艺我们一般侧重某一个人，制作的某一个作品。当然这个技艺的内容，实际上它可能会涉及很多其他方面的东西，比如说瓷土、陶土。你比如说像烧陶、烧瓷的话，要用大量的松木枝等，如果没有松枝的话就没法烧制。所以我们在保护瓷土的时候，就要附带着保护柴禾，当然我们还要对制造窑口的技术进行保护。我们现在比较多的是对制陶艺人的保护，还有对烧制过程当中的独特技艺的保护。

当然还有很多对雕刻技艺的保护，有时候雕刻不是一个大师或一个人就能完成的，比如陶瓷上绘画技艺的保护，因为这些都是连带的，我们就要有一个整体性的保护。整体性保护针对的是项目，那后来我们在探索的过程中就拓展成为一种我们所说的文化生态区的保护，各种项目，各个区域相互关联，那么这种关联在非物质文化遗产项目被确定和项目保护的整体性被确定的时候，可能忽略了一些细节性的东西，比如说它的独特空间，或者人与人对这个文化的认同等。所以我们创建一个新的整体，就把它叫作文化生态保护区，用文化生态保护区的这种方式，划定一定范围进行保护，所以说它是非常独特的。

回过头去看，文化生态保护区确确实实是中国的实践成果，或者是中国智慧的一种结晶。在中国整个非物质文化遗产保护这个领域，应该说是最具有创新性的，在世界上其他国家是没有这样实行的。项目制是联合国确定的，传承人的保护形式是从日本、韩国开始的，它们有自己独特的称谓叫作人间国宝或保有人，非物质文化遗产它们叫“无形文化财”，传承人叫持有人等，这是非常独特的称呼。当然我们的非遗保护也有等级和类别，比如说我们项目有四级，我们非遗法里面有非常明确的四级项目保护制度（国家级、省级、地市、县区级），我们也有四级传承人制度，这个是我们在向其他国家学习的基础上发展起来的。但是文化生态区这种保护是我们独有的，在非遗保护当中具有实践意义，目前我们国家对它非常重视，所以对其他国家和地区在保护非物质文化遗产当中有特别的借鉴意义。

**向：**2019 年 3 月 1 日《国家级文化生态保护区管理办法》正式实施，这对今后的非遗文化生态保护有重要作用。您觉得如何处理好文化生态保护区建设与地方经济和社会发展的关系？

**陈：**保护条例的出台，使非物质文化遗产、文化生态区保护走上一条依法保护，依法行政的道路。所以它应该有特别的价值，更何况管理办法具有可操作性，具有很多非常明确的要求和目标。在文化生态保护区保护的过程中应该怎么去做，首先保护是最重要的。以保护为主的话，那最重要的前提就是需要投入，政府需要投入。其次保护之后我们也应该利用，合理利用，十六字方针里面有合理利用的要求。合理利用就是在保护的过程当中可以跟我们社会经济的发展比如旅游业相结合，这样就能产生一定的效益。

非物质文化遗产项目有很多，有些跟我们市场经济的GDP目标相一致，比如跟旅游业相结合，它都是有一定经济价值的。比如像技艺类的，传统技艺、传统美术、传统医药等这些，它都可能创造价值，只不过这种手工的形式，跟大机器生产还是有一定差距的，但是它是有价值的，当然这种价值可能跟地方政府投入保护的过程当中所产生的效益（直接看得见的）比，可能并不是那么明显，实际上这个并不矛盾。因为保护非物质文化遗产，或者整体上从生态区角度来保护非物质文化遗产，表面上看可能在当下或目前的GDP方面不一定很明显，或者收益不一定很大，但是从长远的可持续的角度来看，它的效益可能非常大。比如说一个生态保护区做得挺好，传统文化它保持得特别好，它没有消失，也没有被毁灭、破坏，那么今后它的差异性、独特性会越来越明显。那么从这个角度来看，这种形象推广也是有意义的。比如一个地方要打造一个非常好的形象，不可能用简单的一个数据，比如能赚多少钱呀，或者带来多少收益呀来衡量。但是你可以非常明显地感觉到，你要投入多少钱才能树立好这个形象，这方面我们还是可以做一些比较的。比如说某个地方要在央视或其他媒体宣传，就要投入广告费，生态保护区也有很多地方要宣传或者要展示，但这种建立好的形象的投入，可能是其他投入无法比拟的。当然最后这种我们所说的经济名片的作用会持续地产生效益。从市场效益来看这个问题，有些传统文化尤其在生态区被认同的传统文化，包括一些节庆或庙会等，它会给很多人带来生活幸福指数的提高。就像我参加了那天的活动（云南迪庆州考察），我感到非常高兴，那么这个时候你就很难用GDP来计算。我们创造很高的GDP的目的，就是让我们生活得更加舒心、舒畅，更加幸福。所以从这个角度来看，它虽然跟我们GDP创造不是直接相关联的，但内在意义和价值是一致的，应该从更长远的角度来看。所以有的时候我们开玩笑地说，如今改革开放GDP非常高，人均收入非常高，但是生态环境被破坏掉了，所以生活在那个地方的人还是不幸福。由于它的水是要买的，它的空气甚至都要经过净化才能使用，实际上带来很多不便。黔东南是青山绿水，非常好的地方，空气非常清新，你看这个是花钱都买不来的，你投多少钱都得不到的。如果水被污染了，你花很多钱一时都治理不了，听说云南滇池的治理至少需要一万亿元以上，才能够达到或恢复从前的没有被污染之前的状态，那你可以想象一下，这种生活幸福指数肯定低。所以这种保护可能有多方面的效益，它可能会带来一些经济效益；当然也会带来社会效益，生活幸福指数的效益，这个效益是很难用金钱来衡量的。所以我个人觉得应该从长远的目标出发，来看待文化生态区的保护，不是说保护完了，就想立竿见影地提高我们的GDP。

**向：**在您的讲课中曾强调，在文化生态保护区建设要努力实现“遗产丰富、氛围浓厚、特色鲜明、民众受益”的保护理念。您觉得如何重建“以非遗为中心”的生产生活方式，让民众从非遗传承与保护中受益？

**陈：**一般意义上来说，我们不太提倡重建，因为我们的保护指的是当下的这种独特的传统文化的传承和呈现的方式。就是说我们尽量维持和保护，并不是说我们要恢复10年之前或者100年之前那个样子。我想我们没必要回到过去，更何况整个社会是发展的，文化也是发展的，有些东西你阻挡不了。比如说现在有摩托车了，你非得要他骑自行车，摩托车肯定比自行车更快、更方便，我们不能为了保持传统，自行车也不能用，那就只能走路，是吧。因为走路是我们最传统的出行方式。非物质文化遗产保护，尤其是文化生态区的保护，并不是要你重构、重建从前的这些传统，而是建设当下的，我个人就一直提倡传承、发展，就说不能太拘泥，不能说你这不能变，那也不能变，说你原来就这样子的，什么都不行。比如说要把一个非物质文化遗产的构件，一块大石头，几十吨重，从前是由很多人去把它扛出来，或者用木头或用其他的方式把它运出来的，那是不是现在还是用传统的方式去运呢？我觉得用汽车、吊车完全可以呀。这块石头拿出来是要雕刻成工艺品，一些初期的加工，我觉得用电动的也可以呀，是吧！可以减轻体力劳动，而且还提高了效率。当然有很多电动工具达不到的、完成不了的，比如设计，或者最后的镂刻等，那还是要手工的。历史上，从原始社会到我们当下的这个社会，它整个技术都在发展，整个文化发展实际上就是在减轻人的体力劳动，提高我们劳动生产率。比如说现在用机器人，用机器人去替代人类干活，比我们人的效率还要高，这样就提高生产效率了。但机器人并不是万能的呀，所以很多时候还是需要我们传统的这个东西，包括一些工艺，这样我们保持我们传统的一些核心的东西才有意义。比如说我们的玉雕、牙雕，镂空雕刻，一层一层的，机器就做不了呀，只能用手工嘛，这种技艺我觉得就特别有价值，这是有意义的。

可以说我们生态保护并不是一味地要求你按照传统的模

式传承，或者重构，那样你就没有发展的余地，百姓就没有积极性了。一些运用现代科学技术的生活用品，我们不应该禁止使用，比如说空调你不能用，因为你以前打扇子的，你只能用手摇的那个扇子，你说有没有这个必要？我觉得没有这个必要，是吧？因为每个人都有享受科技生活的权力，你不能剥夺，是吧！但是扇子的制作技艺我觉得保持下去也是有必要的，为什么呢？因为现代科学技术基础上建立的社会它看上去非常强大，但它也非常脆弱。扇子的技艺要保持下去，我觉得有必要的，扇子相关的一些东西，包括这个原料的生产我们要保持下去，为什么呢？因为可能有一天，因为自然灾害或者其他的原因没电了，空调不能用了吧，电风扇没有了吧，智能的东西没有了吧，这个时候扇子有用了吧，也许还要用很长一段时间呢。当然我们现在科学技术很强大，我们相信它很快就可以恢复供电，等等。有些东西我们还是要保留下去，当然并不是说要求人人都会，也没必要人人都会，但这种技艺如果有些人会，很快教会别人，可以重复和传播。比如说像钻木取火，现在也是一个非遗项目。有很多人说取火很容易呀，我们现在不是有电子打火吗，这个难道我不会吗？是，表面上我们是这样，但有一天我们没有电了，没有电子了，也不生产这些了（我们是假设某一天有这种情况，有没有可能？也有可能出现，但也有可能永远不出现，最好不出现），那么钻木取火这个技艺可就有意义了。当然也有人说钻木取火我也会！我说你去试试看，钻木取火不是懂那个原理就能完成的，实际上它是一种实践性的技术。所以有些人很快就能钻出来，有些人就钻不出来。用火石打，理论上我们都知道，但要打出火星来点燃很不容易，是吧！所以有很多技术表面上看是没有意义，但国家花点钱把它传下去也是有意义的。生态保护区，有一点就是这种保护或者某些独特的保护让整体的文化传承下去；还有一点就是我们文化多样性的问题，因为文化多样性可以使我们创造思想碰撞的机会，这些都是非常有意义的。

**向：**生态博物馆建设对文化生态保护实验区有什么作用？两者是什么关系？

**陈：**很多时候我也提到，生态博物馆保护模式，实际上对文化生态区保护有一定借鉴意义，因为生态博物馆它是整体上保护的一种独特的实践，而且它的区域是相对明确的，也不是特别大，它是一个社区、一个村落或者几个村落等形式，一个村落的比较普遍。它是根据比较科学的规划保护指导思想或理念把它保存下去的，所以它也是一个整体上的保护。它虽然叫博物馆，但实际上是一种整体上的保护。

文化生态区保护跟生态博物馆的保护有一定的相关性，但文化生态保护区它是以非物质文化遗产为核心，就是它基于的目的并不是保护生活生产过程中所有的内容，而是非物质文化遗产，主要涉及的是这些文化纽带，当然与文化相关联的一些东西我们也去保护，而且它也划定区域，这个是与生态博物馆相似的地方。但它的区域要比生态博物馆的区域大，而且划定的区域蛮有意思的，基本上是一个行政区域，当然有些时候也可能是一个文化区域，一个文化区域可能不是简单的行政区域，也有行政区涵盖在里面。比如说徽州文化生态保护区，它就是一个文化区域。这个区域在行政区划上实际上分属于两个省，一部分是在安徽徽州一带，一部分是现在江西的婺源，但是它传统意义上是一个行政区，叫徽州。徽州就是古代的一个地名，不是今天法律意义的行政区。所以徽州文化生态保护区突出的是一种文化特点，它划定的、特定的区域。还有一些文化生态保护区是以行政区域为主导的，比如说黔东南几个县（市）划到生态保护区里面，各块的县（市）就是一个行政区划。六枝的嗦嘎等是一个以村落为核心的区域，它并不是一个简单意义上的行政区域，这跟我们所说的国家以县市等为标准的行政区域也有差异。

非物质文化遗产保护的核心，包括区域的划分，还包括保护的手法，或者保护的主导。主导我们的是文化行政部门，以前中央是文化部，省级是文化厅，现在叫作文旅部、文旅厅等。主导方式也不一样，因为生态博物馆有些是NGO主导的，它不一定是政府，当然我们政府介入很多。当然NGO对生态保护区的借鉴意义还是蛮直观的。

**向：**文化部原副部长项兆伦曾提倡非遗保护要秉承“见人见物见生活”的理念，您怎样理解“见人见物见生活”？我们如何将“见人见物见生活”运用于非遗保护？

**陈：**这个是蛮有意思的话题，非物质文化遗产保护过程当中所有的实践，是我们用中国智慧的方式高度提炼出来的，项部长提出来“见人见物见生活”，现在有很多解读是有问题的。

“见人”基本认为是指传承人，但实际上并不是的，因为联合国《保护非物质文化遗产公约》里面特别强调的是社区，实际上是我们所说的主要是族群，或者一个群体。所以这个“见人”就不是仅仅限于传承人，传承人和受众，都应该被包括在里面的。我们举个简单的例子，你们那有划龙舟，划龙舟首先要划吧，划龙舟跟划龙舟文化传承人之间是相关的，那你想，如果划龙舟永远都没有人看，它还划不划？它肯定不划了。舞龙舞狮子也是这样，如果舞龙舞狮没人看，第一次也许我在那舞了，没人看，扫兴了；第二次再去，又没人看，垂头丧气了；第三次再去，没人看，干脆就回家了，是吧，所以受众实际上也是非常重要的。所以这就是“见人”，传承人，受众，我们的文化认同者都应该包括在里面。一种文化之所以在一个社区里存在、存续，里面不仅有传承人，它还应该有受众，它要制作产品，就一定要有人买，没有人买的话，你制作出来干什么？第一次没有人买，没问题，但长期没有人买，就要出问题了，是吧，它要饿死人的吧？所以说这“见人”，我们要从全面的角度去看。

“见物”，主要是指所有的非物质文化遗产是有呈现方式的。当然这个“物”怎么去理解呢，比如说，我们过春节，过春节它是非遗，是国家第一批非物质文化遗产名录，表面上看是一种仪式，但实际上它也有很多物呀，就是这个“物”呈现在各个时期，各个内容方面。比如说汉民族的春节，春联也好，年夜饭也好，拜年也好（拜年得拎着礼品的啊），各种各样的仪式过程当中，包括放鞭炮、贴春联等，它都是有物的。当然一个传统的技艺，它就更加有物了，就是它要呈现出来的东西，这就是物，就是说它是有成果的。非物质文化遗产中的这个“物”并不是简单的成果性的东西，包括里面的工具实际上也是物呀。一个活动的空间，比如说庙会、各种各样的舞蹈或者音乐表演，那它也要有独特的空间，这个空间实际上也是一个存在物。所以见物是广义的，“见物”毫无疑问是见物质的。特别要重视的一点，就是跟这些独特的物质相关联的。有很多人说，非遗就是纯粹精神方面的呀，就是看不见的东西。实际上这并不对，或者至少它是不完整的，不全面的。从全面的角度来看，非遗包括各种各样的东西，当然有精神层面的，比如口传心授的内容，还有就是具体作品的呈现，成果的呈现，空间的建构等这些东西，这些东西也是物，所以要“见物”。“见人”是广义的，“见物”同样也是广义的。

还有“见生活”，实际上非遗一定在生活当中传承。所以非物质文化遗产认定的时候，如果说不在生活当中存在了，那我们就不会认定它是非物质文化遗产了。它跟我们所说的文化遗产等不一样的地方就在于文化遗产常常是静态的。比如说一个桌子制造出来，是一个文物，你看得见物的，它是静态的；但是制作的“技艺”它是动态的，当然它的制作过程中有工具，最后呈现物是静态的，但是核心的部分是动态的。所以非物质文化遗产跟生活的结合，实际上是特别有意思，而且是特别值得我们去讨论的问题，它不仅存续于生活当中，为生活服务，实际很多本身就是生活的方式。比如说一个节日就是我们民族在过，或者我们这个地区在过，那就是我们的生活方式，是吧！如果把这个节日等排除在外的话，那就不可能是我们的非遗了。再比如服饰制作技艺，服饰也挺有象征意义的，一些民族不是平时的形态决定的，而是服饰决定的，他穿这个服饰可能就是我们民族的，甚至现在有很多不是它语言决定的，因为有很多人根本就不会说自己本民族的语言，但是他可能会说我是这个民族的，这个情况非常多，我想你们黔东南可能也会有呀，是吧！他这个时候就用其他形式来体现，所以跟生活结合，我生活中穿上这个衣服就是这个民族的，形成了心理认同——我就是这个民族的。所以见生活，实际上就是跟生活完全一致，就是我们生活的一个部分。

所以你看我们这次去看他们（藏族）那边木碗的制作技艺，他们为什么要把这种技艺保存下来呢，因为它就是生活当中我们需要的呀。它跟生活高度融合，这种木碗制作起来，运到很多汉民族地区去卖就没有意义，主要是没有市场。藏族这种碗可以装酥油茶之类的，这是有这样的生活方式，有这样的实际需求，那汉民族地区没有呀，所以他不需要。当然生活是具体的生活，是民族的、是地方的、是具体家庭的生活。所以"见人见物见生活"实际上就非常明确地表明了非物质文化遗产是生活当中的一种文化，生活当中的一种传承，所以用一种高度提炼的方式概括出来。

**向：**贵州省是全国脱贫攻坚的主战场，因为异地移民搬迁政策，建设了很多新社区，但也遇到了一些问题，比如：老人去世了，老家的房子拆了，回不去了，就摆放在小区的路边祭奠，移民小区没有公共空间供人们举行仪式，这是比较困惑的问题。不同地区的传承人在一起生活，您认为移民小区的群众所掌握的非遗换了一个环境之后，又该如何传承他们的传统文化？怎么理解非遗在社区？

**陈：**非遗在社区并不能普遍推进，原来文化部在上海搞实验一年多近两年，做过考核、考察和我们所说的检查介入，我当时也参加过文旅部组织的这个非遗在社区的考察工作，它其实是在一些大城市里出现了问题。刚才你说的移民当然跟大城市有些内容也是相似的，就是说城市向周边拓展的时候形成了很多城中村。城中村有两种形式，一种是村落融入我们城市的一个社区里面去了，村落村民实际上就是市民；那么还有一种形式就是市里拆迁了。拆迁有两种方式，一种是整体搬到一个社区里面去，就是可能没考虑传承文化的独特空间，就像你说的它可能没有公共的文化空间，每家每户一套房子，老人去世灵堂设哪都不知道。因为原来有个祠堂或者公共空间，大家都可以放在那里，所以这一点，如何尊重原来的传统生活是很重要的。还有一种搬迁方式，这个城中村要拆了，那就折算成钱，你自己去买房。那这个时候就会发现一个问题，拆迁之后，大家都分散掉了吧，那个非遗传承也分散了，分散到各个社区之后，它就有一个非遗在社区的问题，就是我到新的社区怎样传承下去这个问题，周边民众建立认同感的问题，也就是我们前面说的见人的问题。

也有原来的区域里大家都认同这个非遗项目，但你到新的地方后别人不认同的。上海这种情况就特别多，很多村落拆掉之后，分散到各个地方去了。如果有一个新的大的小区，好几个村落在一块，相互之间就有一种重新播种，重新生根、生长、发芽、结果这个问题，所以非遗在社区的问题就是在城市化过程当中迁居之后，如何生根、发芽的问题。所以跟非遗进社区是不一样的，进社区是我们把非遗传播或者传承到那里，而拆迁，也就是整体搬迁，情况非常特殊，我们有关的部门，应该考虑在搬迁的时候，如何尊重他们原来的这个生活空间的问题。

如果有机会我倒是建议地方的部门领导或从事这个工作的工作人员，看看重庆的龚滩镇，原来那个镇在三峡乌江水库建了之后被淹了，古镇整体从水位几百米的下面迁到比较高的地方，这个新古镇就是完全按照原来的风貌一模一样修建的。我到那考察的时候，听说了一个事，原来有两家是邻居嘛，听说要搬迁都很高兴，因为两家不和，这下可好了，以后不住在一起，不用吵了。结果它是原拆原建，一模一样地建回去，又成了邻居，还是邻居，所以说这是蛮有意思的，还是解不开。当然最后还是和解了。一模一样建回去，所有空间与下面是一样的，只不过它的海拔提高了，建在了更高的地方，所以也能尊重原来的文化习惯、文化传统，让他们在新的区域里面开展之前所有的文化活动。非遗传承都要有一定的场所或空间，这一点特别重要。

现在有很多搬迁呀，它那个房子结构的设计等，都是建筑设计师设计的，它设计起来表面上看似符合科学的原理，这个力学结构、空间结构等，但它不符合文化的需求，这个是最致命的。所以人们搬到一个新的房子里，表面上看是挺好的，但实际上新房子的功用无法满足他们的需要。所以这一点有关职能部门在这种工作推进过程当中要特别注意。就是说农民也好，牧民也好，他都有自己特别的空间需求，他并不是有张床、有个厨房、有个会客厅就完结了，他要很多延伸的空间，这个空间我们怎样继续保留非常重要。因为很多传统的东西，也就是我们所说的文化生态，它是跟另外一些东西结合在一起的，这些东西，这个空间不保留，文化活动、文化生态就消失了，这个是最重要的。

**向**：最后请教您一个问题，黔东南民族文化生态保护区马上要迎接文旅部的评估验收，您觉得我们应该做好哪些方面工作来促进文化生态保护区建设做得更好。

**陈：**一个是要按照原来通过的原文化部批复的总体规划来进行保护，就是说我们承诺的东西应该兑现。不能说我们的规划仅仅在文字上写出来，最后做的又按自己的那一套。所以这一点我个人觉得文化管理部门的领导，各级相关部门领导，包括文旅厅的领导、分管领导，都应该去好好地读一读总体规划，或者把一些重要的条款纲目、工作列出来，让领导心里非常清楚要做什么工作，任务如何分解，重点工程如何安排等，这是一块。

第二块内容，就是现在按照新的管理办法提出“硬杠杠”的东西，我们看看有什么东西需要争取和弥补。现在新的管理办法出来之后，有些内容可能会按照管理办法来，当然具体的我们还不知道，因为还没有在管理办法出台之后进行这种考核验收的工作。当然它可能也会做，时间在什么时候还不知道，你们也应该准备了。所以按照新的管理办法提出的要求，我看我们也应该好好地读一读新办法，看那些“硬杠杠”的东西怎样弥补，如果总体规划里没有的，我们怎样取长补短，把它做好，这个也是非常重要的。比如说综合展示馆，管理机构，人员的配备和引进，一般性预算财政支出的工作，等等这些事先要做起来。当然还有传习所、展示馆等这些专项的也要做起来，这样才会最终符合新的生态区管理办法的有关要求，使我们比较顺利地通过验收，因为它现在肯定是要具体化的。

**向：**非常感谢您给我们分享了这么宝贵的非遗保护理论知识和文化生态保护区建设经验，我们会好好学习，把它运用到实际的工作中去。再次感谢您百忙之中接受我们的采访。

# 非物质文化遗产保护与本土经验

——对话潘年英教授

向同明

**专家简介**

潘年英，湖南科技大学人类学教授、作家，先后出版《我的雪天》《边地行迹》《民族·民俗·民间》《在田野中自觉》《百年高坡》《扶贫手记》《音乐天堂》《保卫传统》《寂寞银河》《伤心篱笆》《故乡信札》《木楼人家》《西南山地文化考察记》《黔东南山寨的原始图像》《雷公山下的苗家》《从文学自觉到文化自觉》《黔东南秘境》《解梦花》《河畔老屋》《敲窗的鸟》《桃花水红》《山河恋》等38部作品。

**采访者：**向同明



**向同明（以下简称向）：**潘老师，您好！感谢您百忙之中抽空接受我们的访谈。在笔记、散文、论文、调查报告、访谈等思想表达形式上，我们比较喜欢访谈对话这种既轻松愉悦又能碰撞思想火花的交流方式。这样才能让专家、非遗工作者、传承人、创客等畅谈出非遗保护、传承、发展方面的心声。

**潘年英（以下简称潘）：**我也比较喜欢用对谈的形式来讨论问题，因为对谈相对比较轻松，不像写论文，总要板起一副面孔，端着架子，所以你说你要访谈我，我是很高兴的。轻松的访谈能够更加通俗地阐释文化保护的理论与实践，从而让广大的基层文化工作者真正受益，也使得我们的文化保护工作进一步落到实处。

**向：**我是第一次做访谈，经验不足，有点紧张。但您已经多次接受不同媒介的访谈了，我在多种刊物等媒介上拜读过对您的专访，每次都是一种思想洗礼，心情十分畅快。

**潘：**访谈不需要什么经验，访谈就是聊天，就是说话，就是知之为知之，不知为不知，实事求是，谈出我们的真实观点就好。

**向：**好，那我们开始本期访谈。在2009年您出版过一本《非物质文化遗产保护与本土经验》的著作，影响很大，让非遗保护工作者受益匪浅，对他们帮助很大。所以访谈您的题目，我直接借用您的那本书名了，我觉得这样最有说服力。我们就是想聆听您对黔东南非物质文化遗产保护的宝贵建议，也就是您概述的“本土经验”分享，这样可以吗？

**潘：**《非物质文化遗产保护与本土经验》这本书已经出版好多年了。这本书的写作动机来自我的一次偶然的旅行。有一年我跟朋友去贵州六枝的梭戛游玩，顺便考察了那个非常有名的梭戛生态博物馆。我觉得这个生态博物馆不仅是一个新生事物，而且有很多值得探讨的问题。后来我自己又单独去了两次，搜集到了很多第一手资料，当时我刚好有机会申请湖南省教育厅的课题，我就把这个题目报上去了，后获得了批准，我于是开始着手这个课题的研究。在研究的过程中，我发现，除了梭戛生态博物馆，贵州其实还有很多非物质文化遗产项目，本身就有着某种独特的保护经验。比如苗族古歌，它是国家级非遗项目，当然也面临各种危机和困境，但在保护得比较好的地方，你会发现，苗家人是把这种古歌的演唱和传承，放在整个礼俗秩序中去保护和延续的。我就曾经多次在苗寨里遇到过这样的情形，虽然古歌的演唱的确面临后继乏人的问题，但他们却会把村寨联谊的传统风俗先保存下来，不仅保存下来，而且还要持续开展活动，而在活动开展的过程中，不会唱古歌的一方，将会受到羞辱性的惩罚，比如罚酒之类，这就在无形中刺激了人们对古歌演唱的学习和继承。再比如侗族的大歌，这个就更是家喻户晓的世界非遗项目了，同样的道理，侗族大歌也面临很多传承与保护的危机，但是，在侗族大歌传承和保护得比较好的地方，你会发现，那里也同样是有传统习俗的支持，大歌才得到更好的保护和传承。比如在小黄村，一个人刚生下来就会被编到某一个歌队当中去，然后这个人从小就在这个歌队里学习唱歌，如果没有特殊的情况，这个人就一直是这个歌队当中的一员。同时，在传统风俗中，这些小孩进入成年后，每年都必须到鼓楼去参加男女青年的对歌活动，这样你就会看到，侗族大歌，其实跟苗族古歌一样，都是本身就带有保护和传承机制的。我把这种机制命名为“本土经验”。当然这个“本土经验”并不局限于传统本身的保护机制，其实也还包括后来我们在实施保护过程中总结出来的一套行之有效的“土办法”，比如“民歌进课堂”“办节”之类。这是没有先例的，是我们当地的基层乡土人才自己总结和发明出来的，我们觉得同样是非常宝贵的“本土经验”。总结这些经验，是我这本书和这个课题的学术目标，可惜我的课题结题时间有要求，我结题得太早了，这本书也写得很匆忙，我觉得没写好，如果有机会，我会再做进一步的总结，做更加细致深入的研究。

**向：**您每个假期，或者说您一有时间，都会到黔东南境内的各个村寨走走看看，可以说是几十年如一日地坚守着这种人类学田野观察，在您的文学作品和影像成果中都不同程度，用不同视角记录着黔东南非物质文化遗产的变迁，这些文化变迁带给您最深的忧虑是什么？

**潘：**最深的忧虑当然就是传统的流逝和消失了。我曾经多次跟人说过，说我们这代人，很幸运地遇到了一个文化巨变的时代，所以有缘亲眼见证和体验了我们的社会从传统的农耕文明向工业文明和后工业文明迅速变迁的过程，当然这也同样可以看成是我们的不幸。说幸运，是我们看到的社会变迁形态太丰富了，说不幸，是因为在亲历这些变迁的过程中，我们心灵所受到的打击和创伤也是前所未有的。还记得王国维是怎么死的吗？在他留下的遗训中，“五十之年，只欠一死。经此世变，义无再辱”这几个字，大体可以概括他赴死时的心境。我们现在倒没有悲痛到这样的地步，但面对很多东西的迅速流逝，我们也不免伤感。前几天，我就在我的博客上写了一篇题为《我对流逝的事物悲伤不已》的短文。不是说文人都多愁善感，而是我们较早地看到了在那些流逝的事物背后的价值倾覆。当然，我同时也多次说过了，我也并不认为传统的东西都是好的，都值得保存下来，但我们的确看到，在最近的几十年里，我们对传统文化的彻底颠覆和斩断速度，差不多超过了人类历史对传统颠覆和斩断速度的总和。这是什么意思呢？意思就是说，我们在5000年里未变的东西，在当下变了；我们在5000年里没有丢掉的东西，我们在当下丢掉了。打个比方说吧，你像书法这样的东西，我们一直都在传承和沿袭，没有根本的改变，但到了当代之后，你看，我们一下子全变了。曾经，我们在街上大大小小的商铺里，都能看到各种各样的名家书法的招牌，但现在你再上街看看，全部被“电脑字”统一了……我从20世纪80年代起，就一直在黔东南的山地行走，观察，感受最深的，就是木楼建筑的迅速消亡。那么，就会有人反问我，木楼难道不该消亡吗？全世界的人都有权利追求现代化，为什么要我们黔东南的老百姓保留木楼？难道木楼不防潮不防火不防虫的缺点也需要继续继承下去吗？没错，木楼的上述缺点的确非常明显，这个不可否认，但我们要知道，木楼建筑的很多优点我们并没有充分认知，比如木楼本身的环保性质，可持续特点，木楼建筑对于土地的有效利用价值，还有木楼建筑本身的地方性价值与历史文化价值，其实都并未得到我们充分的认识。钢筋水泥建筑当然有很多的优点，但从可持续发展的角度看，水泥建筑恐怕远不如木构建筑，至少，这还是一个可以展开讨论的问题。但现在的问题是，我们都还来不及总结和分析传统木构建筑的利弊，我们的村寨差不多就都被新兴的钢筋水泥建筑取而代之了……这怎么能不叫人伤感哀叹啊！乡愁是什么？乡愁就是对已然消逝的文化记忆的愁思，就是对美好事物变迁的哀伤叹息。

**向**：您几乎走访完黔东南州境内的传统村落，见多识广。不同村寨形成不同的“地方性知识”，您根据不同村寨之间的文化差异，总结出“寨子文明”理论，您认为非物质文化遗产与传统村落之间有什么联系？如何实现整体性保护？

**潘：**黔东南境内的寨子，表面上看都差不多，都是木楼人家，依山傍水，耕作水稻，主营农业……是一个典型的山地农耕文明社区。但其实文化差异蛮大，首先是族群之间的文化差异，其次是族群内部分支间的文化差异，最后还有由于地理空间、历史时间、地缘政治等差别，从而产生的千姿百态的文化形态，这是其他地方的文化所不可比拟的。需要特别强调的是，黔东南寨子之间的文化差异有时几乎到了“悬隔”和“孤立”存在的程度，很多寨子的文化形态就只存在于一个寨子之内，走出这个寨子，你就看不到了。比如岜沙苗寨，占里侗寨，它们的文化形态都是独一无二的，是一个一个的“文化孤岛”，所以有人将它们称之为“孤岛文化”现象，也有人说它们是文化的“特例”……不管怎么说，我觉得这种带有非常明显的独特的“地方文化”特征的村落，就是一个独立的文化与文明单元，我称之为“寨子文明”。为什么说是“文明”，因为这种文化具有时间特征。比如我们占里侗寨的计划生育传统，它的时间是可考的，形成于五六百年前，然后沿袭至今，同时，这种文化传统是跟整个族群生存的大背景紧密相关的，即跟农耕文化传统和山地文明秩序，以及巫文化的精神世界密切关联。所以，认真说来，每一个寨子的文化传统，其实都是一个独立的文化与文明空间。我们很多非物质文化遗产项目，就是在这样的空间里保存下来的。本来，每一个非遗项目都不是孤立存在的，但我们现在却把这些项目从整个寨子文明中抽离出来了，然后我们再来谈保护，那你怎么保护？离开了项目存在的背景，你所有的保护都是空谈，都没有实际意义。比如苗族的姊妹节和龙舟节，那是有着显著的地域文化特点的非遗项目，它存在的根基是苗族的农耕文明和与之相应的婚姻礼俗制度，我们现在是把它作为一个国际文化节来打造了，这当然也不失为一种保护的措施和手段，但如果你离开了苗族特定的地域文化传统，你的保护最后都难免走样变形，甚至面目全非，实际上就没有达到保护的目的。

**向：**在非物质文化遗产保护与利用方面，您曾提出“在开发中保护，在保护中开发”的观点，时至今日，您还赞同这样的观点吗？非遗的存在本身就有其体系和自给自足的市场，面对市场经济，您觉得非遗产品如何较好地融入当代，进入市场呢？

**潘：**“在开发中保护，在保护中开发”这个观点提出的背景，是当时开发正在如火如荼地进行，而保护尚未得到有效落实，所以我们提出了一种折中的思路，就是在“开发”已经不可避免的情况下，要求尽量做好“保护”的工作。比如当时的西江开发，那是黔东南旅游开发的第一个案例，是一个“龙头”，这个“龙头”舞好了，黔东南旅游开发就会一帆风顺，否则一败涂地。很多人看到西江今天变成这个样子，牢骚满腹，一肚子的抱怨，说什么样怪话的都有。但是，你仔细回顾一下，在西江开发之前，黔东南有旅游吗？黔东南有游客吗？黔东南有旅游收入吗？黔东南的多民族文化为外界所知吗？没有。不能说完全没有，但真的少得可以忽略不计。所以西江的开发非常重要。“在开发中保护，在保护中开发”的观点，就是在这样的背景下提出来的。后来的开发，也基本照着这个思路落实了，才有我们今天的西江和黔东南民族村落的保护。很多人对现在的西江不满意，说太商业化了，不原生态了。说这种话的人，大多是外地的，他们在城市里过着现代化生活，想来贵州看点原始落后的东西，这个心理是可以理解的。但没有哪一种文化是永恒不变的，也没有哪一种文明是停滞不前的。是时间就会流逝，是社会就会发展，是人群就会进步，所以，在“发展才是硬道理”的前提和背景下，“在开发中保护，在保护中开发”的观点就不会过时，任何时候我们都需要处理好开发与保护的关系。你说得没错，非遗的存在本身就有其体系和自给自足的市场，我们过去的非遗，是适应过去的时代的结果，那么这些非遗到了今天，就得适应今天的时代。我们的非遗如果不能面对今天的市场经济，非遗产品不能较好地融入当代社会，进入今天的市场，那我们的非遗保护不仅非常困难，而且没有实际意义。我觉得黔东南在非遗保护方面有很多成功的经验值得总结，我在湖南就多次给他们介绍我们“苗妹非遗博物馆”，我觉得这个博物馆搞得非常成功，它集生产与销售、开发与保护、欣赏与传承于一体，既让我们的非遗项目得到有效的传承和保护，又让我们的非遗产品很好地服务于社会，成为大众的消费品，我觉得这是一个难能可贵的，让非遗产品走向市场的成功经验，值得总结和推广。

**向：**在市场经济的推动和文化产业化的影响下，保护和传承非物质文化遗产，您觉得传承人该做些什么？坚守些什么？

**潘：**传承人最需要做和最应该做的就是完整地继承祖先留下的传统，这是第一步。然后，才有可能在这个基础上，考虑和谋求将非遗项目产品化，进而谋求与市场的合作。如果能够有效地开发我们的非遗文化，使之产业化，进而带来经济利益，这就有可能使我们的非遗保护进入良性循环状态，否则我们的非遗保护就会举步维艰。但非遗项目的产业化并不是轻易就能实现的，这里涉及的问题很多，传承人如果没有将非遗项目进行成功的产业化开发，我觉得国家和地方都应该出台相应的补助措施，使之得以顺利传承。在非遗的保护和开发过程中，保护始终是第一位的，开发是次要的，没有成功的保护，就不可能有成功的开发。

**向：**打工带来的经济收入，确实让部分人的生活条件得到了改善，但也改变了非物质文化遗产传承的环境。许多非物质文化遗产陷入万劫不复的失传境地，代际传承受挫，面临人亡艺绝的困境。您觉得市场经济下，已经被列入各级名录的代表性传承人，他们的子孙（传二代、传三代）应该怎样传承好非物质文化遗产呢？

**潘：**“非遗”是我们今天与时俱进的一种新的科学的提法，实际上，所谓“非遗”，就是我们以前常常讲的“民间文化”。在对待民间文化这个问题上，历来各个国家和地区的态度都不一样。总体来说，欧洲在这方面一直做得比较好，也做得比较早。欧洲在经历了工业革命之后，有一个文化上的巨大觉醒，就是觉得传统文化消失得太快了，应该立即实施保护。我们国家在这方面的觉醒是比较晚的。我们在很长的历史时期里，都是没有民间文化的保护政策和措施的。直到 21 世纪之后，我们才赶上了联合国倡导的“非遗”保护行动，出台了一系列保护“非遗”的法律和法规，算是跟国际接轨了。客观而论，我们在最近十几年里实施的“非遗”保护措施还是比较到位的，也是有成效的，但毕竟我们欠下的历史债务太多了，很多问题积重难返，保护和传承就难免捉襟见肘。还有就是你说的，今天大量农民外出打工，使许多非物质文化遗产陷入万劫不复的失传境地，代际传承受挫，面临人亡艺绝的困境。这里涉及的问题是很复杂的。我在梭戛生态博物馆的考察和研究中就发现，欧洲人倡导的生态博物馆，是建立在福利制度相当完善的基础之上的，就是说，他们保护传统文化，就是纯粹的保护，他们没有利用“文化”来谋求“脱贫致富”的问题，而我们国家却刚好相反，我们的农村，至今还没有彻底解决温饱问题，在很多地方，“脱贫”今天依然是基层政府工作的主要目标和核心任务，所以，在温饱问题都还没有得到解决的地方谈论“非遗”保护，其实是一件非常不合时宜且不讨好的事情。因此，在我看来，归根结底，要让“非遗”项目得到有效的保护，还得依赖国家在制度层面上有更多的建设和强化，出台和实施更加全面的保护政策和措施。比如最近几年的传统村落的保护工程，就比较有成效。但说实话，我觉得这个传统村落的保护措施和行动，来得还是有点晚了，很多地方的传统村落早已被破坏得面目全非，今非昔比了，加上我们政策的偏颇，实施的偏差，保护工作其实举步维艰，任重道远。

**向：**您对“非遗进校园”怎么看？您觉得如何才能更好地开展“非遗进校园”？

**潘：**“非遗进校园”是个好事情。首先它给我们的学生做了一个文化普及，就是让学生知道，我们还有这样一些传统文化，而不总是莎士比亚和希腊神庙。其次，我们通过开展这样的活动，也多多少少在学生中播下了一颗传统文化的种子，相信有很多人将来是有可能出来承担传承和保护工作的。再次，“非遗进校园”的确可以树立我们对民族文化的自信心和自豪感，比如我们很多孩子，他们本身是苗族或侗族，但他们从小在学校读书，其实是很少能接触到自己的民族文化的，那么，通过“非遗进校园”，他（她）就对自己民族的传统文化有了一个认识，他就会有自豪感和自信心。说实话，我们很多人的身份证上虽然标明了是某一个民族，但其实他（她）可能并不会说一句这个民族的语言，更不会唱一句这个民族的歌谣，如果他（她）通过“非遗进校园”看到了自己所属的这个民族的传统文化，甚至学会了自己民族的传统歌谣，那他（她）的文化自豪感和自信心无疑会瞬间增强很多。所以，“非遗进校园”，有益无害，值得提倡。最后，不可否认，我们目前的“非遗进校园”行动还处于探索实践阶段，很多东西还很不完善，有些项目走进校园，就有走形式、走过场的嫌疑，没有真正起到传统文化的教育和普及的作用。这个问题应该引起我们有关部门的高度重视，好使我们在今后的工作中，努力去克服和改变，从而把“非遗进校园”活动做得更加科学、合理、到位，更加有成效。

**向：**随着QQ、微信、抖音等通信软件和新兴自媒体的广泛应用，分散各地谋生的非遗传承人（文化主体）利用QQ群、微信群交流和传播民族文化，这种传播方式有利也有弊，您对这种现象怎么看？您觉得应该怎么规范或引导？

**潘：**“非遗”传承人能借助QQ群、微信群、抖音等新兴媒体交流和传播民族文化，这是一件大好事。恕我直言，政府虽然在“非遗”保护中做了大量的工作，但我觉得保护的效果并不理想，民族文化真正有效的保护，还是要依赖文化主人的自觉和自愿的行动。早些年，我们有不少基层的文化干部和工作者，率先利用现代科技，保护了一些民间文化。比如在20世纪的八九十年代，就有一些民间的乡土人才，自觉自愿地刻录各种歌谣光碟拿到市场上出售，卖得还不错，买的人也蛮多。有些光碟传播相当广泛，甚至由于这种光碟的传播，我们不仅保存了大量的民族民间歌谣，还捧红了一些土著明星。21世纪之后，光碟又被新的媒体形式取代了，开始是各种论坛，后来是你说的QQ群、微信群啦，或者抖音之类。新兴媒体的崛起，再次起到了民族文化的交流、传承和推广作用，这是非常可喜的文化现象。我手机里就有好几个侗歌微信群，都是故乡的村民们自建的，他们经常在上面讨论和歌唱，十分热闹，我平时不太有时间去听，偶尔进去听听，也十分受益。我觉得他们才是民族民间文化或者非遗保护的主要功臣和中坚力量。

**向：**近年来，文化产业在国民经济中的地位和所占比值越来越高，您觉得黔东南境内流传的民间文学作品开发成动漫影视作品价值大吗？您觉得如何将这些珍贵的民间文学、非遗资源开发成动漫影视产业，将资源优势转化为经济优势，并得到有效的传播和保护？

**潘：**传统的民族民间文学作品如何进行现代开发，如何将资源优势转化为经济优势，并得到有效的传播和保护，这个问题是个大问题，不是三言两语能讲得清楚的。但我总的一个想法是，任何传统产品的开发都应该尽可能地交给市场去做，政府不必过多干预。我觉得政府的工作重心应该更多地放在保护方面，而不是在现代开发方面。

**向：**在新一轮国家机构改革中，文化和旅游融合，组建被誉为“诗和远方”的文化和旅游部。您的作品这么高产，您的创作灵感与您经常参与人类学田野观察这种“诗与远方”的意境有关吗？在文旅融合的大背景下，一些传统村落中丰富的非遗资源逐渐得到开发，成为乡村旅游的重要内容，在旅游促进非物质文化遗产的保护过程中，您觉得应该怎样处理保护与利用的关系？

**潘：**我很感恩我出生在黔东南这片土地上，人们常常喜欢用“美丽”和“神奇”这样的字眼来形容某一个地方的文化与自然，但其实真正当得起这两个词的地方并不多。黔东南是真正的美丽而神奇的土地。除了自然地理的秀美神奇之外，它众多的少数民族文化，实在是丰富多彩，瑰丽多姿，也是别的地方难以企及的。我喜欢在黔东南山地里行走。最初的行走是为了民族学和人类学研究的需要，后来是为了摄影，再后来就纯粹是游山玩水了。算起来，我这样的行走开始于1984年春节，就是张明敏在中央电视台春晚演唱《我的中国心》的那一年，那一年我为了跟随导师下乡做田野考察，没有回老家过春节。那时我住在老师家，听着隔壁电视在播放春晚节目，当我听到张明敏演唱《我的中国心》时，心潮澎湃，难以自抑，想去看个究竟，但当时有电视的人家不多，我自己胆子也还很小，所以我最终没能看到那一年的春晚，也没能看到张明敏的演唱。第二天那首歌就在祖国的大街小巷传唱开了……那年春节的黔东南之旅是我人生第一次出门远行，我们从贵阳出发，目的地是黎平、榕江、从江、锦屏和天柱，途经凯里。那一年的旅行让我真正见识到了黔东南民族文化的丰富和美丽，由此开启了我近40年的旅行生涯。也就从那一年起，在之后的几十年间，尽管我工作和生活的城市换了好几个，但我几乎每年都要到黔东南去走上好几圈。有人说我是行走黔东南最多的人，这个我可不敢说，但近40年来，我的确一直在黔东南山地丛林行走，我的写作当然因此跟黔东南的历史和文化密切相关。到今年为止，我一共写作出版了38本书，可以说，我的每一本书的内容都跟黔东南相关，所以我发自内心、深深地感谢黔东南这片神奇富饶的土地。客观地说，黔东南地方政府在处理旅游开发与"非遗"保护的关系上，做得是比较好的。这一方面得益于地方政府的谦逊和诚恳，在开发过程中比较多地听取了当地群众的意见，同时吸收了社会各界人士的建议；另一方面也是由于发展的滞后，开发得比较晚，在我们之前有很多成功与失败的经验可供借鉴，所以我们的开发相对要科学一些。但不可否认的是，我们的工作还做得很不够，旅游开发与"非遗"保护的工作虽然才刚刚起步，但矛盾依旧不少，问题大量存在，需要引起我们各级政府部门的高度重视。比如我们的旅游规划，就应该早点出台，出台了还要及时落实，这样我们才有可能达到保护的效果。我曾经在各种场合多次提到这样一个观点，就是黔东南的每一个村寨都可以进行旅游规划和开发，可惜我们没有这样的规划，我们只有重点村落的规划和开发，所以在我们重点规划和开发的地方，传统村落和文化就得到了有效的保护，而没有规划和开发的地方却得不到有效的保护，非常的可惜和遗憾。后来国家出台的传统村落保护措施，那些有幸列入保护名单的村落，有些得到了有效保护，有些却因为种种原因被人为地破坏了。最近几天，我看到媒体里在报道从江加车某村民在村寨中修建“炮楼”的事情，很具有代表性，就是一个当地村民在自家的老宅基地上修建了一栋砖房，修了三层，还没封顶，因为砖房高于传统木楼，所以看上去鹤立鸡群，像电影里日本人修的“炮楼”，故而得名。这个事情最早是由一些搞摄影的网友在当地拍摄照片后晒到网上引发热议，然后才引起舆论喧哗的，最后受到了从江县政府的重视，采取了强行拆除的措施。我在网上的留言是：“修房是可以的，但不要修那么高；老百姓生活不易，既然修了，也不要全部拆除，拆除一部分，保留一部分；保留的部分要进行适当的处理，使之与环境相协调。”我的这个建议，当然也不见得是最妥当的。但强行拆除肯定也不是最好的办法，最好的办法是从一开始我们就要告诉老百姓，哪里可以修房子，哪里不可以修房子……经过近20年来的旅游开发，现在黔东南地区老百姓对我们的传统资源基本上形成了两个共识：第一个共识是谁都明白传统就是力量，原生态就是价值，外面的人喜欢看我们的老房子，所以，老房子需要保护；第二个共识是砖房比木房好，木房不防火不防潮不隔音，还不能装抽水马桶淋浴器，所以拆除旧木楼新修水泥砖房是大势所趋，是挡不住的追求。还有一点，就是现在政府实际上是鼓励老百姓新修砖房的，因为旧木房的存在，是“贫困”的显著标志，是不允许继续保留的，所以政府还出台相应的鼓励措施。比如你只要拆除旧木房，新修砖房，马上给你多少万元的补贴之类……我们村就是在这种政策的鼓动下，几乎一夜之间把全部老房子都拆除掉了，取而代之的是各种各样五花八门的新式砖房……这说明政府本身的政策导向是有矛盾的，老百姓是盲目的。所以，旅游怎么搞？传统文化和村落如何保护？如何开发？我以为规划很重要，政府政策的超前性、预见性、科学性和统一性很重要。

**向：**2019年正好是“侗族大歌”列入世界人类非物质文化遗产代表作名录10周年，小黄侗寨是您田野调查经常去的村寨，您出版了一本《走进音乐天堂——侗族大歌之乡小黄田野考察实录》著作，那么您对“侗族大歌”的文化空间、知识体系和传承结构应该是非常清楚的，您觉得在侗族的文化结构中，侗族大歌处于什么样的位置？大歌的文化精神是什么？

**潘：**小黄村在没有开发之前，我差不多每年都要去看几次，现在开发了，我反而去得少了。我都有好几年没去小黄村了。正如你所说的那样，小黄村是以演唱和传承侗族大歌而闻名于世的，他们的侗族大歌演唱得非常有魅力，是侗族大歌传承得最完好的地方之一，也是传说中的侗族大歌的发源地之一。我前面说了，这个村的侗族大歌传承有一个显著的特点，就是每一个人生下来就被编入一个歌队之中去，然后你一辈子都会跟着这个歌队唱歌，从小唱到老，所以这个村的人，几乎个个都会唱歌。全村共有几十个歌队，年少的时候在歌师的带领下学习演唱，到青年时代就进入鼓楼演唱，唱得好的人自然被选拔到外面去演唱，到老了又来教年少的人演唱，如此循环往复，代代相传，所以这个村寨的侗族大歌传承得非常良好。他们的这一传承特点，就是我一直在研究和关注的“本土经验”。在侗族的文化结构中，大歌处于什么样的位置？作为侗歌的一种，侗族大歌是一种无伴奏无指挥的多声部民间音乐形式，具有较高的音乐欣赏价值，同时由于它的出现，改变了西方人“中国民间没有多声部音乐”的传统认知，所以在国际民族民间音乐界享有非常高的声望。而且，因为人们常常把鼓楼、花桥和大歌看成是侗族文化的“三宝”，所以大歌在侗族文化结构中的位置是很显著的。侗族大歌的文化精神是什么？这要看侗族大歌是怎么产生的，为何深受侗族人民喜爱。小黄村有一个传说，说侗族大歌最早是由两个在歌堂里没能找到女伴的失意单身小伙发明的，正因为他们找不到女伴，所以躲到深山里，一边辛勤劳动，一边发奋编创优美的多声部音乐，曲子编创完成后，他们再回到歌堂演唱，取得巨大成功，引起轰动，进而赢得了众多女孩的芳心，他们也找到了自己理想的女伴。他们编创的第一支曲子，就是如今依然在侗族地区广为传唱的《蝉之歌》……传说固然不足为据，但却透露了侗族大歌产生的文化背景，就是侗族人沿袭千年的农耕文明，而在农耕文明相对发达的侗族社区，人们在衣食无忧的前提下有了更加充裕的时间来从事音乐创作活动。于是，歌师作为一种半职业的音乐创作人就应运而生了。在歌师们的努力下，侗族人对音乐的追求达到了相当高的程度，模仿大自然声音的多声部音乐就此诞生。由此可见，向大自然学习，向大自然致敬，追求人与自然的和谐统一，在自然的和声中获得灵魂的安宁纯净，我以为这就是侗族大歌音乐最基本的文化精神。

**向：**我们在优美动听的大歌中结束了这次访谈，大歌精神值得全人类拥有和共享，非常感谢您给我们分享这么多宝贵的见解和经验，期待您更多的作品与我们分享，歌声依旧。

# 对非遗持有者进行培训问题的对话

## ——对话曾祥慧副研究员

吴佺新

**专家简介**

曾祥慧，女，苗族，贵州凯里人，凯里学院民族教育办公室副主任，副研究员。

## 引言

现在关于非遗工作的培训很多，大致分两个方面，一方面是对管理和研究者的培训，培训内容主要是政策和学术；另一方面是对非遗持有者（非遗践行人、传承人等）的培训，大量的培训是后者。

非遗持有者，他们本身就是非遗的实践者和行家，特别是代表性传承人，他们更是这一领域（项目）的精英，培训的教师主要是非遗学术方面的专家和大专院校的老师。不论是研究人员还是大学教师，从非遗的角度来讲，他们应该是非遗持有者的学生，非遗持有者才是真正的教师和专家。对这些非遗持有者，需不需要进行培训，如何培训才能达到预想的效果——这是我们这次对话的主题。

**采访者：**吴佺新

**吴佺新（以下简称吴）：**从对非遗的了解程度和掌握的深度，非遗持有者无疑是专家水平的，我们还需不需要对他们进行培训？

**曾祥慧（以下简称曾）：**我们的非遗持有者应该就是非遗的践行者，他们一直生活在非遗的环境里，非遗就是他们生活的组成部分。无疑，他们对非遗的了解程度和掌握的深度比其他人都更高一筹。但是，是不是说这些人就不需要培训了呢？当然不是！有效的培训是提高传承能力的一种方式。我们的非遗项目大多源于农耕文明，是先祖智慧的结晶，我们的非遗持有者大多生活在乡村，生活在农耕文明的环境里，我们的非遗传承长期处于自然和自由的状态，基本为原汁原味地传承，保持着很好的原真性。然而，现代社会飞速发展，原本安静的农耕生活遭到工业文明的强烈冲击，非遗项目生存的环境被迫改变，许多非遗项目从社会的主导性变成了边缘性，传承人群对项目的认识也从“必须”变为“选择”，导致许多项目出现断档，甚至濒危。要让我们的非遗持续下去，培训是必要的手段。

**吴：**非遗持有者本来是非遗的专家，接受培训之后，他们反而迷茫了，专家所讲的和他们实践有较大的差别，甚至完全不一样。政府倾力对非遗进行保护，对非遗持有者有很大的激励作用，他们对政府心存感激，对培训也非常认真。但是，老师所讲的和他们所做的有差别，他们到底该不该听老师的？

听老师的可能会丢掉非遗原本的东西，这让他们无所适从。如果以老师的培训为标准，他们可能达不到老师的要求，他们的产品可能不伦不类，既不是非遗产品也不是现代产品。如何做好培训，是一个大课题。

**曾：**培训是一种有针对性的学习，培训对象是什么样的人？设置什么样的培训课程？最终将达到什么效果？这是培训必须要明确的。

目前，政府对非遗持有者的培训初衷是很好的，但确实存在一些误区。

首先，在思想上是以经济效益为目的而做培训。政府是想通过培训迅速提高非遗持有者的市场盈利能力，促进以手工技艺类为代表的非遗项目向产业化发展，实现非遗作品的产品化和商品化，以达到增加文化持有人的经济收入的目的。初衷很好，利于脱贫。非物质文化遗产保护的方法和途径很多，最主要的是要保护好文化的原真性。非遗作为人类一种活态存在的遗产，记录了人类发展的历程，对其保护当然是要让它原汁原味地持续存在。如果原真性没有了，这个非遗就变成了“假货”，我们不能从“假货”中去认识先祖们的智慧，那样就等于丢失了蓝本。现在很多的非遗类培训忽视了受训人所掌握的非遗独特性，忽视了非遗保护的原味性，往往一味强调生产性保护，强调创新性发展，甚至要产业化发展，组织非遗持有人到天南地北学习，导致学员庞杂，无所适从。

其次，在实践中欠缺操作性。培训一定要根据被培训对象的实际情况来进行，不能照搬照套，也不能程式化。我们许多传承人长期生活在本民族的社会环境里，是本民族的文化精英，熟练地掌握着本民族的传统技艺，对其他文化知之甚少。组织他们到各级各类高校或学习班去培训，自然会增长他们的见识，但对他们培训的内容值得商榷。比如很多的非遗手艺人到高校学习学院派绘画技巧，学习现代配色知识，学习其他民族的锻造技艺、纺织技术等，庞杂无专，容易造成邯郸学步的后果。

最后，在课程设置上忽略了培训对象的理论水平和语言交流能力。我们的传承人大多生活在农村，又是少数民族，而且在传统技艺类的刺绣、纺织、蜡染、剪纸等项目中，传承人多为中老年妇女，她们平时很少与外界接触，甚至许多人直接为文盲或半文盲，有的讲汉语都困难，很多理论课对他们来说就是天方夜谭，天书难懂，完全提不起学习的兴趣。很多学员出于对老师的尊重硬撑，睁大无神的眼睛对着老师，而有些学员干脆直接在课堂上打盹了。

如何做好对非遗持有者的培训呢？这是一个大课题。我也经常参与我州非遗持有者的各种培训，对此有些想法。我认为对非遗持有人的培训要基于目标、内容、形式三点上去考虑。

首先，对非遗持有人的培训一定要有明确的目标。在黔东南，大量的非遗项目在乡村，非遗持有者多为少数民族群众，长期以来，他们生活在自己的社区内，讲自己社区通行的语言，按自己的方式传承他们的文化。如今，他们许多日常的生活变成了要保护的文化项目，他们日常的技艺成了要培训的内容，从某个角度讲，这是对其文化的认可，有利于增强民族自豪感和自信心。那么，培训他们的目标应该是让他们的非遗在社区内继续生根发芽，让他们的文化发扬光大，在保持文化原真性的基础上创新发展衍生产品，用经济杠杆促进文化保护。

其次，培训的内容应该紧扣本民族或本地区的非遗项目，防止走样！可从项目的文化来源、文化价值、保护意义上用通俗的语言讲解，让非遗持有者充分明白自己掌握的技艺的来龙去脉，并按项目的原有理念和方式做好传承。

最后，培训的形式一定要切合实际，切忌好高骛远！我们的非遗持有人汉语能力较弱，汉文化层次较低，理解主流社会的能力不足，把他们放到高层次的院校培训，让他们大量参观学习其他技艺，导致很多人无所适从，有的出于感恩政府的关心，感恩老师的教学，创新发展了许多“四不像”的产品，出现本末倒置的现象。因此，结合实际的培训才能达到一定的高度。

**吴：**现在我们把问题集中在传统技艺项目的培训上，除了前面我们讲到的设计和制作问题，另外一个问题也引起我们的注意：把技艺（制作）和市场（销售）结合起来，把传承和扶贫结合起来，当然结合是非常必要的，但是不是太过了呢？市场本来就不是培训老师的长处，市场知识是不是每次培训必需的内容，而非遗持有者本身对市场有兴趣，让人感觉仿佛在开销售培训班。作为非遗代表性传承人，他们的任务并不是市场，而是传承。我们如何看待这个问题？如何处理好传承和市场在培训中的地位和分量？

**曾：**在黔东南，各种针对农民手工技艺类的技能培训几乎都离不开非遗持有者。比如妇联的“锦绣计划”，针对妇女进行刺绣技能的培训；扶贫办的“雨露计划”，针对贫困人口进行的脱贫致富培训；民委的"'双培'计划"，针对有汉语言障碍的少数民族群众开展汉语言培训及实用技能培训，助力脱贫。这些培训计划目标十分明确，也切合实际，就是要助力脱贫，课程设置简单易学，有的直接就是订单培训，完全从市场出发，从经济效益出发，效果也明显。

而我们所说的非遗工作培训，应该是针对非遗工作者和非遗持有人的培训，是一种知识学习和能力提高的实践。《中国非物质文化遗产传承人群研修研习培训计划》是由文化旅游部实施的，目的在于为非遗传承提供高校的学术资源和教学资源支持，通过学习专业知识，研究技艺和技术，开展多形式的交流研讨与实践，帮助非遗项目持有者、从业者、传承人群"强基础、拓眼界、增学养"，提高文化自信和可持续发展能力，在秉承传统、不失其本的基础上，实现"为民族传承，为生活创新"。同时，推动相关高校加强中华优秀传统文化教育，更好地发挥文化传承创新功能，服务地方经济社会发展。我们知道，一项由顶层设计出来的培训自然有其合理性和必要性，这个计划对非遗的宣传，对非遗人群的创新发展有着很好的引领作用，对非遗的传播起到了极大的促进作用。特别是把民族文化的传承场域从民间转移到高校，使民间的传统文化随着人员的流动而推广开来。这种方式其实就是民族文化进校园的方式，只是这个校园仅限在高等学府！民族文化进高等学府，对高校的教学有着很好的帮助，比如美术、设计、音乐等专业，可广泛吸纳优秀的传统文化，创新发展出更多更好的作品。事实确实也如此。2015 年开始这项培训计划，近 5 年时间，在政策的推动下，黔东南这个地方，黔东南的苗族侗族，黔东南的刺绣、蜡染、银饰得到前所未有的宣传，甚至成为许多高校争相吸纳的文化热点，对黔东南的民族文化传播起到了很好的作用。

可是，针对非遗持有人的培训，特别是针对拥有非遗传承人称号的非遗持有者的培训，我想更应该基于非遗保护的目标。我国早已明确非遗保护的16字指导方针为“保护为主、抢救第一、合理利用、传承发展”。我觉得非遗工作部门应该把培训的重点放在“保护为主、抢救第一”上面，这是责任！有句话叫“皮之不存，毛将焉附！”没有了非遗的原真性，那些要做创新的就缺少了蓝本，缺少了灵魂。如果我们非遗工作部门投入更多精力去做“走市场、走销售”的创新发展培训，自然就会引导文化持有人向那个方向发展，而容易忘记自己所肩负的文化原真性传承的责任。市场对文化的改变是很快的，苗族银饰锻造技艺长期以来是为本民族服务的，是按照本民族的文化传统传承发展起来的，有自己民族的手艺特色。近年来，由于各种培训的开展，扩展了银匠们的视野，他们在追逐商业利益的思想之下，完全采用机器进行仿真生产，然后美其名曰“苗族银饰锻造技艺”，既扰乱市场，又毁坏非遗“名声”，最关键是影响了项目的有效传承。许多银饰锻造技艺的学徒接触了大量的假非遗，混淆了他们对非遗的理解，妨碍了这项非遗的传承。

一看传承人所传“表现内容”是否原汁原味，二看传承人所传“表现形式”是否原汁原味，三看传承人“所用原料”是否原汁原味。只要做到这三点，传承人所传便是真正的非物质文化遗产。民俗专家苑利表示：不排斥传承人创新，但要强调一点，既然是创新，既然是刚刚创作出的“东西”，那就应该是“现产”，而不是祖先留给我们的“遗产”。

非遗传承人群的培训中，尤其是非遗传承人群进入高校等正规教育系统培训，培训者与被培训者有内外之别，也就是自我与他者之别。培训者作为一个他者、外人，因接受了较多现代科学理念和方法，了解城市现代生活对非遗的需求以及满足这些需求的方法，可以帮助被培训者更新观念，接受新事物，对非遗进行创新发展。同时，被培训者的自我或内部人也有对非遗自我发展的需要，但受所处文化圈、接受现代教育程度的限制，缺乏让非遗走出原有社区，融入现代城市生活的观念和方法。这种互补的观念、知识和需要，是非遗传承人群培训得以实现的重要基础。

**吴：**非遗的培训主要是针对传统技艺项目，其他项目是不是也能进行培训，如何培训？

**曾：**针对传统技艺项目的非遗培训更多的是因为这样的项目容易以生产性保护的名义实施，换句话说，就是可以走市场，助力脱贫。如果说抱着助力脱贫的目的去培训一点不错，但那不是非遗保护部门的职责。相反，非遗保护部门是应该做好传承人保持非遗项目的原真性工作。我记得有位非遗保护专家说过，真正的非物质文化遗产有三个方面的原汁原味，即表现内容、表现形式、所用原料。传承人创新的作品是利用非遗的元素进行重新再创作的，应该是“现产”，而不是祖先留给我们的“遗产”。只要明确了“非遗”这个概念，对传承人的培训完全可以不局限在手工技艺类的培训上。每个项目都可以开展对保护项目的认识的培训。

如何培训？这需要做好培训前的研究，设立切合实际的培训目标，设置受训人能接受的培训课程。可集中培训，也可分散培训。集中培训可以将代表性传承项目集中起来，开设1—2天的理论培训。所谓理论培训就是用通俗易懂的语言讲述传承人所肩负的责任和义务，讲述民族的历史，引导传承人在传承技艺的同时还要传承文化。分散培训就是要利用可展示非遗项目的实际场景，将项目文化通过现实文化场景来指导各级传承人，加强传承人对项目知识与技能的掌握，对非遗项目的传承力度和传承广度起着很好的作用。当然，这种教学的老师得是高级别的项目传承人，还可请相关民族的文化精英来参与教学，或者来参与教学的讨论。

**吴**：我的问题还要涉及代表性传承人的责任问题，培训是让代表性传承人更好地开展传承，我们的培训如何才能不脱离主题和核心。

**曾**：非遗就是一种活着的文物，有着重要的历史价值，是现代人了解祖先的历史、汲取祖先的智慧、传承祖先文明的标本。非遗传承人的责任就是“承”与“传”，即将祖先所留遗产原汁原味继承下来，然后再原汁原味地传下去。

如何不脱离主题和核心？关键是要明确好主题和核心，按照这个主题和核心去开展，方法一定会很多的。举个例子，文化艺术研究所是苗族仰阿莎项目的保护单位，他们也做保护培训。培训的方式就是每年召开仰阿莎项目保护的座谈会，让所有项目传承人在座谈会上畅所欲言，纵情歌唱，将本支系苗族人演唱的仰阿沙唱出来交流，唤起其他支系苗族人的演唱记忆，虽然各个支系演唱的音调不一，但演唱的内容基本一致，这样就激发了传承人对此的热爱，有“唱”的冲动，有“传”的要求。省民间文艺家协会也曾做过一个侗族鼓楼建造技艺的培训，这个培训是放在民间的，在侗族的村寨里召集传承人及他们的弟子参与培训，针对某座鼓楼的建造技艺开展现场教学，这种培训很落地，不会脱离主题和核心，不会只看市场不看文化。

## 结语

非遗项目培训是政府助推非遗传承的重要手段之一，也是开展得最多的活动之一，对非遗的传承起到了重要的作用。由于我们所处的历史阶段和社会环境的关系，非遗培训和经济发展、扶贫攻坚、民族平等、科技兴国以及妇女保障等联系在一起，介入非遗培训的机构和人员众多；非遗的培训形式呈多样化趋势，对于非遗的传承是好事。

但是，非遗的传承本身有自己的目标和特点。如何开展好非遗培训，利用社会资源和各方面力量提高非遗培训质量，更好地帮助非遗有效地传承，是一个重要的课题。曾祥慧研究员从她研究工作经历和非遗培训实践，谈自己对培训的看法和思考，为我们非遗培训和非遗传承保护其他方面予以重要的启示。

# 非遗保护工作十余年的经验分享

## ——对话黔东南州非遗中心主任粟周榕

黄 嫱*

**专家简介**

粟周榕，黔东南州非遗中心主任，从2004年开始从事非遗工作。参与编撰《黔东南州非物质文化遗产集锦（1—3）》《古朴神秘家园——黔东南州民族文化村镇》《神奇的节俗——黔东南民族传统节日》《苗岭山区雷公山麓苗族村寨》《侗族大歌》《侗族琵琶歌》等黔东南民族文化系列丛书。2011年10月独立编著的《六洞九洞侗族村寨》由贵州民族出版社出版发行。先后发表《神秘古朴的苗寨—岜沙》《和谐：侗族大歌的主旋律》《从太平盛世看群众文化的繁荣》等文章及论文近50余篇。

**采访者：**黄嫱

**黄嫱（以下简称黄）：**粟主任，您好！非常感谢您能够百忙之中抽空来接受访谈。您在黔东南州非遗保护这方面是前

* 黄嫱，女，侗族，贵州锦屏人，硕士研究生，黔东南州文化研究所助理馆员。

辈，我希望通过这次访谈能够让大家对黔东南州非遗工作有更深层次的了解。

**栗周榕（以下简称栗）：**非常乐意通过这样的方式来介绍黔东南州非遗保护工作，希望能通过多种形式的宣传，让全社会更多的人关心、关注和参与到非遗保护的行列中来。

**黄：**我们知道国内非遗工作是从2001年昆曲入选联合国教科文组织“人类口头和非物质遗产代表作”开始的，我国由政府主导推动的非遗保护工作走过了18个年头，黔东南州非遗保护中心从2007年成立到现在，经历了12个年头，非遗保护工作相对于文物方面等的工作算是新兴事业，什么样的原因让您选择从事这项新兴的工作呢？

**栗：**也算是机缘吧。2004年我从从江县教育局调到从江县文体广电局任副局长，分管社会文化文物工作。根据当年的工作安排，启动了从江县的非遗普查工作，并参与了从江县第一批非遗项目的申报工作。2006年到黔东南州文化局社会文化文物科挂职锻炼，2007年成立黔东南州非遗中心后，我就正式成为了一名非遗工作者，并参与了黔东南州第一批国家级的非遗项目的申报工作，没想到，一干就是15年。

**黄：**黔东南苗族侗族自治州，位于贵州省东南部，地理环境独特，自然资源丰富，境内居住着苗、侗、汉、布依、水、瑶、壮、土家等33个民族，民族风情浓郁，非物质文化遗产项目众多。您觉得黔东南州在非遗保护工作上，与其他省份、地州市相比有何优势呢？

**栗：**最大的优势在于，黔东南州有着丰厚的历史文化积淀，且存续状态良好，并具有鲜明的地域特色和民族特色，民众参与保护的积极性高，更重要的是这块神奇的土地保护孕育发展非遗的人文环境和自然环境优越。

**黄：**黔东南州非物质文化遗产保护中心从2007年成立到现在，虽只经历了12个年头，但在您的带领下和各级文化行政部门以及社会各界的共同努力下，我州非遗保护工作取得了瞩目的成就，您能够谈下近10年来黔东南州非遗保护工作的主要做法和成效吗？

**粟：**好的，我觉得最有成效的就是州委州政府高度重视，率先在全国地州级成立了黔东南州非遗保护中心，截至2015年底全黔东南州县县都有非遗中心，总编制92人。有了机构，就有人员和经费来从事非遗保护工作。就因为有了这样的保障机制，黔东南非遗的各项保护工作才得以有条不紊地推进。因此，2009年和2018年黔东南州非遗中心两次被国家文旅部表彰为先进集体。十余年来，黔东南州在非遗保护上采取了如下主要措施：①政策性（立法性）保护日臻完善。先后出台了《黔东南苗族侗族自治州民族文化村寨保护条例》《关于守住两条底线用好两个宝贝打造国内外知名民族文化旅游目的地的决定》《黔东南州州级非物质文化遗产项目代表性传承人认定与管理办法》《黔东南州非物质文化遗产代表性传承人年度考核办法（试行）》《黔东南州州级非物质文化遗产项目代表性传承人群认定与管理办法（试行）》《关于进一步加强全州非物质文化遗产保护与传承工作的实施意见》等地方性法规和政策，有效地促进了黔东南非物质文化遗产的保护传承发展。②传承性保护深入开展。一是建立和完善了四级非遗名录制度。截至目前，我州共有人类非遗名录1项3个保护点，国家级53项72

处保护点，省级 218 项 306 个保护点，州级 329 项 416 个保护点，县、市级 1203 项。我州在全国地州级入选国家级名录最多，成为名副其实的非遗大州。二是建立了四级非遗代表性传承人体系。现全州有各级非遗名录项目代表性传承人 2260 人，其中，国家级 48 人，省级 139 人，州级 294 人，县（市）级 1779 人，形成了四级非遗项目代表性传承人认定体系，为非遗传承奠定了人才基础。三是推进“民族文化进校园”进行普及教育。目前，黔东南建立民族民间文化教育项目学校省级 24 所，州级 50 所，县级 84 所，通过项目学校的带动，黔东南州有 1000 多所学校开展了民族民间文化教育活动。四是拓展研培计划提高综合素养。截至目前，联合国培基地、省培基地完成传统工艺传承人群普及培训 32 期，近 2000 余人，完成推荐 183 名优秀学员到清华大学美术学院等国内一流工艺美术高校参加传统工艺研修，包括其他延展研培，累计研培万余人次。这对促进黔东南州大众创业、万众创新的“双创”工作，为非遗“小商品、大企业”的产业集群发展奠定人才基础。③整体性保护有序推进。一是围绕《黔东南民族文化生态保护实验区总体规划（2016—2030）》开展各项工作。二是探索文化和自然遗产保护发展示范村工作。三是实施跨区域项目集中连片保护工程。四是创建精品景区园区及非遗创意产业园区工程。④抢救性（数字化）保护创新发展。一是加强黔东南州级项目名录建设，推动民族文化生态资源普查工作。二是规范管理非遗资料档案和数字化信息。三是重点推进深度调查项目，建立云数据平台。⑤生产性保护有声有色。一是建立一批非遗生产性保护示范基地。目前，黔东南州已建立国家、省、州、县四级非遗生产性保护示范基地名录体系，共计87家，其中国家级3家，省级21家，州级15家，县级48家。二是2017年创建了20个传统工艺名师大师工作室。三是完成了一批非遗知识产权保护。四是建设了一批传统工艺工作站。五是建立了一批非遗＋扶贫就业工坊。⑥传播性保护全力开拓。一是在中央电视台多个频道上开展宣传展示活动。二是到国内外开展文化交流与展示。三是每年举办具有地域性、民族性的民间节庆活动和各种文化赛事与峰会。四是创作经典剧目及电视剧。五是编辑、出版了民族文化系列丛书。六是扶持鼓励乡村社区开展传统民俗及节庆活动。七是建立州级非物质文化遗产保护传承教育示范基地85家等。

**黄：**我州在“非遗”10余年保护过程中，您觉得有哪些亮点工作？

**粟：**我觉得有四个方面的工作。一是以保护侗族大歌和苗族飞歌为核心进行整体性保护。截至目前，我省已完成了四届以保护侗族大歌为核心的“黔东南州民族文化生态保护实验区‘侗族大歌百村歌唱大赛’”，自第一届大赛的成功举办后，整个侗族大歌流布地的民众掀起了教歌、传歌、赛歌的热潮，很多村寨成立了老年协会，组织老歌师、戏师义务承担教歌、传歌的工作，很多村寨重新组织歌队，建立传习所，邀请老歌师来教歌。加上每届有100个优秀歌师和骨干下到100个村寨，新建100支歌队，每支歌队20人，每年就增加2000人唱大歌，侗族大歌流布地的村村寨寨又重新缭绕着优美的侗歌声，一些与传歌有关的习俗又重新得以修复，实现了项目的可持续发展。比如村与村之间的集体游乡做客的“月也”在近年来广泛兴起，成为时尚。二是由个体传承到群众性传承。在民间，很多项目光靠个体来带动传承是远远不够的，一些群众性的传承项目要加以扶持与鼓励。因此，黔东南州探索出台了《黔东南州州级非物质文化遗产项目代表性传承人群认定与管理办法（试行）》（黔东南府办发〔2017〕25号），对参与度高、互动性强、传承性好、保护性强的传统项目以及具有一定代表性、示范性、影响力的团体或群体提供政策支持和保护，深入推进非遗项目传承保护发展示范社区（乡、村）的建设，助力打造黔东南国内外知名民族文化旅游目的地。例如，从江县的小黄村有60支歌队，人员超过1000人，这个村寨就可以作为群体申报。一个侗戏班、舞龙舞狮班人数在10以上100人以下的，就可以作为团体来申报。三是把乡村振兴计划与产业发展结合起来。乡村振兴离不开产业的支撑，如果没有产业的带动与发展，振兴计划就只是一纸空文。从“十二五”时期开始，黔东南州就启动非遗保护发展示范村建设，对有地域性、民族性、独特性的非遗项目村进行“一村一品”重点扶持带动，开展保护传承工作，并结合旅游进行对外宣传与推广。比如西江镇的苗年节、岜沙村的芦笙舞、石桥村的造纸、麻料村的银饰、排倒模村的蜡染、卡拉村鸟笼、小黄村的侗族大歌、反排村的反排木鼓舞、肇兴村的木构建筑技艺、施洞镇的独木龙舟节和姊妹节、高华村的瑶族药浴等。目前推广得比较好的有近100余个村寨。特别是雷山县作为国家级贫困县，自2008年正式推进旅游开发以来，当地党委政府以民族文化旅游为抓手，以促进地方发展和人民群众共同脱贫致富为目标，经过10年的奋发努力，西江苗寨一跃成为经济旺、百姓富、产业兴、民族文化得到较好彰显与利用的全国知名乡村旅游胜地。四是多方联动，力争全社会共同参与。黔东南州入选的各级名录多，项目分布广，仅靠文化部门来开展保护与发展工作是不够的，因此，2017年由黔东南州人民政府评选公布了85家具有保护性、传承性、实践性、教育性、宣传性、研究性、示范性的非物质文化遗产企业、文艺团体、协会、学会、博物馆、展览馆、文化馆、教育单位等作为州级首批非物质文化遗产保护传承教育示范基地，每年都要求各基地把非遗保护的相关工作列入当年的计划，年终进行总结，并要求每年的文化和自然遗产日都要开展和参与丰富多彩的宣传活动，这就大大推进了全社会共同来参与保护非物质文化遗产。

**黄：**现在在“非遗”保护过程中主要面临哪些方面的困难和问题？有什么应对的措施呢？

**粟：**一是文化生态环境发生巨变，部分项目传承发展陷入困境。随着经济全球化趋势的增强和现代化进程的加快，黔东南州的很多文化生态环境正发生急剧的变化，民族文化生存的空间和土壤也在萎缩，新媒体的出现，年轻人的关注点大多已转移，千百年来许多主要靠口传心授的民族文化资源处在消亡的边缘。如苗族古歌、侗族古歌等项目，加之年轻人外出务工，评选的各级传承人年岁高，民族文化传承后继乏人等问题凸显。目前我州共有国家级非遗传承人48人，其中去世9人，健在39人，平均年龄61岁，65岁以上的14人；省级传承人96人，其中去世7人，平均年龄为60岁，65岁以上的29人；州级199人，其中去世14人，平均年龄为58岁，65岁以上的73人。二是工作机制不完善，机构不健全，缺乏保护和管理文化生态保护区的必要专业人才队伍，缺乏高水平的专家团队进行指导保护。2012 年，在黔东南州委州政府的高度重视下，经州编办批准，在州非遗中心设立了实验区管理科（副科级），负责黔东南民族文化生态保护实验区管理建设日常工作。但多年来，因编制人员不足，各县市也没有相应地成立专门的实验区保护管理机构，导致机构、人员与繁重的实验区建设工作极不对称。加上实验区建设工作涉及部门较多，民族文化保护行政体制存在“多头管理”问题，造成政出多门，投向不一，资源不能整合，难以形成合力。从贵州省设立黔东南民族文化生态保护实验区以来，走过了 6 年多的时间，在理论和实践工作中也取得了一定的成绩，但我们也清醒地看到，我们在文化生态区的建设中仍然缺少缺乏保护和管理的专业人才，缺乏高水平的专家团队，这严重制约着黔东南民族文化生态保护实验区建设工作的推进。三是财政投入保护资金相对不足。目前，我州在民族文化保护、利用与发展的资金，仍以国家补助的经费为主，大部分县市财政基本没有专项经费投入，严重影响了民族文化的保护传承及民族文化产品、产业的开发和发展。针对以上问题，我认为应该从以下几个方面来逐步完善我们的体制机制问题。一是提高认识，高度重视，把推动民族文化保护传承发展工作放在各级政府工作的重要位置。“十四五”期间，各级政府明确了民族文化保护传承工作的“五个纳入”：纳入经济和社会发展规划，纳入城乡建设规划，纳入财政预算，纳入体制改革，纳入各级领导责任制。州级层面研究出台具体的民族文化保护传承发展工作考核办法，把民族文化保护工作列入相关州直部门、各县市人民政府年度考核的重要内容之一。二是建立黔东南国家级民族文化生态保护实验区管理委员会，统筹保护我州民族文化保护工作。我州可参考青海黄南藏族自治州国家级热贡文化生态保护实验区做法，设立黔东南民族文化生态保护实验区管理委员会，统筹州文化、民宗委、教育、旅游、住建等部门的民族文化保护工作，整合资源，统一权责。构筑全州民族文化保护传承工作的完整体系，形成推动我州民族文化保护传承发展强大合力。三是加大经费投入，增加财政预算，明确建立民族文化保护传承发展专项资金，纳入州、县级财政预算，在资金上予以保障。“十四五”期间，州级、县级财政适当增加了民族文化保护经费投入，并根据全州国民经济的发展，财政收入的增加，逐年提高支出比重；设立州级民族文化保护传承补助专项经费，相关部门及时研究制订具体的奖励和补助办法。各县市人民政府研究制订民族文化保护传承各项补助办法，对县级非遗项目、县级非遗传承人、县级民族文化教育学校等进行奖励或补助；设立黔东南州民族文化保护基金。四是建立健全民族文化保护研究机构，完善人才队伍建设。州级层面组建黔东南州民族文化研究院，引进人才，为我州民族文化保护研究工作提供保障；着力解决当前我州民族文化保护工作人才队伍建设问题，适当调整原有机构，增编增员。五是加强非遗基础设施建设，为其传承、展示提供场所。从各种渠道继续力争国家级、省级项目经费，建设至少一个国有综合性非遗展示馆，根据当地实际，建设非遗专题展示馆，为各级非遗名录项目建设传习所。鼓励个人、企事业单位等社会力量建设多种形式的非遗专题展示馆和传习所，同时要注重非遗珍贵实物资料和传承人代表性作品的征集，并进行科学的展示陈列，充分发挥非遗基础设施在保护、传承、展示、宣传非物质文化遗产等方面的积极作用。随着我州非物质文化遗产保护工作的逐步深入，社会各界开始关注、关心与支持我州的非遗保护工作。保护非物质文化遗产是一项长期而艰巨的任务，需要一代一代做下去，需要法律、科技、行政和财政各项措施环环相扣，才能更进一步保护好、传承好和发展好我州优秀的非遗，让非遗保护意识深入人心，成为全社会的自觉行动。

**黄：** 再次感谢粟主任接受本次的采访。愿黔东南州的非遗工作能够在您的带领下越做越好。

# 指尖勾勒的蓝花故事

## ——贵州省丹寨县宁航蜡染创始人宁曼丽专访

潘璐璐 *

2019 年是丹寨宁航蜡染有限公司成立的第十个年头，在这十年的风风雨雨中，伴随着金融危机、贵州省“旅发”大会第一次走进黔东南州，宁航蜡染的创始人宁曼丽带着几十名苗族蜡染传承人，用手中的蜡刀，在布面上冷静沉着地勾画出生动的图案。这些流淌于传承人蜡刀下的线条，记录传达了苗族文化的密码，也承载着苗族人时代的精神气象。一笔一画都是画娘们对自己生活、对苗族语言世界的诠释。这一群人，用一辈子的光阴，专心守护着传承和传播苗族文化这一件事。

**采访者：**潘璐璐

蜡染是我国古代三大印花技艺之一。苗族蜡染衍生于苗族社会，是苗族人民世代承袭的文化事项和传统手工技艺。苗族蜡染画娘们用蜡刀蘸取熔蜡，绘花于布面上，再经植物蓝靛



---

* 潘璐璐，女，苗族，黔东南州文化研究所馆员，中南民族大学中国少数民族史专业 2017 级博士研究生。

浸染，用沸水去除蜡，制作为蓝底白花或白底蓝花的美术工艺作品。在贵州省丹寨县的苗族村寨，蜡染、画花是妇女们的家常便饭。女孩们从孩童时期就开始与长辈学习蜡画、染布、织布、刺绣，这些飞舞在指尖上的生活技能也是评判女孩们是否心灵手巧的标准。作为贵州省丹寨县苗族传统手工技艺，苗族蜡染技艺于2006年经国务院批准列入首批国家级非物质文化遗产名录。随着时代的变迁，我们的社会、生活、文化都发生了颠覆性的变化，包括苗族蜡染在内的很多传统手工艺技艺也正面临着失传的险境；同时，也有越来越多的个体或群体走进少数民族传统文化保护事业中，承担起作为一个新时代社会公民对保护和传承中华民族优秀文化遗产的重任。

对于来自安徽省的宁曼丽来说，苗族文化与她从小耳濡目染的文化截然不同。10年前一次独特的经历，让她和苗族蜡染产生影不离灯的情缘。正是苗族蜡染这扇窗口，让她在苗族文化和苗族社群里找到目标，从怀疑到理解，再到认同和欣赏，并愿意为此投入自己一辈子的时间和精力。在此过程里，苗族文化带给她一次次的心灵震撼，她也在“他者文化”中逐渐找到了自己的位置。



为了记录蜡染画娘们传承和发展苗族蜡染技艺背后的故事，笔者分别于2019年春节以及暑假期间，两次走进丹寨，对宁航蜡染的创始人宁曼丽进行专访。



## 危机中的遇见

**潘璐璐（以下简称潘）**：宁总您好！我在2011年刚参加

工作时，就知道您一直在从事苗族蜡染事业。您创办的宁航蜡染是国家级生产性保护示范基地，多次获得国家文化部、省文化厅的殊荣，画娘们也逐渐带着作品走出了深山。今天想和你聊一下您的企业和您接触苗族蜡染的历程。

**宁曼丽（以下简称宁）**：宁航蜡染从2009年成立到现在已经十年了，有来自不同苗族地区的一群蜡染传承人跟着我们在做，包括一些残疾人，还有一些画娘带着孩子在这里做。最初我们也没有那么高尚的想法，都是为了生存。但是久而久之，在做的过程中，我慢慢地发现我们做的事情就变成了一种责任。就觉得在这过程中，不仅仅是为了挣钱，从谋生慢慢到认识这种文化，到喜欢，到热爱，到当作一件人生大事去做。所以我们的企业介绍也很简单，就是一句话：一群人，一辈子，一件事。

**潘**：可以谈一下您选择做苗族蜡染的经历吗？

**宁**：我之前在安徽开织布厂。2008年的时候，遇到金融危机，我们当时也接国外的一些订单。金融危机爆发以后，那些客商就消失了，我就积压了差不多七八百万匹的布。我要生存下去，我要活下去，于是我开始四处寻找自己的出路，也很想把这些布变现。后来我就四处游走，就走到了凯里。正好凯里那年在举办一个大型活动，我就去现场看热闹，会场是在黔东南州民族博物馆。那天我看到了蜡染，它的原材料是布，我就突发奇想，说能不能把我积压的那些布用起来。因为那些布正好和蜡染布是吻合的，是天然纤维，棉麻、丝毛之类。我就开始做一些尝试，让现场的画娘把我带来的这些样品拿回去做。后来就慢慢地去寨子里招工，我们从六个人开始做起，到今天已经有几十个绣娘了。

**潘：**企业在创建初期很艰难吧？

**宁：**开始的时候没人相信我，也不知道我能不能做起来。当时的那六个人，现在也还在。我们做到今天，也还是有很多困惑，有很多困难需要去克服。我们在那几年做得特别困难的时候，也有人提议说“你们应该做一些化学染来降低你们的成本，也做一些丝网印”，等等，我们会感谢他们的好心，但是我们不会采纳，因为这样做了，我们就把最本真的东西丢掉了，会把我们的灵魂丢掉了，那我们还坚守什么啊？

**潘：**最困难的时候，具体遇到了什么困难？

**宁：**在 2011 年和 2012 年，那几年交通闭塞、落后，大家对少数民族文化的认可度不高，还有这么一大群人要开支。所以那个时候是很困难的。我们之前亏了五年，第六年才开始持平，第七年才开始盈利。这几年赚的钱，用来填补之前的窟窿。因为现在丹寨的交通、信息等各方面基础条件都得到了很好的改善，还有了万达小镇，有我们国家对文化产业的重视，困难会越来越少。

**潘：**是什么让你坚持了下来？

**宁：**一方面是因为这里就像自己养育的孩子一样，你不忍心把它丢弃，你已经付出心血了；另一方面内心还是有一种信念吧，相信我们会越来越好。中国那么大，世界那么大，我相信会有一个，哪怕是非常非常小众的群体，它认可我们，这样就够了。哪怕我们中间缺少桥梁，缺少渠道。

**潘：**现在从事文化产业的各类商家如雨后春笋一样涌现，目前你们的定位是怎样的呢？

**宁：**每个企业的方向和定位不一样，有的想做文创，想做延伸品和品牌概念的东西，这样政府的关注度更高一点。我们目前就想带着这一群人，把苗族蜡染的传承和传播这件事情做好就可以了。

具体来说，现在我们一是有自己的产品，二是根据客户的需求来做。比如他需要真丝的，就寄真丝过来，他需要棉麻的，就寄棉麻过来；也有一些门店想来和我们谈合作的，但是蜡染是一种地域文化，离开贵州的土壤就生长不了。就像你到苏州旅游一样，去苏州买块苏绣，到杭州买块丝绸，到了贵州就想买块蜡染。北京上海再繁华，那边人家不一定能接受蜡染，不可能跑到北京去买块蜡染。比如以前黄果树那边有人想合作，我看中的不是黄果树的人流量，人来人往让人心很浮躁，去旅游的人未必能静下心来欣赏这里面的文化，所以就婉言拒绝了。我倒是希望它是一个比较小众的群体，它能够认可我们，能够懂得我们这里面的文化内涵。所以我们不求量，不求大，要怎样去挖掘它的文化，怎样把它的功能利用得更好，怎样把它的附加值体现出来，这个是我们要做的事情。所以不管是做什么的，认准你自己的定位方向就好了。



## 致力于传播，创新于理念

**潘：**丹寨的苗族蜡染和其他地方的蜡染有什么不一样？

**宁：**蜡染在我们中国很多地方都有，很多民族都有，不同民族的蜡染，它表达的是不同的文化。比如说：中国有苗族蜡染、水族蜡染、布依族蜡染、侗族蜡染、瑶族蜡染、黎族蜡染等。苗族蜡染表达的就是苗族的文化、苗族的语言、苗族的符号、苗族的图腾。泰国的蜡染都是采取那种几何、抽象的形式来做的。但是工艺都是一样的，都是用蜡或者是用枫香来做防染剂，染都是用植物染，除非为了工业化，它就用化学染料。它们表达的文化不一样。

像泰国的蜡染就做得特别好，是因为政府都在使用它，它作为礼品来推广。贵州就缺乏这一点，就是说你有这么好的工艺存在，有这么好的文化存在，但仅仅靠传承人，仅仅靠我们企业的力量实在是太薄弱了。我作为一个外地人在这里，能留在这里，待在这里这么久，一次次地走进村寨，我的心灵一次次地受到震撼。在那些特别闭塞的苗族村寨，有这么丰厚的图腾文化存在，你会感到他们曾经是贵族，他们的东西画出来都特别贵气。

**潘：**你们在这里还是要有固定场所开展传承吗？

**宁：**要有固定的场所，一套人马，两块牌子。一块是传习所，提供给常年学习的人，来的都是天南地北的人，包括高校和旅游团等，另一块牌子是公司。因为传承那块没有收入，我们不能饿着肚子做事情。我们要把产品、艺术品转化为价值，才能健康有序地去发展。要将绣娘们的知识和经验转化，传承和传播给外界的人。

政府的培训我们也在做。同时，作为示范性基地，我们常年也做长期和短期的培训。所以我们在后面租了那么多房子，每年要接待那么多人，为前来培训的人设置得有三天、七天、半个月的课程，有初级、中级、高级班。

**潘：**来参加培训的都有什么人呢？

**宁：**因为我们一部分的精力做教学，所以我们培训主要面对高校。全国有几十所高校跟我们合作，我们每年走进高校，也有高校走进我们，主要是美院、服装学院、艺术学院。今年从3月份开始，每个月大概有二三百人前来参加培训。比如黔南学院就已经跟我们联系了，8月份西北工业大学等高校的学生也会来；同时，我们还支持绣娘走出去，有不少高校聘请她们为客座教授，也有的高校邀请她们去学校授课。其他的还有如社会上的文艺青年，热爱蓝染、草木染，还有就是一些艺术家、设计师等都会走进我们这个工坊。我们培训的形式是多种多样的。

**潘：**培训和传播涉及核心技术的外传，您怎么看待这个问题呢？

**宁：**我们觉得没有什么值得保密的，来的人我们都愿意教。我们觉得做的人越多，热爱它的人越多，我们才会越好。来这里的人我们也不忌讳拍照，包括传承人的卡片。不是说你不买我们的东西，我就不提供给你。因为任何形式都是一种宣传，我们应该要普及这种知识，要普及这种技艺。要让大家知道有这样一群人存在，有这样一种文化一直在传播，就行了。

当然我们也做了一些知识产权的保护。到目前为止，我们有六十项专利，有三项发明专利，三项实用性专利，剩下的都是外观专利。但是中国知识产权保护存在很多问题，被侵权以后，很难维权，也很难挽回损失。比如这个图案我做了保护，别人改动一点，他也可以说是他的。心灵方面很多的东西没办法去模仿的，没办法超越的，他们每天都在创造，你即使抄袭了那个，我又源源不断地在创作新的，所以我们也没把这个当作太重要的东西。

**潘：**打算做多样性的尝试吗？

**宁：**准备在校园做真正意义上的校园工厂。因为传承人年龄增长，各方面老化，出现断层现象。我们如果不跟高校合作，不用一种商业的模式，就会很难。没有买卖、没有使用就没有传承。传承人也不可能饿着肚子做事情。此外，我们还跟微信上的一些私人提供定制服务，每年三八节、母亲节，很多人定制礼品。因为我们这个是个性化的礼品，是世界上别的地方买不到的东西。你可以把你的意愿、愿望给我们，我们去帮你创意。比如你觉得每年都是买花那些东西已经没有新意了，想给你的爱人一个特别的惊喜，你就可以定制一条围巾，就是一个很特别的纪念品。

## 专注于一件事情便是成功

**潘：**丹寨的苗族刺绣、银饰锻造技艺也很有特色，您考虑过吗？

**宁：**没有，我只想做蜡染这一件事情。因为其他东西我不擅长。蜡染当然我也不太懂，但是我付出了太多的心血和精力在上面。有的人问我："这里有没有银饰和刺绣？"我都是说"我这里有很多银饰和刺绣的传承人、厂家，可以给你推荐"。包括蜡染也一样。有的人来我这里问，我就会先问他，你是一个什么样的定位，如果你是做旅游商品，当然我可以推荐你到安顺去。安顺蜡染已经规模化、产业化，他的价格比我们便宜，因为成本低。如果说不想做旅游商品，想做文化，那你找我们就找对了。我们是在做一种贵州的文化、工艺，我们是在做一种传承。

**潘：**现在万达小镇人气很旺，您有没有想过把传承人带过去呢？

**宁：**当时也考虑过，但是后来我们的画娘有一句话提醒了我，她们说："假如让我们到万达小镇，我们还不乐意去。"为什么呢？她们说："每天那里那么热闹，我们哪有心思画东西，每天都有人跟我们照相，让我们摆pose，以后我们都不会画了。"她们说："我们不去，我们就在这里，喜欢我们的人他们会找来的，不喜欢我们的，我们去到再热闹的地方也不喜欢。"我就觉得确实这种手艺不能太浮躁。现在去房间里面看，她们在画花，她们内心是很平静的。

## 苦难与快乐的平衡曲

**潘：**请您给我们介绍一些传承人的经典蜡染作品吧。

**宁：**苗族人民把他们悠久的历史、对生活的理解都画在身上，绣在身上。你看这些画娘，特别有智慧，她们没有学过几何，也能把几何花画得特别规整。她们连学堂的门都不知道在哪儿，没有上过一天学，更没有经过任何的美术训练，甚至有的画娘连学名都没有，都是苗名。但她们画的东西都很大气，都是一气呵成。传统蜡染是蓝底白花，现在还有的是反过来画的，呈现出白底蓝花，这种工艺就比较复杂。

苗族画娘们想象力非常丰富，图案有蝴蝶、鱼、虫、鸟、人等，她们画的这种像人一样的蝴蝶是蝴蝶妈妈，蝴蝶妈妈是苗族的始祖，就像汉族的女娲一样。苗族人认为蝴蝶妈妈和水泡恋爱后，生了12个蛋，就有了人类——姜央。另外，在丹寨蜡染里面，刺绣里面，有很多鱼的图案。鱼在苗族文化里意味着人丁兴旺。因为鱼的肚子里有很多鱼籽，苗族之前一直在经历战乱、迁徙，他们就特别希望他们的族群人丁兴旺，多子多福。在苗族蜡染里面，锦鸡出现的频率是最高的，这个鸟，他们称为锦鸡。相传，在苗族迁徙过程中，有一次遇到洪水泛滥，突然从天上飞来一只神鸟，它特别勇敢地从洪水中衔来了粮食的种子给这些先民，让他们世世代代在深山老林里面生存下来了，所以苗族人特别崇尚鸟。鸟是他们心中的图腾。鸟在她们的笔下，在他们的绣针下，能够千姿百态。不同形态、不同感觉的鸟都会出现。丹寨苗族支系最经典的图案叫窝挑纹，意味着生命力。圆点意味着丰收的米粒，弯弯曲曲的是他们走过的路程。再一个就是苗族很喜欢画人，但这个人不是具象的某一个人。

**潘：**这些作品后面都有一些故事吧？

**宁：**像这幅《百鸟图》，画的是100只鸟。每一只鸟的神态、动态都不一样，这个百鸟图的作者出生于丹寨县，教育程度小学一年级，天性聪慧，16岁开始接触蜡染，她的作品惟妙惟肖，作画行云流水。她的多幅作品被钓鱼台国宾馆收藏；在第十二届义乌国际艺术节上，她的作品获蜡染类创意金奖；在第十一届文博会上，她获得农民艺术家的称号。

有一次我们应中国民族博物馆的邀请，到北京去参加一个展览。组委会说，你们要画100只鸟，就是画一幅百鸟图。然后我就跟画娘说了，她说：“哦，那你把布裁给我。”然后她就去外面捡了100颗石子儿，放在她天天背的包里面。于是她就开始画，画一只鸟，就丢掉1颗石子儿，等她包包里的石子儿丢完了，100只鸟就画得差不多了。画完后她就把画展开，看一下画的疏密，哪个地方太疏了，哪个地方太细了。然后我们就数鸟，我就问她："你画的是100只鸟吗，怎么多出来一只鸟？"她说："哦，这一只是超生的鸟。"

《百鸟图》这幅作品完成后，就被中国民族博物馆收藏了，并把它分段拍下来，做了一本台历。这本台历上，就是她画的100只鸟，中间的一大张是作为台历的首页。这里面很多鸟是在互动的，有两只鸟在说话，有的在交流，有的在对歌……她画的所有东西都是生动的，都是动感的。

**潘：**这里的画娘来自不同的苗族村寨，她们之间会互相学习和交流吗？

**宁：**会的。之前是因为交通、信息各方面不发达，现在各方面都很开放，也很方便了。所以我在丹寨尽管做的是丹寨蜡染，但是我也有榕江蜡染，也会有黄平蜡染。这些画娘都是来自不同的地方，都是长期在一起做。她们在一起共同生活，共同劳作，时间久了会互相影响。榕江的蜡染画里面会有黄平的元素，丹寨蜡染会有榕江的元素，也会有革家的元素。有的时候我也会在思考这些东西，我就觉得几种形式都应该存在，创新也要有，留住最传统、最核心的东西也是必须要做的。

**潘：**来这里的画娘能不能适应城市的生活？

**宁：**2016年，中国民族博物馆在北京民族文化宫给我们做了一次丹寨苗族蜡染的特展。我就把几十个人一起带去了，回来的时候，在一个车厢里面，大家就很开心地唱着歌。我就问她们，你们觉得北京好吗？她们说北京好，北京有那么多好吃的，有很多是我们一辈子都没有吃过的。有的说北京有太多好玩的地方，是我们一辈子向往的地方，有的说北京有太多的人、太多的车、太多的房子，北京很热闹很好。我就说："我把你们留在北京？"所有人都说"不好！"我说："为什么你们那么喜欢北京，却不肯留下来呢？"她们说："北京人太累了。"我就很奇怪，我说："你们才待了五天，怎么知道北京人累呢？"她们说："我们每天都要从宾馆去展览馆啊，我们都要坐地铁，然后要坐公交。我们看到所有的北京人都是一个动作（低头看手机）。所有的北京人都苦着脸，然后车一停，门一开，所有的人就跑。我们就不知道他们为什么要跑，为什么要这样跑，要苦着脸。所以北京人太累了，没有我们快乐。我们想跳舞就跳舞，我们想唱歌就唱歌，我们想喝酒就喝酒，我们想画画就画画，我们才是世界上最快乐的人。北京人尽管有钱，但是没有我们快乐！"这是她们对北京的理解。

**潘：**画娘们如何看待她们自己现在正在做的事情？

**宁：**这个（蜡染）是她们一辈子的事业，从小就熟悉的事情、喜欢的事情。所以她们现在说了一句非常经典的话。她们说："老板娘啊，谢谢你！我们没有文化，但是我们天天在做着有文化的事情！"她们说的没有文化是指没有上过学，不识字，但是现在有很多的专家、学者、老师、教授，都称她们为老师，称她们为艺术家，她们就特别有自豪感，她们就觉得：原来我们也是有文化的人，我们这个也是文化。我也经常带她们去大学，还有好几个传承人被聘为客座教授，她们就特别特别自信、自豪。

**潘**：所以这个还是得益于您把她们带出来，她们对自己的文化有了一个更清楚的认识。

**宁**：她们现在一有什么传统节日，就会说："你要到我们家去做客呢。"我就说："我去那客人太多了。"她们说："没事啊，现在我们说话嗓门很大了，老公不敢惹我们。"

## 用坚守勾画未来

**潘**：以后计划要朝体验式旅游方向发展吗？

**宁**：是啊，这也是让绣娘们增加收入的另一种方法。我们每年不知道要送多少游客到排莫村去开展体验式旅游。其他村寨也有一些画娘，会在家里搞接待，这样就增加了她们额外的收入，也发展了乡村的经济。她们的老公就在家养鸡、养鱼，我这里有客人的时候，就会告诉他们这里有几个客人，让他们在家把鸡杀好、炖好，客人来吃付钱就行了。

**潘**：现在网络上的自媒体发展得很快，你们有想过借助网络平台发展吗？

**宁**：我们到今天都没做，因为我们是个性化的东西，我们没办法去跟网络上那些假的蜡染、机器化的蜡染去比价，我们不愿意那样去做。我们这里大部分游客也好，参加培训的也好，来这里以后感受到了氛围和文化，就成了回头客。他们回去以后，用他们的描述口口相传宣传，比网络上传播的效果更好。我们做不了大批量，目标就是每年把这几十号人养活，同时把这个文化传承下去，让更多的人走到贵州来，能切切实实感受文化的存在。

**潘：**对苗族蜡染的传承和发展这个事业的未来有信心吗？

**宁：**因为文化这个东西是你要吃饱了穿暖了，衣食无忧了，才会来慢慢地欣赏。就比如说我的这个门店开在丹寨，你要靠丹寨本地的人来买，是不太可能的，要靠外面的人来分享它，来使用它。所以我们现在也是天时地利人和的。天时就是我们国家和政府对文化的重视；地利是因为我们贵州之前非常闭塞和落后，但也是因为它的闭塞和落后，才能把我们的传统文化保护得非常完好；人和就是有这么一群人一直愿意跟着我，一起守着我们的根。随着整个国家的发展，整个经济的提升，我相信它会越来越好的。

# 国家级文化生态保护实验区建设经验分享

## ——对话黔东南州非遗中心实验区管理科科长杨勇富

黄　嫱

**专家简介**

杨勇富，男，水族，现任黔东南州非物质文化遗产保护中心实验区管理科科长。2013年开始从事非物质文化遗产保护工作，曾先后参与《黔东南州非物质文化遗产集锦（3—4）》《黔东南非物质文化遗产年鉴（2005—2014）》《苗族银饰研究》的编撰出版工作。主持并参与《黔东南州民族文化保护传承发展情况调研报告》《深入推进黔东南国家级民族文化生态保护实验区建设工作的几点思考》《新时代下黔东南民族文化保护传承发展思路与对策研究》《民间传统手工艺的生存机制探析一以贵州省黔东南土陶业为例》等十余项课题研究。

**采访者：**黄嫱

**黄嫱（以下简称黄）：**杨科长：您好！近几年来，您一直从事黔东南民族文化生态保护实验区建设相关工作，想听听您在这些方面的见解和建议。

**杨勇富（以下简称杨）：**好的，感谢你们的采访。2013

年，我从雷山民族中学调入黔东南州非物质文化遗产保护中心工作，7年来，一直从事非遗保护和文化生态区管理相关的工作，先后经历了《黔东南民族文化生态保护实验区总体规划（2016—2030）》编制和实施等过程，对黔东南民族文化生态保护实验区管理和建设也有了一点粗浅的认识和体会，我也愿意和大家分享和探讨。

**黄：**黔东南苗族侗族自治州，民族文化丰富多彩，文化生态环境保存良好，是人与自然和谐共生的典范。黔东南享有“歌舞之州、森林之州、神奇之州、百节之乡、民间手工艺之乡”的美称。您能够简要地说下黔东南民族文化的类型和特点吗？

**杨：**黔东南民族文化是指黔东南地区苗族、侗族等少数民族在长期历史进程中共同创造、发展，并世代传承至今的物质文化和精神文化的总和。以非物质文化遗产表现形式存续的苗族、侗族及其他民族风情为代表的民族文化，是黔东南民族文化的核心组成部分，集中展现出黔东南民族文化深厚的历史底蕴和鲜明特色。黔东南民族文化主要有节庆文化、民间传统表演艺术文化，即传统歌舞戏剧文化、传统工艺文化、民间制度及礼俗文化、口头文学传统文化、民族传统医药文化六种类型。黔东南民族文化的主要特点包括：一是原真性。黔东南至今仍保存着丰富多彩的民族文化，这些民族文化都是世居在这块土地上的少数民族在长期生产生活中孕育而生的，具有原真性。二是多样性。黔东南民族众多，共有33个民族，各民族在长期的生产生活中孕育了独特的民族文化，加之特殊的地理环境，造就了黔东南民族文化的多样性，俗话说“五里不同风，十里不同俗”正是黔东南民族文化多样性的真实写照。三是独特性。黔东南独特的地理区位孕育出独特的民族文化，无论是日常生活习俗、民间娱乐表演还是民俗活动展示，都具有非常明显的地域性、差异性特征，是“多彩贵州风”的文化原浆。四是传承大众性。社区参与、群体传承是黔东南地区民族文化的显著特征，对于社区、族群文化的高度认同，群众参与文化传承是一种自发、自愿、习以为常的行为。黔东南因遗产丰富、特色鲜明、氛围浓郁，2012 年 12 月，国家文化部批复设立黔东南民族文化生态保护实验区。

**黄：** 您提到我们黔东南州 2012 年被文化部列为国家级文化生态保护实验区，麻烦您简要介绍一下申报的过程和申报成功后对于黔东南民族文化保护工作具有什么推动作用呢？

**杨：** 黔东南民族文化生态保护实验区从申报到文化部批复设立经历了很长的曲折过程，2012 年 12 月，文化部印发了《文化部办公厅关于同意设立黔东南民族文化生态保护实验区的复函》(办非遗函〔2012〕575 号）标志着黔东南民族文化正式纳入国家级层面进行整体性保护，这是当时文化部批复设立的全国第 13 个国家级文化生态保护实验区，也是目前全国 21 个国家级文化生态保护实验区之一，贵州省唯一的国家级文化生态保护实验区。黔东南州成功申报成为国家级文化生态保护实验区，它的意义和 2009 年侗族大歌申遗成功一样，是黔东南民族文化保护工作具有里程碑意义的事件，为推动黔东南民族文化保护传承发展具有深远影响。

**黄：** 文化生态保护实验区可能对于我们很多人来说是个新概念，麻烦您给我们普及下黔东南民族文化保护实验区怎么定义的，它的保护范围和保护内容是什么呢？

**杨**：嗯，好的，这个确实是一个新概念，我们很多人都不是很了解，这里也当是一种宣传吧。黔东南民族文化生态保护实验区是指以保护非物质文化遗产为核心，对黔东南民族文化及其自然和人文环境进行整体性保护，维护文化生态系统的平衡和完整，增强人民群众保护非物质文化遗产的文化自觉，促进经济社会全面协调可持续发展而设立的特定区域。其保护范围是黔东南苗族侗族自治州行政区域全境，黔东南民族文化产生、发展、传承的地域范围，总面积约 3.03 万平方公里，户籍人口 481 万。包括凯里市、黄平县、施秉县、台江县、剑河县、三穗县、天柱县、锦屏县、雷山县、榕江县、黎平县、从江县、丹寨县、麻江县、镇远县、岑巩县这 1 市 15 县和凯里经济开发区。保护内容我们从定义上来看就知道，黔东南民族文化生态保护实验区是以保护非物质文化遗产为核心，同时对与非物质文化遗产依存的历史文化名城、名镇、名村、历史街区、文物古迹、传统村落和民族文化村寨以及密切结合的自然环境实施整体性保护，保持自然环境和人文环境协调发展，维护文化生态平衡。比如我们的侗族大歌，不仅要保护侗族大歌本身，也要保护侗族大歌所存续的文化空间。如鼓楼、花桥、月堂等场所和空间都是保护对象；再如苗族芦笙舞，我们除了保护舞蹈本身以外，还要保护一系列与芦笙文化相关的项目和空间，首先我们要保护制作芦笙的竹林，要保护芦笙制作技艺，要保护芦笙节，再到保护我们村寨里的芦笙场，还要保护我们的传统村落等。总之，非物质文化遗产的存续状况与他周边的自然和人文环境是分不开的，设立文化生态保护区就是为了将非物质文化遗产及与之相关的文化空间进行整体性的保护。

**黄：**黔东南州被联合国世界文化基金会评为世界十大“返璞归真、回归自然”旅游首选地之一，2012年12月31日，文化部批复设立黔东南民族文化生态保护实验区，距今已有7年时间，您能够简要地介绍下近年来黔东南民族文化生态保护实验区保护工作方法及成效吗？

**杨：**好的，黔东南民族文化生态保护实验区从2012年12月批复设立到今天已经有7年的时间，7年来我们做了大量工作。主要有以下几方面：①抓整体性保护，统筹编制总体规划。2014年初，在省文化厅牵头组织下，我州启动《黔东南民族文化生态保护实验区总体规划（2016—2030）》编制工作，这是一项庞大的工作，我们广泛调研，收集了大量的基础资料，文稿反复论证、修订后，于2017年1月获文化部批复实施。2017年9月，黔东南州人民政府印发实施了《黔东南国家级民族文化生态保护实验区建设实施计划（2017—2020）》，明确了2017—2020年实验区建设工作方向、目标任务、具体措施。②抓立法（政策）性保护，出台系列法规保护文化生态环境。2008年以来，我州先后颁布了《黔东南苗族侗族自治州民族文化村寨保护条例》《黔东南苗族侗族自治州生态环境保护条例》《黔东南苗族侗族自治州苗医药侗医药发展条例》《黔东南苗族侗族自治州月亮山梯田保护条例》《关于守住两条底线用好两宝贝打造国内外知名民族文化旅游目的地的决定》《黔东南苗族侗族自治州传统村落保护实施办法（试行）》等。通过立法保护形式，保护我州的民族文化和与之相依存的文化空间和生态环境。同时，2012 年以来，我州先后出台《黔东南州州级非物质文化遗产项目代表性传承人认定与管理办法》《黔东南州非物质文化遗产代表性传承人年度考核办法（试行）》《黔东南州州级非物质文化遗产项目代表性传承人群认定与管理办法（试行）》《黔东南州传统手工技艺助推脱贫培训计划（2016—2020 年）》《关于进一步加强全州非物质文化遗产保护与传承工作的实施意见》等具体政策性文件，进一步完善了非物质文化遗产申报管理、传承人（群）认定管理、数字化建设等方面具体措施。③抓抢救性保护，深入推进非遗项目数字化建设和传承人抢救性记录工程。2014 年，我州全面启动国家级非遗项目的数字化建设工作。完成黎平县侗族大歌、雷山县苗医药（骨伤蛇伤疗法）等 40 个国家级、省级项目开展基础数据的采集和著录工作。2016 年，我州启动国家级非遗代表性传承人抢救性记录工作。先后对苗族古歌国家级传承人龙通珍、刘永洪，侗族大歌国家级传承人潘刷银花、吴仁和，榕江县侗族琵琶歌国家级传承人吴家兴这 5 名传承人进行抢救性记录，并顺利通过文化和旅游部验收。2019 年，我们启动黔东南州非物质文化遗产数字化管理系统的安装应用工作，为黔东南民族文化数字化材料的存储和管理完善了平台。④抓生产性保护，振兴传统工艺，促进非遗合理利用传承发展。首先，不断加强非遗生产性保护示范基地建设。黔东南州已建立国家、省、州、县四级非物质文化遗产生产性保护示范基地名录体系，现有非遗生产性保护示范基地共计 87 家，其中国家级 3 家、省级 21 家、州级 15 家、县级 48 家，2017 年黔东南州人民政府命名“名师工作室”“大师工作室”各 10 处。其次，加大非遗传承人群培训力度，深入推进非遗传承人群研习研修培训工作。2015年，我州开展非遗传承人群培训工作以来，截至2019年10月，全州共完成银饰、刺绣、蜡染、剪纸、编织、雕刻、医药等传统手工技艺类传承人群研修研习培训共计33期2167人，其中州内研培基地完成普及培训1935人，遴选外派232人赴苏州工艺美术学院、清华美术学院等国内著名传统工艺类一流高校参加研修研习，各种拓展培训达4万人次。再次，不断深化校政合作，加强传统工艺贵州工作站建设。通过几年的合作，我州形成了"苏州工艺美术职业技术学院+传统工艺贵州工作站+地方政府(高校)+非遗企业+研培学员"的发展模式，有效地宣传展示了黔东南州优秀的民族文化，振兴传统工艺，助力脱贫攻坚。⑤抓传播性保护，多形式、多渠道开展宣传工作，不断扩大黔东南民族文化影响力。一是在高平台上开展宣传。多次与央视合作，宣传黔东南民族文化。如与音乐频道"民歌中国"节目组合作拍摄了18期反映黔东南州少数民族音乐的专题片，与旅游卫视合作拍摄"让世界听见——民族音乐黔东南寻访之旅"的3期节目等。2019年我们拍摄制作了《黔东南印象》，在央视一套《中华栏目》成功播出，效果良好。二是积极组织传承人参加各种文博会，现场展示展销民族工艺品，扩大交流和影响。利用好"文化遗产日"活动、文博会、"两赛一会"等州内外甚至境外各种活态展示展演交流活动，充分宣传黔东南州传统手工技艺，让传承人及我州的民族文化"走出去"。三是搭建平台，扩大交流。利用每年举办苗族姊妹节、苗年、侗族萨玛节、龙舟赛等地方大型民俗活动，连续举办中国传统村落·黔东南峰会、民族文化旅游峰会、中国民歌合唱节、环雷公山超100公里国际马拉松赛、2018春晚肇兴分会场等国际国内重大活动和拍摄《云上绣娘》等大型影视剧，以及创作《仰欧桑》《行歌坐月》《锦绣丹寨》《西江盛典》等精品剧目进行广泛宣传。

**黄：**侗族大歌被誉为“天籁之音”，于2009年被联合国教科文组织列入“人类非物质文化遗产代表作名录”，请问我们在文化生态保护实验区管理建设过程中，如何保护侗族大歌？主要做了哪些工作呢？

**杨：**侗族大歌是黔东南也是贵州最为亮丽的一张名片，是全人类共同享有的珍贵遗产。为推动侗族大歌保护传承发展，我们主要做了以下几方面工作：一是高度重视，全盘统筹。2014年初，我们启动《黔东南民族文化生态保护实验区总体规划（2016—2030）》编制工作时，有意识地将侗族大歌保护工程作为黔东南民族文化生态保护实验区建设重点集中连片保护项目来谋划，写进总体规划。2014年7月，我省印发了《关于印发多彩贵州·侗族大歌传承保护发展行动计划的通知》（黔非遗通〔2014〕1号），在侗族大歌集中的黎平、从江、榕江3县实施侗族大歌专项保护行动计划，至今已连续成功举办了五届“多彩贵州·侗族大歌保护传承发展百村歌唱大赛”活动，群众反响很好，促进侗族大歌保护传承效果明显。侗族大歌专项保护行动计划，通过开展“百村歌唱大赛”“100个传承保护发展示范村”“百村传统经典民歌数字化”“百名侗族大歌骨干辅导员”“千人传承培训计划”“精品剧目《嘎老》包装推广”的“411工程”综合保护侗族大歌。二是实施侗族大歌传承人保护工程，不断壮大侗族大歌传承队伍建设，完善传承链条。

近年来，我州先后颁布出台了《黔东南州州级非物质文化遗产项目代表性传承人认定与管理办法》和《黔东南州非物质文化遗产项目代表性传承人年度考核办法（试行）》，黎平、从江、榕江3县依照制订了相关规定和办法，如2010年黎平县颁布《黎平县侗族大歌保护办法》等。如今，我州已经形成了完整的国家、省、州、县四级侗族大歌传承人认定体系，形成了老、中、青结构合理的侗族大歌传承梯队，丰富了传承链条。目前，在黔东南侗族大歌主要流布地区有潘萨银花、胡官美、吴品仙为代表的各级传承人400余人，基本实现村村有歌队，老人教歌，年轻人唱歌、小孩学歌的良好传承氛围。三是实施侗族大歌保护传承教育示范基地建设工程，推动侗族大歌进校园传承。2011年，黎平县、从江县、榕江县先后启动侗族大歌保护传承教育示范基地命名挂牌工作，先后有黎平县岩洞中学、肇兴小学，从江县高曾小学、小黄小学，榕江县栽麻中学、加所小学等100余所学校命名为县级侗族大歌保护传承教育示范基地，2015年20余所学校列入州级非遗保护传承教育示范基地，完成侗族大歌校园传承阵地建设，支持这些学校聘请当地著名侗族歌师进校园授课、编撰侗族大歌地方教材等。四是实施侗族大歌档案数据库建设工程。2011年以来，在文化部和贵州省文化厅的统一安排部署下，黔东南州组织黎平、从江、榕江县文化部门利用各种资源，认真开展非物质文化遗产普查工作，并重点对侗族大歌进行全面普查和深度调查。搜集到的这些珍贵数据资料，为侗族大歌数据库的永久性保存和实现人类资源共享做出了积极的贡献。目前，黎平、从江、榕江3县正在对所收集到的侗族大歌数字化资源进行分类整理，先后整理出版了《黎平县侗族大歌》《从江侗族大歌精选集100首》系列丛书，并编辑出版了《教你唱侗歌》光碟。

**黄：**在黔东南民族文化生态保护实验区建设工作遇到的主要问题有哪些，其中您认为最突出的问题是什么呢？

**杨：**文化生态保护区管理工作是一项庞大的系统工作，涉及很多方面，近年来，我州在民族文化保护和文化生态保护区建设方面做了大量富有成效的工作，但是也存在一些亟需解决的问题。比如我们民族文化保护传承发展保障机制建设滞后，至今我们没有设立黔东南民族文化生态保护实验区管理委员会，对黔东南民族文化进行统一的保护和管理。目前我州民族文化保护研究机构设置欠科学，专业人才队伍建设滞后，像少数民族语言、文字、理词、歌谣、文物保护与修复等方面的研究型人才极其匮乏，人才匮乏导致我们对民族文化的历史渊源、文化内涵深度挖掘整理不足。同时，我州缺乏一套完整的民族文化保护传承发展考评机制，各级各部门对民族文化保护利用成效缺乏统一的衡量尺子。另外，黔东南文化生态发生变化，民族文化传承链条面临断裂危机。随着经济全球化趋势的增强和现代化进程的加快，黔东南州文化生态环境正发生急剧变化，民族文化生存的空间和土壤也在不断萎缩，新媒体的出现，年轻人的关注点大多已转移，千百年来许多主要靠口传心授的民族文化资源面临消亡的危机。加之年轻人外出务工，造成传承人流失、老化，后继乏人，民族文化传承后劲不足等问题凸显，黔东南民族文化面临传承危机。据统计，黔东南州非物质文化遗产代表性传承呈现逐年递减趋势。黔东南州先后有48人入选国家级非物质文化遗产项目代表性传承人，到目前已经去世9人，现有39人。年龄最大的86岁，最小的43岁，平均年龄60.9岁，65岁以上14人，占比达35%。主要集中分布在侗族大歌、侗族刺绣、苗绣、苗族银饰锻造技艺、苗族芦笙制作技艺等24个国家级项目中。苗族姊妹节、独木龙舟节、苗年、侗族萨玛节、仰阿莎、侗医药、苗族芦笙舞等29个国家级项目无国家级代表性传承人，占比达55%。省级传承人方面，全州共有139人入选省级非物质文化遗产项目代表性传承人，其中晋升国家级43人，去世7人，现有省级传承人89人，平均年龄60.1岁，65岁以上有29人，占比32.6%。全州共有省级非遗名录项目218项，传承人主要分布在反排木鼓舞、苗族古歌、苗族姊妹节等63个项目上。如踩亲舞、侗族婚俗、侗族记间习俗、侗族祭萨等155个项目无省级传承人，占比达67%。州级非遗传承方面，全州共有294人被评为州级非物质文化遗产项目代表性传承人，晋升省级77人，去世13人，现有州级传承人199人，65岁以上有73人，占比达36.7%。全州州级非遗项目共324项，传承人主要集中分布在侗族土布制作技艺、苗族酸汤鱼制作技艺、畲族粑槽舞等121个项目上，雷公山鱼酱酸制作技艺、君琵琶、苗族招龙节等203个项目无州级代表性传承人，占比达63%。造成项目与传承人数量失衡的原因：一是受制于财政压力，我们的各级传承人申报评审要严格控制规模。二是大众传承性较强的民俗类项目难以评定其代表性传承人。三是民间文学类项目内容深奥、丰富，加之经济效益低，主动学习人员不足，甚至难以招收学徒。四是传统手工技艺类项目，技艺复杂，学习周期较长，需多年长期学习方能完整掌握核心技艺，导致年轻人选择其他产出相对比较直接的就业、创业渠道。

**黄**：黔东南国家级民族文化生态保护区建设未来几年的工作主要有哪些，目标是什么？

**杨**：文化生态保护区管理是一项长期工程，需要我们社会广泛参与，坚持不懈地做下去，我们将始终围绕“见人见物见生活”理念，以《国家级文化生态保护实验区管理办法》为指导，重点做好几方面工作：一是建立保障机制。我们将不断建立和完善黔东南文化生态保护区工作机制和法规政策体系，力争早日促成黔东南民族文化生态保护区管理委员会的建立，统筹、协调、管理、实施文化生态区保护与建设相关具体工作。开展实验区保护立法调研，起草颁布《黔东南民族文化生态保护实验区管理条例或办法》，从法律层面规范文化生态区保护与建设相关工作。二是强化人才队伍建设。文化生态保护区管理和建设是一项长期、复杂的系统工程，建设一支具有稳定性、专业性的人才队伍是黔东南民族文化生态保护实验区建设工作的必要前提，下一步我们将加强全州民族文化保护管理干部队伍建设，通过开展集中轮训的方式提高队伍水平。黔东南民族文化主要是活态传承的，既然是活态传承，那么对民族文化代表性传承人的保护显得尤为重要，下一步我们将对民族文化代表性传承人保护工作放在重要位置，激发广大民族文化传承人群自身的保护意愿，自觉参与到民族文化保护传承中来。三是加强民族文化数据库建设。尽快启动黔东南州非物质文化遗产数据库著录系统的安装应用工作，加强力度开展濒危项目图、文、影、像的记录和存档工作。四是加大民族文化合理利用工作，推动民族文化利用向纵深发展。我们将积极探索以

“非遗＋扶贫”“非遗＋旅游”“非遗＋文创”“非遗＋演艺”等模式进行推广，推动我们的民族文化变成实实在在的“宝贝”，让我们的民族文化真正地变成金山银山。我们力争通过十年的努力，到2030年的时候，将黔东南建成一个“遗产丰富、氛围浓厚、特色鲜明、民众受益”的国家级文化生态保护区，将黔东南建成一个民族文化特色鲜明、内涵丰富、布局合理、管理规范、人民群众认同、社会知名度高、综合效益好、能充分展示黔东南民族文化魅力的国家级文化生态区，使黔东南民族文化在弘扬中华民族优秀传统文化，增强中华民族文化认同感和凝聚力，促进中华民族和谐发展中发挥重要作用。

**黄：**之前您是当老师的，老师工作与您现在工作跨度还是挺大的，对于角色的转变，您是如何调整自己，能够分享一下如何做好一位文化保护者吗？

**杨：**嗯，好的，分享谈不上，我只能谈点心得体会。俗话说“隔行如隔山”，2013年我从一名普通高中老师调入黔东南州物质文化遗产保护中心工作，起初确实存在迷茫和困惑，毕竟从教育学跨入到人类学、民族学领域，确实跨度比较大，那时候别说工作思路和方法，我就连最基本的“非物质文化遗产”概念都不清楚，可以说一切都是从零开始。后来随着工作的深入，发现我们民族文化很有魅力和吸引力，慢慢地就喜欢上了这份工作。现在回想，不管作为一名教师还是一名文化保护工作者是有共同之处，那就是心中要有“十年树木，百年树人”的理念，民族文化是民族的记忆和珍贵遗产，是民族在漫长历史长河中积淀出来的文脉，需要我们去保护和守望，同时，民族文化保护工作也是一项长期、系统、庞大的工程，是一项功在当代利在千秋的伟大事业，民族文化保护工作不能急功近利，也不可能一蹴而就，这点和做教育工作一样的。民族文化保护工作涉及方方面面知识，因为民族文化内容很丰富，它的类别、形式、性质都不一样，其具体适应的保护措施和方法也可能不同，这就需要善于学习和思考。对于我的工作岗位和角色转变，这也是一个不断适应、学习、积累的过程，我想，要做好一名文化保护工作者可以用六个字来概括，那就是“使命、情怀、担当”。

**黄：**感谢杨科长能够抽空接受本次采访！祝您工作顺利，生活愉快。

# 文化漫谈

# 保护传统村落，助力乡村振兴

龙耀宏

以“三省坡”为中心地标，方圆100公里的山间谷地，散落着数以千计、大大小小不同形态的村落，这些村落就是千百年侗族人民创造并赖以为生的家园。近几年在国家五批评定命名的传统村落中，侗族有近300个村落被列为国家级传统村落名单，一下子使侗族地区成为我国传统村落保护的大本营之一。

党的十九大提出实施乡村振兴战略，明确要按照“产业兴旺、生态宜居、乡风文明、治理有效、生活富裕”的总要求，加快推进农业农村现代化。2018年2月，中央一号文件对实施乡村振兴战略做出了全面部署。“加强传统村落保护、弘扬优秀传统文化，是建设文化强国的重要内容，是推进全面建成小康社会、满足人民群众美好生活需要的时代要求。”“要以更加坚定的文化自信、更加广阔的历史视角、更加丰富的工作思路来审视和应对乡村振兴战略背景下的传统村落保护和发展工作。”

传统村落是历史文化遗存的特有形式之一，是承载着历史变迁的建筑文化遗产，更是当地经济发展的象征和民俗文化的集中代表。如何进行传统村落保护？如何实现乡村的振兴？如何让传统村落跟上乡村振兴的时代步伐？这是侗族地区经济社会发展要解决好的问题。

## 一、侗族传统村落的文化价值与保护利用的简单回顾

侗族的传统村落与丰富多彩的非物质文化遗产交相辉映，特别是贵州、广西、湖南三省交界的黎平、榕江、从江、三江、龙胜、通道等传统村落，密集而独具民族特色，已经成为我国乃至世界上规模最大、内容最丰富、文化价值最高、保护状态最好、文化活态传承最自然的农耕文化家园。特别是这里的以木结构为主题、加上特殊地理环境形成的传统村落，不仅是我国、也是世界上特有的村落类型，它的保护传承具有世界文化价值，它的发展利用具有世界实践意义。

丰富多彩的传统村落是侗族多彩文化遗存的基础，保留着民族文化的多样性，是繁荣发展民族经济文化的根基。近年来，侗族地区各县把发展乡村旅游作为新农村建设的重要抓手，全方位、全领域、全系统地推进相关工作，通过深入挖掘侗族的农业产业资源和民俗风情资源，因地制宜，大力开发了特色文化、现代农业观光、休闲度假、农事活动体验、农家客栈等形式多样的乡村旅游产品，丰富乡村旅游趣味内涵，形成“吃在侗家、住在侗家、娱在侗家”的旅游模式，使旅游业实现井喷式发展。旅游业的发展不仅带动了侗族地区第三产业的发展，也带动了侗族传统村落的保护和乡村振兴，这极大地激发了人们的文化自觉与自信。

## 二、传统村落保护的问题和困难

近年来，在国家的大力支持下，在各级政府的努力下，在各地群众的积极配合和参与下，侗族地区伴随着生态文明建设战略的实施，传统村落的保护逐渐受到重视，并与新型城镇化建设、生态环境保护及农业供给侧结构性改革等政策相结合，同步推进，取得了显著成效，有的保护理念走在全国的前列，如“侗寨申遗”。但传统村落保护仍存在劳动力转移与农业弱化、传统村落保护等同于保护民居与文物性建筑、村落民俗文化流失严重、公众参与缺乏、中外可借鉴的村落保护经验有限及特色危机等困难。具体说来主要存在以下几个方面的问题：

第一，我们侗族地区经济发展相对落后，财力不济，这导致我们自己对民族传统文化的保护意识淡漠，再加上这些年来，为了改善生活，为了生计，大量的青年人外出务工谋生，以致传统村落“老龄化、空巢化”，传统的乡土建筑任其“自然性颓废”，这种趋势大有蔓延之势。同时一部分富裕起来的村民又急于改善生活条件，但又缺乏文化自信，缺乏传统村落保护意识，对传统民居拆旧建新洋房，使传统村落风貌面目全非。

第二，最近这几年在乡村的建设和发展中，政府严格实行“旧房宅基不拆、新房地基不批”的用地政策，加之农村发展建设规划无序，以及村民为改变居住条件，无序地“拆旧建新”等原因，造成传统村落格局风貌的“自主自建性破坏”难以遏制。

第三,一些地方领导对建设“美丽乡村”的误读，对传统村落进行简单统一的“穿衣戴帽”，致使传统村落变得“千村一貌”“百户一色”，失去了往日的风采。一些地方在加快城镇化、美丽乡村、新农村建设中对“旧村改造”决策上的失误，再加上急功近利追求政绩，不仅出现了一些“涂脂抹粉”的“形象工程”，还导致传统村落在改造过程中的“大拆大建”。这种“建设开发性破坏”仍在延续。

第四，由于财力不济，侗族地区“重申报、轻保护”“重旅游开发、轻文化保护”的现象一直比较突出，商业化的过度开发中出现的“拆旧建新”“保护性拆除”“拆真造假”现象一度严重，导致传统村落不断遭受“旅游性开发破坏”。

第五，侗族地区村落保护的法规、制度、政策相对滞后，地区协调性较差，就政府层面而言，传统村落长期以来存在“多头管理”的弊端，新农村建设中“鼓励新建”(按投入补贴)的政策缺陷，农村乡土建筑产权不清等，这些都是给传统村落的保护带来问题和困难的原因。

第六，侗族地区传统村落保护范围广，乡土建筑多，维修规模大、费用高，财政投入普遍不足，还有保护资金及专业人才严重匮乏等，都是制约传统村落保护利用的现实困境。

## 三、侗族传统村落保护的建议

以侗族大歌、鼓楼、风雨桥为标志的传统文化是侗族最大、最响亮的名片和宝贝，传统村落就是这些宝贝赖以生存的土壤。对我们侗族而言，保护传统村落，价值意义不言自明。没有传统村落的支撑，我们侗族的非物质文化遗产也将失去保护的根基。魅力侗族难以体现。如何保护好我们的传统村落，从文化发展的角度，谈几点建议：

第一，首先要提高对传统村落保护的文化价值认识，保护利用要力戒急功近利。侗族的传统村落不仅是我国而且是世界上特有的村落类型，对它的保护实践具有世界意义。要把传统村落保护与乡村振兴有机衔接，合二为一。同时把传统村落保护作为主要内容纳入黔东南文化生态保护区建设。

第二，要树立整体保护的理念。以贵州黔东南为例，黔东南列为保护对象的传统村落 308 个，占总共 2300 多个村落中占比不高，没有列为保护对象的村落不等于没有价值。侗族村落各有千秋，建议各县开展村落调查，设立等级保护的制度，使有价值的村落都能得到有效的保护，形成整体保护的格局。

第三，传统村落保护一定要以民为本，以人为中心，要以发展经济为抓手，要更好地保障传统村落原住人民的生活，更多地唤醒他们的文化自觉。在 2018 年 4 月 28 日召开的中国传统村落保护黔东南研讨会上，中国传统村落保护发展专家委员会主任委员冯骥才先生说的一句话非常到位，非常好。他说：“他们是传统村落的缔造者，是农耕文化的守护者，只有让他们生活得更有尊严，对自身的文化更有自信，这样的传统村落才是有魅力的和可持续发展的。”

第四，要发挥专家的指导作用。传统村落保护是一项专业性很强的综合性文化工程，点多又面广。保护要做到因村施策，一村一策，一村一规划，做到精准。建议成立传统村落保护专家委员会，充分发挥专家的智囊和全程参与作用。

第五，侗族地区要更加注重城乡的互动发展。城镇化是世界历史发展潮流，侗族地区也不能例外。但侗族乡村几千年的农耕文明，侗族地区的城镇化不只是以城化农，更应该包含以农化城。现在，以城化农的文章做得很多，以农化城则还欠缺。在新时代的乡村振兴战略中，我认为要把更多资金、技术、先进理念注入农村，把农村发展好，把农村的自然山水保护好，使侗族地区的新农村是在传统保护之上发展起来的新农村，村寨规划有序，房屋设计遵循传统，美观实用，有历史感，质量过硬，同时又让传统的熟人社会的那种淳朴民风自然流淌，走出一条具有侗族特色的传统村落保护与美丽乡村建设发展的道路，城乡之间形成良性互动，传统村落保护也就水到渠成。

第六，用发展的眼光看待传统村落，处理好传统与现代的关系。传统村落是动态的概念，现代村落以后也会成为传统村落，核心问题是要把握好“传统”二字。现在正赶上国家实施乡村振兴战略，是侗族建设美丽侗乡的最好时期。从现在开始，对侗族地区的乡村振兴建设要切实加强传统文化传承发展的规划，通过强化一定的制度安排，引导广大老百姓树立传统观念，着眼长远。政府要提供保障，专家要提供咨询，确保老百姓的住房设计或改造符合传统的要求，建筑质量尽可能高要求，功能齐全，让人住得舒服，质量上经得住时间的考验。

第七，做好传统村落的建档立案工作。我们侗族地区的传统村落保护，由于基础工作没有跟上，目前绝大多数村落只有名录，没有任何档案。没有村落志的档案，这些传统村落要保护什么，如何保护，如何改造，如何发展，怎样利用都是一个一个未知的问题。因此，进行传统村落的村落志的档案调查，是当前传统村落保护面临的一项基础性工作，意义重大。建议以县委单位开展村落志调查，发挥科研院所和高校专业和人才队伍的作用，采取行动，早日完成村落档案的调查采集工作。

## 四、保护传统村落，重拾乡愁乡思

“望得见山，看得到水，记得住乡愁”，是我们建设美丽家园的努力方向；保护好、传承好、利用好、发展好传统村落，是我们的共同责任。

侗族传统村落保护，说到底就是要让我们能够重拾乡愁。

乡愁，是我们每个人心中的一种莫名的生活经历或文化感受，它往往是不能用实物来体现的，甚至是无法用言语来描绘的。但是，那种情感一直在心底里占据着一席之地，从不因为时光的流逝而减淡，甚至会在某个时分里反应倍加强烈。不知道从什么时候开始，乡愁开始成为大家的一种奢望，因为我们似乎感到随着国家经济突飞猛进地发展，随着我们侗族现代化与城镇化建设的推进，我们县城、我们身边的高楼鳞次栉比，宽阔的道路上车水马龙，行人匆匆，我们的物质与精神生活极其丰富，“互联网 +”让我们的生活日新月异、快捷便利。而在我们的脑海中，却开始想念那春天的蛙鸣、秋天的稻黄，开始想念儿时在门前清澈的小溪里戏水，人们在井边挑水洗菜的笑声，开始想念鼓楼里的阵阵歌声、桥廊里乡亲们悠闲的生活……仿佛这些正与我们渐行渐远了。

保护传统村落，留住乡愁，越来越清晰地成为广大老百姓的期盼。事实证明，这不仅仅只是个人的愿景，这已成为党中央高层的重要工作。党的十八大以来，习近平总书记就“建设美丽乡村，加强农村精神文明建设，留住乡愁”，提出了一系列富有创见的新思想、新观点、新要求。强调中国要美，农村必须美，美丽中国要靠美丽乡村打基础，要继续推进社会主义新农村建设，为农民建设幸福家园。自此，“美丽乡村”成为我们每个人心中的一个梦。党的十九大提出实施乡村振兴战略，把这个梦绘成了一个美丽的蓝图，明确按照“产业兴旺、生态宜居、乡风文明、治理有效、生活富裕”的总要求，加快推进农村现代化。

乡村文明是美丽乡村建设的“魂”，那么传统村落就是“根”，而乡村里的人便是主体。乡土的气息要纯，乡村的特点要浓，乡村的风俗要正，乡村的治理要好，村民的幸福感与获得感要强。只有这样，才能让我们的社会留住更多青山绿水，让更多人“记得住乡愁”，从而让人的精神与灵魂都有所依存、有所向往。

保护传统村落，是全社会应有的责任与担当。做好传统村落保护工作，对于建设美丽中国，建设文化强国，传承中华传统文化，增强民族自豪感和心灵归属感，提高国家文化软实力和国际影响竞争力，都具有重要的现实价值和深远的历史意义。

侗族的传统村落不仅数量众多，而且丰富多彩、价值独特。侗族传统村落不仅拥有丰厚的物质和非物质文化遗产，而且还包含着丰富多彩的自然生态景观遗产，是中华民族农耕文明的根基、精粹的重要组成部分，更是侗族人民的“DNA 博物馆”，是侗族不可再生的文化资源和富有利用价值的旅游资源，是中华优秀传统文化的重要载体和侗族人民的精神家园和乡愁寄托。

# 清代至民国清水江流域的林业开发与乡村学校教育

## ——以碑刻为中心的历史考察

龙昭宝 *

清水江流域位于贵州东南部，是中国西南地区重要的林区之一。在明清皇木采办转向西南的背景下，清水江流域丰富的林业资源得到持续开发，数量庞大、内容丰富的文书得以形成，时间跨度从清代延续至中华人民共和国成立初期。新中国成立以来，学界先后对锦屏、天柱、黎平、剑河、三穗 5 县区的文书进行了搜集、整理和出版，在文献学、法学、历史人类学等相关领域取得了显著的研究成果。清水江文书是以汉字符号为载体的，大量的汉字民间文献表明，清代这一区域汉语逐渐普及。明代清水江流域的许多地方被视为“化外之地”，但在清代之后开始成为汉语流行之地。什么因素改变了这一现状？虽然目前学界对清水江文书进行了多维度的研究，但鲜

* 龙昭宝，男，侗族，贵州天柱县人，贵州民族大学民族文化艺术研究员副研究员，在读博士，研究方向为中国民族关系及民族地区社会发展史。

有成果把林业开发与乡村学校教育联系起来。碑刻是清水江文书的重要组成部分，内容涉及政令、经济、文教、军事、交通、宗教以及墓志等多个方面。和其他类文书比较起来，内容庞杂的碑刻有着明确的时间记录，是研究清水江流域区域经济社会发展的重要文献。本文以碑刻为中心，兼及其他文献对清水江流域林业开发与乡村学校教育的相互关系进行探讨，以期对拓展清水江文书的研究起到抛砖引玉之效。

## 一、林业开发推动乡村学校教育发展

### （一）林业开发为乡村学校教育带来文化交流环境

关于清水江流域林业开发的盛况，清代一些文人的著作、地方志以及碑文中都有零星记载。爱必达撰的《黔南识略》中描述道："商贾络绎于道，编巨筏放之大江，转运于江淮间者产于此也。"[①] 李宗昉撰的《黔记》中说："商贾骈坒，赍刀布而治质剂者，岁以数十万计。"[②] 刊刻于嘉庆六年（1801年）的《卦治木材贸易碑》（其一）中记录道："照得黔省黎平府地处深山，山产木植，历系附近黑苗陆续采取，运至茅坪、王寨、卦治三处地方交易，该三寨苗人，邀同黑苗、客商三面议价，估着银色交易后，黑苗携银回家，商人将木植即托三寨苗人照





① 杜文铎等点校：《黔南识略·黔南职方纪略》，贵州：贵州人民出版社，1992，第177页。

② 罗书勤等点校：《黔书续黔书黔记黔语》，贵州：贵州人民出版社，1992，第386—387页。

夫。而三寨苗人本系黑苗同类，语言相通，性情相习。而客商投宿三寨，房租、水火、看守、扎排，以及人工杂费，向例角银一两给银四分，三寨穷苗藉此养膳，故不敢稍有欺诈，自绝生理。”[①] 光绪《天柱县志》在记载县境的河流时写道：“摆洞江，在城西七十里……沿河山岭产杉木甚富，居民赖资生计”“瓦窑江，在城北七十里……沿溪各山颇产杉木，居民砍伐，乘春涨顺流浮放出售”“翁瓦溪，在城北七十里……春涨浮放木植。”[②] 这些资料表明，清代清水江中下游的林业开发通过清水江已和内地商业市场紧密联系在一起，带来的不仅是传统生计方式的改变（即在稻谷种植的基础上增加了林木的栽培、砍伐、贩卖、运输等一系列经营活动），还有民族之间的文化交流（即中原文明开始在清水江流域的一些乡村传播，例如汉语的逐渐普及、科举人才的培养、契约文书的使用、宗族文化以及佛教、道教等宗教信仰的传入等）。这是乡村学校教育兴起的文化语境。

在民族文化交融中，开科取士带来的向心力深刻影响着乡村教育。对地方学校教育而言，府学、县学、书院等机构主要承担着为国家培养人才的任务，而建于乡村的社学、义学以及私塾等机构则承担着儒学启蒙、移风易俗的职能。从学界已整理的碑刻资料来看，清水江流域的一些乡村学校并不满足于启蒙教育，还希望那些优秀者能够进入县学、府学





① 姚炽昌：《锦屏碑文选辑》，内部资料，1997，第 44 页。

② 天柱县志办公室：《天柱旧志汇编》，内部资料，1988，第 41—42 页。

深造，甚至蟾宫折桂。碑刻资料显示，清初清水江中下游的一些村落已设有社学或私塾，或寄学于僧寺，或借读于民房，条件因陋就简。目前学界搜集到的记录乡村办学最早的石碑刻于乾隆十七年（1752 年），为天柱县竹林乡地坌村的《起秀碑记》，记述的是举优生彭勷谟倡修学馆的缘由及众人捐资数量。该村原无学馆，彭勷谟只能就读于僧寺，于是捐田建校并倡导父老乡亲捐资办学（共筹得经费 195 两银），希望学校建成之后在人才培养方面有所成就："积年累月涵濡渐染，此为希圣希贤阶梯，贮见凤鸣，朝日龙跃云津，宁仅沾沾文艺之末哉！"[①] 刊刻于嘉庆、道光、光绪等朝的建学碑刻记录了人们集资办学，不断改善教学条件的历史过程，也记录了人们迫切希望当地人文蔚起的愿望。人才培养诉求一直贯穿于乡村办学之始终，教学内容积极适应时代变化。民国时期，西学东渐，新学在清水江流域的一些苗乡侗寨得以实施，刻于民国二十一年（1932 年）的天柱县竹林乡新寨《昭垂万古》碑云："学校者，兴仁讲义之地，振英育才之所也。夫仁义兴而天治，英才起而国家隆，是知仁义英才乃齐国治家之要道者也。家国之观念，仁义之心思，于是以兴学为急急，始建斯馆于其地焉。夫馆名凌云馆，由来尚矣。旧制偏小未足，时值近因兴学昌明，校有高小之类别，学有阶级以进步，通都市井，化行改良，致尔教育宏开，文明大启，不亚尧舜禹



① 政协天柱县第十三届委员会编：《天柱古碑刻考释中》，贵州：贵州大学出版社，2016，第 215 页。

汤文武之世哉！”[①] 此段序言不仅强调了学校是传播儒学核心价值、人才培养、移风易俗的重要场所，也表明倡导者希望通过振兴学校教育来改变地方文化状况。

### （二）林业开发为乡村学校教育提供了经济支撑

清水江流域林业开发产生的经济价值，清代道光《黎平府志》卷十二有记载：“黎郡产木极多，……惟杉木则遍行湖广及三江等省。远商来此购买，在数十年前，每岁可卖二三百万金。今虽盗伐者多，亦可卖百余万，此皆产自境内。”锦屏亮寨司文人龙绍纳著的《杉君子赋》亦云：“黎郡旧多杉，价值巨万，居人命之曰‘积金满山’。及其伐之地，修皮涤节，黄金耀目，居人命之曰‘黄金晒日’”。林业开发的昌盛也为乡村教育的兴起及发展提供了坚实的经济支撑。乡村学校教育所需经费均为村民捐资筹建，而这些经费大都是通过林木交易获得，在碑记中被称为“木捐”。[②] 根据碑刻所记的捐资名单，有的地方村民捐资数额多的达十余两银，这在商业经济十分滞后的苗乡侗寨是很难得的。如天柱县坌处镇抱村刊刻于乾隆二十一年（1756 年）的《鸣凤馆碑记》记录的是 92 人共捐 107.73 两银修缮旧馆。那么，民众所捐的办学银两当时价值几何？从学界搜集整理出来的契约文书来看，捐额较多的可以买一片田土或



① 政协天柱县第十三届委员会编：《天柱古碑刻考释中》，贵州：贵州大学出版社，2016，第 255 页。

② 见《天柱高等小学〈人文蔚起〉碑》《邦洞小学〈亘古于兹〉碑》《高酿镇地良民国十七年建校碑》等，刊载政协天柱县第十三届委员会编，《天柱古碑刻考释》（中），贵州：贵州大学出版社，2016。

者未成材山林，此处引同期的锦屏县加池寨三笔林木交易以做比较：一是乾隆五十四年（1789 年）九月二十三日姜廷德花费 0.6 两银从姜卧隐处购得林木一块；二是乾隆五十八年（1793 年）十月初八日陆光才花费 1.25 两从姜廷烈处购得林木股份一股；三是乾隆五十九年（1794 年）五月廿六日姜廷周花费 1.1 两银从文斗寨姜彬周、姜著周兄弟处购得山场林木一块。[①] 比较起石碑所记以及林木交易的银两数额，我们可以知道当时的山场及林木交易价格并不高，村民们能够捐出相当于前者价格的甚至更多的银两用于办学，富者慷慨解囊，贫者积极参与，足见当时各阶层民众对乡村教育的重视。

林业开发激活了清水江林木的经济价值以及劳动力市场，为乡村学校教育提供了建设经费。地方政府也参与到乡村学校教育的建设当中去，有的地方规定河道运木时按根抽取“学款”。立于民国六年（1917 年）八月十一日的邦洞织云《天柱县行政公署指令》碑刊载的第五条至第十条是关于天柱县抽取学款的规定，其中的第五条、第六条是学款的抽取及管理办法：“第五条　木过坪溪、鱼塘、黄秋江、姜楼、执营等处应照前定入区狮子口放下旧规，每杉桐一元，由该区学董同报经团务局，随同坝费附抽学款口钱叁拾贰文，以 16 文留作该区办学之用，以 16 文缴劝学所作办天柱县中学校常款。杉木一根，照杉桐三元计算，所有合计正。赖洞、邦洞等处学款仍照条规办理。”“第六条抽取坝费、学款，由天柱劝学所刊在册，

① 王宗勋考释：《加池四合院文书考释卷 1》，贵州：贵州民族出版社，2015，第 10、12、14 页。

此票据须交该区学董□□□□查照，以执照发给商人以□验收，归劝学所存查，作该区存根。木商从该处放木，先须向本区学董暨团务局报明数目缴纳坝费、学款，领取票据过坝放至入区印，将票据送交入区学董暨团务局，给以执照始才放下，复由验明，□□学董，劝学所另给坝单缴归牛场木捐局查报验收。”针对不遵守者，第十条做了“十倍处罚”的规定：“木商如有不纳坝费学款擅行运放者，照规定数罚十倍处罚。”① 抽取木税是地方解决教育经费不足的另一途径，对促进乡村学校教育的发展起到了积极作用。

## 二、乡村学校教育促进林业开发加速发展

### （一）乡村学校教育推动林业开发形成多个就业点

由于地方偏僻、经济滞后、名额有限等客观条件的限制，能够进入县学、府学进一步深造的人数很少，清水江流域乡村学校教育主要承担着汉语、汉字普及和推广的职能，故而形成了以集市为中心的汉语、苗语或侗语共存的双语圈。乡村学校教育首先培养了大量掌握双语的人才，能说会写汉语的苗、侗民众通过多种途径参与到了林业开发之中，推动后者形成砍伐、搬运、看守、放排等多个就业点，其中最为明显的是“中介”和“栽手”两个职业。

“中介”是清水江林业开发中重要的一环，可分“中间商”

① 政协天柱县第十三届委员会编：《天柱古碑刻考释中》，贵州：贵州大学出版社，2016，第122—123页。

和“牙人”两大类，各自承担着不同的职能。“中间商”又称“山客”，为本地木商，他们拥有一定的资金，以较低的价格从山主那里买下成片的林木，雇人砍伐，运输至茅坪、王寨、卦治三处交易点，以较高的价格卖给外地客商，赚取的差价即利润。“牙人”即处于买卖双方之间，从中撮合以获取佣金的人，民间称为“中人”，他们熟悉市场行情，在卖主、买主之间传递商业信息，承担双方的交易见证，负责书写契约文书。中间商以及牙人都是在清水江林业开发热潮中自然形成的，比较而言，中间商因为承担着一定的市场风险，也需较多的白银作为资金周转，因此人数不是很多，主要表现为家族联营、子承父业的特点；而牙人不需运作资金，只需了解市场行情以及掌握汉语、汉字即可担任，因此在民间的林业经营文书中，我们发现各地均有多人参与到这一行业中。“牙人”职业最初分布于清水江两岸的木材交易处，之后随着乡村教育的普及逐渐向偏远山寨扩展。

“栽手”是林业开发中山场佃户的民间称谓。一些本地木商把挣来的银两继续投入到林业种植中，他们或买下成片的未成材林，待长大后砍伐出售；或买下荒坡，种上杉苗培育成林。因拥有多处山地，中间商仅凭一己之力没法经营，需要佃种给本寨或周边村寨贫困者或者临县的无业游民，由此清水江流域形成了专门开荒栽杉的职业——栽手。栽手和雇主之间要立契约，言明所租山场周边边界标志以及双方所占的股份、权责之类，有的文书还写有佃种的理由。股份分成方面，有栽手、山主各占一股或栽手占二股，山主占三股之分，具体方案由双方协商。权责方面，主要是栽手向山主的承诺，即保证所栽杉木早则三年、晚则五年成林，否则栽手无分。如嘉庆八年（1803年）二月十二日湖南会同县杨文泰亲笔写的佃契，缘由为家庭贫困，佃种黎平府（现锦屏县）加池寨姜兴龙、姜合龙共有的名为“江道冲”的山地一块，地主占三股，栽手占二股，日后杉木成林，双方均分，否则栽手没有收益。[①]在培育杉木的同时，栽手还种植小米、包谷、红薯等其他农作物，以获取基本的生存物资，由此形成了林粮间种的育林传统，不仅提高了育林技术，还盘活了土地资源。待杉木成林后，栽手把所占股份或卖给山主，或卖给其他木商，之后又到别处佃种山林。乡村学校教育为“栽手”职业的出现提供了汉语环境，使劳动力得以进入商品市场。

### （二）乡村学校教育促进清水江文书大量生成

在汉字传入之前，清水江中下游的苗、侗民族刻木为契，此种习俗在宋至明代的文献典籍中均有记录。宋人朱辅撰的《溪蛮丛笑》中写道：“木契：刻木为符契，长短大小不等，穴其傍多至十数，各志其事，持出以验，名木契。”[②]明人沈瓒编的《五溪蛮图志》载道：“合木契：财物借贷，寄记以竹木，刻记于其上，分中剖之，各收其半，如符节然，彼此取与，无违期约。一有遗亡，则难于取与也。”[③]弘治《贵州图经

① 王宗勋考释：《加池四合院文书考释》卷1，贵州：贵州民族出版社，2015，第12、28页。

② （宋）朱辅撰：《溪蛮丛笑》，北京：中华书局，1991，第1页。

③ （明）沈瓒著：《伍新福点校》，五溪蛮图志，湖南：岳麓书社，2012，第77页。

新志》中记载："（思州府）土著久者，自称洞官、洞长。假贷要约，则刻木为契。""（黎平府）洞人者，……不晓文字，以木刻为记。"[①] 万历《黔记（下）》："凡几要约，无文书，刊寸木判以为信，争讼不入官府，即入亦不得以律例科之。"[②] 到了清代，随着汉文在民间的传播，民间刻木为契的传统逐渐改变，"不立契纸，以木刻为凭，近亦有知用契卖者"。[③]

除了文献典籍之零星记载外，新中国成立以来学界从民间收集到的大量文献资料也表明，清代清水江流域的中下游，人们在日常生活中已广泛使用汉字文书，学界将其统称为"清水江文书"："'清水江文书'主要包括清代以来的契约文书、族谱、诉讼词稿、山场清册（坐簿）、账簿、官府文告、书信、宗教科仪书、唱本、碑文等，涉及清水江流域清代以来社会、政治、经济、文化生活的各个领域。"[④] 清水江文书的大量生成，得益于乡村学校教育的不断发展。从现在学界收集到的碑刻资料来看，清水江中下游乡村学校的兴办出现于乾隆十七年（1752年），为天柱县竹林乡地坌村的"起秀斋"书馆，之后是



① （明）（弘治）沈庠删正、赵瓒编集，张祥光点校，贵州省文史研究馆、贵州历史文献研究会编：《贵州图经新志点校本》，贵州：贵州出版集团，贵州人民出版社，2015，第66，122页。

② （明）（万历）郭子章撰，贵州省文史研究馆编，孙晓竹、陈琳点校：《续黔南丛书（第一辑）》中册，《黔记（下）》，贵州：贵州人民出版社，2012，第2619—2620页。

③ （清）（乾隆）爱必达撰：《黔南识略》卷二十一。

④ 张应强：《民间文献与田野调查："清水江文书"整理研究的问题与方法论》，《安徽史学》，2015第6期，第19—22页。

乾隆二十一年（1756 年）坌处镇抱塘的“凤鸣馆”，进入嘉庆朝之后，清水江两岸的乡村学校逐渐增加，这些学馆既有全村集资修建的社学，也有家族出资修建的私塾，延续至民国时期。乡村办学的热潮产生连锁效应，影响到了那些偏远山村，如坌处镇地冲修建于民国八年（1919 年）的学堂就是受到了邻村办学的刺激，《学堂碑记》写道：“览其毗连诸寨，立有学校者多，而我等独欣羡乎人，讵未成于己，幸得侄大至发征为倡首，均然踊跃捐资，择地于合寨之水口，请及匠工创造，始于宣统元年已酉岁，落成于民国戊午年，一则永培千秋之风水，一则永培万世之贤才。”[①]

乡村学校的兴办带来的影响是多方面的，影响之一是改变了民间传统的口述纪事方式，受过学校教育的人开始有意识地借助汉字来载言纪事，使得汉字深深渗透于人们的社会生活中：口说无凭，立字为据，由此产生了大量有关林木、田产、屋基交易的契约；建设家园，培养人才，由此产生多块记录民间架桥修路，捐资建学的功德碑；建构秩序，移风易俗，由此产生了乡规民约以及传统习俗改革的碑文；好记性不如烂笔头，由此产生了许多宗教科仪、民歌、戏剧的抄本。受儒学教育的影响，汉字在民间的地位日益升高，有些地方人们甚至修建“惜字塔”作为专门烧毁写有文字的纸张。立于咸丰三年（1853 年）天柱县瓮洞镇岑板《字塔碑记》写道：“尝思朝廷无字何以治民，朝野无字何以制产，街衢无字何以贸易，字顾人

---

① 政协天柱县第十三届委员会编：《天柱古碑刻考释中》，贵州：贵州大学出版社，2016，第 223 页。

人所当敬惜也。我等念及此，因约地方信男善女共发慈心，狐成一字藏以免泥涂圣贤也。”[①] 这一传统还延续至民国时期，立于民国十六年（1927 年）的天柱县高酿镇丰保《芳垂永久》碑强调文字和粮食同样重要，“字与谷并重，教与养同尊。谷以养人，字以教人，非谷则民不生，非字虽生亦如不生矣”。[②] 汉语、汉字在乡村社会的不断传播，使得地方官府与民间在社会治理方面形成一种良好的互动：官方实施的一些禁令、政策通过刻碑的方式颁布于民间；民间则把难以处理的纠纷投诉于官府，并把官方的裁决结果刻于石碑之上。一些碑文涉及自然生态保护，如锦屏县境内的《文斗“六禁碑”》《小江放木禁碑》《九南水口山护林碑》《大同章山禁碑》《彦洞“严禁碑”》《高增禁碑》[③]，是民间以及官方保护生态环境的规定，对研究清代乡村环境治理有着珍贵的史料价值。

## 三、地方精英在林业开发与乡村学校教育中的纽带作用

虽然林业开发与乡村学校教育分属于经济领域和文教领域，但二者紧密关联，其中地方精英发挥着重要的纽带作用。本文所指的地方精英包括两大群体：一是在林业开发中率先



① 政协天柱县第十三届委员会编：《天柱古碑刻考释中》，贵州：贵州大学出版社，2016，第 258 页。

② 政协天柱县第十三届委员会编：《天柱古碑刻考释中》，贵州：贵州大学出版社，2016，第 260 页。

③ 姚炽昌：《锦屏碑文选辑》，内部资料，1997，第 58—63 页。

致富的木商；二是在乡村学校教育中脱颖而出进入府学、县学读书的儒生。这两个群体共同的特征是一方面通过多种方式参与林业开发，另一方面对乡村学校教育的兴起和发展起到主导作用。

### （一）地方精英多种方式参与林业开发

清水江流域的林业开发，是在一个汉及苗或侗的双语使用背景下形成的。从历史性来看，这一历史背景可追溯至明代初期的军屯政策以及随之而来的凭借贸易以及手工艺谋生的大量自发性移民，这些汉民和苗、侗族民杂居于一起，经过较长时期的经济往来，文化上也呈现出交融趋势，此种情景诚如清人罗绕典修的《黔南职方纪略》中所描述的那样："屯所之户，明初军籍十居其三，外来客民十居其七，今日皆成土著，与苗寨毗联，已各交好往来，睦邻之道，例所不禁。其十五司各寨苗民，盖洞苗居其七，高坡苗居其三。高坡苗悉皆蓄发，洞苗则薙发而易汉服者已过半。""其间客民之居住苗寨者，又较别地为多，盖其地虽有崇山峻岭，而两山之中每多平坝，溪流回绕，田悉膏腴，村墟鳞比，人户稠密，其富庶之象易起客民觊（觊）觎之心。且地利肥美，物产丰亨，山土种木棉，苗妇勤于织纺，杉木、茶林到处皆是，于是客民之贸易者、手艺者，邻省邻府接踵而来，此客民所以多也。"[①] 长期的民族交往、交流、交融，不仅使汉民学会了土著语言，也使苗、侗民族掌握了汉语。对汉、苗、侗民族而言，掌握对方语言即拥有了彼此

① （清）（道光）罗绕典：《黔南职方纪略》卷六。

联系的语言媒介，他们或任中间商，或任经纪人，多种方式参与林业开发，通过林木贸易获得大量财富，或谋得生存之技，不少人还成为了商业杰出人士。那些从林业开发中捞到第一桶金的本地木商并不是把钱囤积下来，而是继续投入到林业经营活动中，不仅使大量的白银在民间得以频繁流动，也使得大量的劳动力进入市场，推动清水江两岸的商业经济圈不断地向边远地方拓展。

从遗存至今的大量林业经营文书来看，较大的村落有一至三个木商，如天柱县的竹林乡高坡村康熙至乾隆年间有代表性的木商有潘贵明、潘今林；锦屏县的平鳌寨乾隆年间活跃于当地的木商有姜应显、姜天禄、姜廷仪。木商多以家族式经营，子承父业，如锦屏县的加池村，木商姜廷德的林木经营传至第五代。姜廷德的林木经营活动主要在乾隆及道光初年，已有的契约文书表明，他于乾隆五十四年（1789 年）九月二十三日花费 0.6 两购进一块山林，嘉庆四年（1799 年）之后开始经营林木，道光二年（1822 年）长子姜开明正式接班。姜开明经营至道光二十年（1840 年），将商务传给其长子凤鸣、侄子凤仪，道光二十九年姜凤仪之子姜宗保（后改名恩瑞）继承家业，之后是姜源淋接手经营，延续之民国初期。因为林业经营文书主要是交易凭据，我们现在能够看到的都是姜家买进山林的契约，从嘉庆四年（1799）到道光三十年（1850）的 51 年间，姜家经手的白银为 1236.32 两[①]，其中姜廷德经营 23 年，经手的



① 因咸丰朝之后民间交易已大量使用铜币，故此处银两的统计截止于道光三十年。

银两 878.19 两；姜开明经营 18 年，经手的白银 368.4 两；姜凤鸣、凤仪以及宗保经营的时间为八年，经手白银 10.27 两。[①]姜家经手的大量白银从一个侧面表明，清水江林业开发的兴盛期在乾隆、嘉庆、道光三代。从文书所标的地名来看，姜家购置的山林多集中在加池村西南面的 2—4 公里的清水江南岸一带以及江对面的莲花山、伟包等地。[②]姜家的林业经营史只是清水江中下游众多木商的一个缩影，流传民间的“姚百万，李三千，姜家占了大半边”的民谣表明清代这一区域还涌现了许多因林业开发而成的富商，正是通过他们，清水江不同的利益主体也因林业开发而联系在一起。

### （二）地方精英主导乡村学校教育

清水江流域的林业开发不仅带来了经济模式的改变，还有文化观念的改变。此种文化观念的改变首先体现在本地木商以及接受到较好教育的儒生身上。多种途径参与到林业开发并致富的木商和儒生成了地方精英，他们不仅感觉到开科取士带来的现实影响，也感觉到了教育滞后带来的区域差距。如嘉庆九年（1804 年）立于锦屏县铜鼓乡向家寨的《青云馆碑记》云：“盖英才不择地而生，贤俊每因时而出。想我祖自安江分派而来，僻处山乡，至今贰拾余世，是以人多繁衍。子弟愚蒙，不读诗书，不识礼义。数年以来，意欲延师教训，奈未立学馆，



① 笔者根据王宗勋著的《加池四合院文书考释卷 1.2》进行整理。

② 王宗勋考释:《加池四合院文书考释卷 1》，贵州：贵州民族出版社，2015，第 7 页。

先生无驻足之地，子弟无肄业之途。”[①] 乡村学校教育的兴办首先带来的是人才培养和经济发展，对那些没有学校的村寨而言也就意味着不断被边缘化，由此产生一种文化焦虑，如约刊刻于民国十九年（1930 年）的《高酿镇木杉建校碑记》写道：“尝闻夏校周庠，国家造土（士）之典。党学家塾间合育才之风，观此可知。古人所以重学取才也，明矣！兹我廉洁乡地处边隅，文化晚开，学校从未开办，全乡士子咸兴难学之叹者久矣。”[②] 相关碑刻的序言表明，地方精英已意识到学校是人才培养的重要场所，由此自发性地行动起来，倡议和组织民众捐资修建学校，而且以身垂范，所捐资金也多于他人，对乡村学校的兴建和发展发挥着主导作用。换言之，没有地方精英的主导，乡村学校的兴建以及发展可谓是举步维艰。基于此，为表敬重，碑刻上所载的地方精英列于其他捐资者之前，在他们名字之前冠以“化首”“首事”“倡首”之称号，和普通百姓区别开来。

乡村办学经费均为人们自筹。为解决经费来源不足的问题，地方精英还倡导设立“文昌会”“孔子会”等类似教育基金会的民间组织来筹集资金放贷生息，所得利润除了作为束脩之外，余下的用来购置学田、油山、林木等，有的开明绅士甚至分别捐地基、田、油山、山林等，作为学校的固定资产，或出租或出售，以维系乡村教育的后续发展。立于乾隆四十七



① 姚炽昌：《锦屏碑文选辑》，内部资料，1997，第 33 页。

② 政协天柱县第十三届委员会编：《天柱古碑刻考释中》，贵州：贵州大学出版社，2016，第 248 页。

年（1782年）的天柱县竹林乡《学田碑记》记录了当地筹措办学经费的过程："十年之计树木，百年之计树人。而知兴学造士作育人才，非预不立也！雍正十年内岁在囗丑，彭公美玉、美珍各出本银二两，师伯彭勷朝出银一两，约定逐年生息，以为异日建学之资。至乾隆十七年，先师彭勷谟、师叔彭勷典善继善述，另出家资建造学馆两进。从前所出之项仍然生发至乾隆二十八年，共得银二百余两，陆续置买田坵约计二百余稨，俾将来聘师有资，兴贤易易有成，法良意美，与窦氏之义方若合符节矣！"[①] 此碑记录了乾隆二十八年（1763年）至四十年（1775年）地坌村购置的田土、柴山、油地（茶油林地）的数目、所在地名、耗费银两以及村民捐资名单（62人捐资32.76两银），其中购置田土、柴山、油地共费银266.9两。从此碑文的相关信息来看，地坌村的学校经费主要来源于教育基金产生的经济效益。立于乾隆五十七年（1793年）的《文昌会碑》进一步交代了乾隆二十八年（1763年）16位村民各集资一两银作为文昌会资金的史实，"爰以会轮流生息，陆续置产，立先年所遗田为每岁束脩之费，逐年帝诞之需，诚一举而两得者也"。[②] 地坌村的经费筹措过程折射出了清水江中下游民众对乡村办学的自觉性和解决经费不足的历史智慧。在地方精英的主导下，其他地方的乡村学校教育也逐渐兴起，这些历史进

① 政协天柱县第十三届委员会编：《天柱古碑刻考释中》，贵州：贵州大学出版社，2016，第220—221页。

② 政协天柱县第十三届委员会编：《天柱古碑刻考释中》，贵州：贵州大学出版社，2016，第217页。

程都在碑刻中得以记录。

## 四、结语

关于对清水江文书的解读和研究，中山大学著名学者张应强一直主张运用历史人类学的理论与方法，强调“历史人类学是清水江文书研究指向而清晰的重要取径——视清水江文书为载体，以人为核心，在区域社会发展的历史脉络里去解读清水江文书”。[①] 受此学术思想之启发，本文以碑刻为中心，对清代至民国清水江流域林业开发与乡村学校教育之间的相互关系进行探讨，注意到了地方精英产生的影响。大量碑刻以及其他资料表明，清水江流域林业开发的兴盛为乡村学校教育提供了良好的文化语境和重要的经济支撑，而乡村学校教育的发展也促使林业开发形成多种就业点，大量文书得以形成。在二者相互促进的关系中，地方知识界精英发挥了重要的纽带作用，不仅通过多种方式参与林业开发活动，也对乡村教育的发展产生主导作用。因此，汉字书写的清水江文书既是林业开发兴盛的结果，也是乡村学校教育发展的产物，记录了二者相互促进、同生共赢的历史进程。



① （清）（道光）罗绕典：《黔南职方纪略》卷六。

# 一部奠定苗学基石的巨著

## ——论梁聚五先生《苗夷民族发展史》

田维扬*

梁聚五先生 20 世纪 40 年代末的《苗夷民族发展史》，试图尝试“在国家体制内，汉族之外的土著群体建构族群身份认同的努力”。[①]从而“讨论现代中国建构民族国家过程中，西南地区族群政治的特殊形态”。《苗夷民族发展史》不仅呈现了作者在争取苗族成为国家确认的一个民族类别过程中而做出身体力行的文本书写和政治实践，也帮助我们“了解弱势族群怎样挪用异族想象来建构我族身份，并同时因应本族群的政治议程来‘改造’异族想象中的宰制性叙事”，更重要的是，梁聚五先生作为一位苗族学者，在苗学的发展中扮演了重要的角色。

* 田维扬，男，苗族，黔东南州民族研究所所长、助理研究员，民族学硕士。

① 张兆和：《梁聚五关于苗族身份认同的书写——近代中国边缘族群以汉语文表述“我族”身份认同的个案研究》，载西南民族大学主办的《“历史·现状·发展：中国民族研究西南论坛”论文集》，2007 年 4 月 13—15 日。

梁聚五是清末民初以来贵州最先接受汉族文化教育的众多苗族知识分子之一。作为民国时期苗族中最优秀的代表人物，他虽出身贫寒却胸怀远大抱负，从追求民族平等到争取整个中华民族的独立与自由，他一生投身于各种公共活动。在政治上，他极力宣扬中国的民主化，希望透过民主的政治参与，使苗族能够在地方拥有自治权，拥有发言权。同时，他也积极在家乡推动教育以及其他各种文化社会工作，为苗族开拓未来。我们深深感受到梁先生为实现"民族的民主"的一番苦心，特别是他长期以来为重建苗族文化认同，提高苗族文化地位，肯定苗族在中华民族内的身份而做出的努力。他从 30 年代的西南民族田野调查开始，四五十年代深化到历史领域，以历史追溯来重建苗族的族群认同，正好反映在这一时期他的两部著作中：《苗夷民族发展史》和《贵州苗族人民在反清斗争中跃进》。

在梁先生笔下，数千年来苗族"辟草莱，开阡陌，与瘴疠战，与毒蛇猛兽战"①的迁徙、生存、奋斗是一首血泪交织、可歌可泣的史诗。他将苗族放在整个中国社会的发展史中，探讨苗族的渊源，把蚩尤视为苗族祖先，与黄帝地位相等，共同创造中华文明。而面对苗族在国史上的定位，作者发出了沉痛的呐喊："难道这样的民族，还不让他们在中国历史上，占着光辉的一页吗？"②





---

① 张兆和、李廷贵主编：《梁聚五文集——民族、民主、政论》(上册)，华南研究中心，2010，第 43 页。

② 同①。

## 一、批判"华夏正史"史观的苗族与蚩尤

"蚩尤"在以司马迁《史记》为主的"华夏正史"的精心取舍和重新组织下，呈现给后人的历史画卷便是"蚩尤作乱、黄帝剿平"。无疑，黄帝代表"正义""英勇"和"成功"，蚩尤代表"作乱""残暴"和"灭亡"。这本是太史公"穷天人之际，通古今之变"的一家之言，不料一传竟成了千年古训。

有关黄帝、蚩尤的事迹，表面看来源于先秦以来的文人记载，也就是司马迁前后多种不同的历史书写。今人多以《史记》为据，反映出对文字"正史"的依赖和笃信。因而，蚩尤的历史出场，作为"华夏始祖——黄帝"的重要的负面衬托便不足为怪了。"最早把蚩尤视为乱敌而后再使之与蛮夷族群连在一起，正是历代以华夏为中心的正史叙事。概括来看，大致对称的叙事线索可排列如下：

（王朝世家）黄帝——颛顼——华夏——汉族

（蛮夷谱系）蚩尤——九黎——三苗——苗族"[①]

但是，在看待"黄帝"和"蚩尤"的关系上，无论强调"夷夏之防"还是"天下一统"，此两派的争论至今还在延续，值得再议。[②]





---

① 徐新建：《"蚩尤"和"黄帝"：族源故事再检讨》，载《广西民族大学学报（哲学社会科学版）》2008年9月第5期，第11页。

② 徐新建：《"蚩尤"和"黄帝"：族源故事再检讨》，载《广西民族大学学报（哲学社会科学版）》2008年9月第5期，第10页。

到了近代，更有众多新史家把苗族说成是“蚩尤后裔”的各类言论。诸如夏曾佑说：“蚩尤为九黎之君，其少时学于中国。”缪凤林说：“蚩尤为九黎之君，九黎之民，先在河南，时乃进展至河北。”梁聚五认为，作为史前史，这些言论“带有很浓厚的部落酋长性罢了”。[①] 此外，关于“苗族历史之称呼及其发展区域”的研究，章炳麟说：“三苗者，皆谓是神灵苗裔，与今时苗种不涉。”林惠祥说：“九黎先败于颛顼，三苗既服于夏禹。至于此两部落，若指其即属于后来之苗族，亦殊难使人相信。”……梁先生直接批判林氏未免太天真了，“推其意，以为九黎被颛顼打垮了；三苗被夏禹打垮了；哪里还会遗下他的苗子苗孙呢？古代战争，是原始战争，充其量，只是刀对刀，枪对枪，绝不会有现代化的原子、细菌一类杀人的军火。既没有这些军火，哪里能够把九黎、三苗的子孙斩尽杀绝呢？”[②] 梁聚五先生曾直接指出梁启超“对于苗族前途，抱着悲观主义。从他‘交趾日南之间，及南洋群岛，皆有彼族孳育之迹。然其不能自振，亦与内地之苗同。徒附蚩尤神话之末，供考古者之凭吊而已’这一段话看来，便知他内心是何等的难安！假使梁氏至今健在，可请看一看暹罗国家日趋进步；而缅甸、越南，正摧毁帝国主义加给他们的铁枷锁链，已迈步向理想的真正自由民主共和国前进！又不知当作如何感想也？”[③]



---

① 张兆和、李廷贵主编:《梁聚五文集——民族、民主、政论》(上册)，华南研究中心，2010，第 24 页。

② 同上，第 22 页。

③ 张兆和、李廷贵主编:《梁聚五文集——民族、民主、政论》(上册)，华南研究中心，2010，第 24 页。

这些"华夏正史"言论的一个共同特点是，在两相对比的映照中，黄帝不仅越来越被认可为华夏和汉族的始祖，而且即便到了面临变革的现代社会也仍代表英勇和正义，相反，蚩尤则仍为乱贼，因其存在，才陪衬出轩辕黄帝的英明。如果说由于蛮夷族群的缺席，这样的美丑对照在自先秦到晚清的正史叙事中可以顺利自说下去的话，近代以后就不得不面临变化。[①]不过，从这时起，也正是来自梁聚五先生的呼声："三苗国民，一面抗战，一面垦荒。如把上列各点——岳州，长沙，武昌，袁州，瑞州，临江，南昌，南康，九江……用绵联结起来，构成一个全面，其耕地，至少大过九黎区域三倍以上。'两湖熟，天下足'，我们饮水思源，对于湖滨农民，尤其是苗族应换一副新的眼光来看待。"[②]若照历史上观察，"苗族，还是汉满蒙回藏族的长兄……当无疑义"。[③]一直作为被言说对象的蛮夷，开始以"苗夷民族"身份登上历史舞台。

## 二、梁聚五笔下的苗族与蚩尤

在华夏正史的叙事里，黄帝世系以"剥夺"和"逐出"等方式表达出来的这种排斥性，经过与从蚩尤到九黎及三苗等"蛮夷"的族群关联，激起了诸"蛮夷"的不断抗争。时至今



---

① 徐新建:《"蚩尤"和"黄帝"：族源故事再检讨》，载《广西民族大学学报（哲学社会科学版）》2008年第5期，第11页。

② 张兆和、李廷贵主编:《梁聚五文集——民族、民主、政论》（上册），华南研究中心，2010，第27页。

③ 同①，第21页。

日，苗族群体围绕炎黄问题而产生的种种讨论即可视为此抗争的现代回应，传达着华夏之外的别样声音和族群诉求。其结果是促成了所谓“多元一体”格局中由“黄帝崇拜”所激发的“蚩尤复活”——或曰正在“被激活”着。[①] 梁聚五先生正是“传达华夏之外的别样声音和族群诉求者”之一。

蚩尤虽为神话传说人物，梁聚五先生视为苗族祖先是否有牵强附会之意？其实既有文献可考，也有苗族自身的口碑资料和民俗事象佐证。研究梁聚五先生在苗学上的贡献，可以看出，他“不是为学术而学术，为研究而研究，而是有着强烈的责任感。意欲通过自己的工作，把歪曲了的苗族历史纠正过来，以削除民族自卑感，提振民族自豪感和自信心”。[②]

《苗夷民族发展史》(绪论)言道:“苗族，是古文化的民族，在四千多年前，中国许多民族，还在过着原始人类生活时，他们已在黄河流域，建立了九黎的国家。九黎君主蚩尤，发明了宗教、刑法、兵器，以作维持这国家的工具。”[③] 蚩尤“是以为贤明的‘古天子’。尽管后来他被黄帝杀死在中冀，可是，他率领的一群，尤其是九九八十一个兄弟，就是‘八十一个酋长，全是兽身人语，吃沙石，耳上生硬毛，头有角，能触人’”。[④] 梁先生





---

① 徐新建:《“蚩尤”和“黄帝”: 族源故事再检讨》，载《广西民族大学学报(哲学社会科学版)》2008年9月第5期，第11页。

② 今旦:《永远的怀念不尽的哀思》(张兆和、李廷贵主编:《梁聚五文集——民族、民主、政论》序二)，第ix页。

③ 张兆和、李廷贵主编:《梁聚五文集——民族、民主、政论》(上册)，华南研究中心，2010，第10页。

④ 同③。

认为“这是古文化的苗族，作起战来所用的一种新装备”。因此，“苗族左卫右突中都没有发生多大的障碍。第一步，由黄河流域，南下长江中游，建立了一个崭新的三苗国。……其形势较九黎壮阔多了。第二步，由长江中游，分向其两端迈进。在下游，曾建立瓯越、闽越、南越……诸国；在上游，曾建立巴、庸、彭、蜀……及西南夷诸国。第三步，由南越及西南夷，再向西南发展，在东南亚地区，更建立了越南、缅甸、暹罗……诸国。它们不但承继了苗族的古文化，而且创造了人类的新文化”。作者将“苗夷民族”族源追溯到上古神话时代的九黎国，透过追溯共同祖先“蚩尤”和谱系将中国南部和西南，甚至东南亚的土著人群联结到“苗夷民族”这个族裔类别上来。梁聚五先生否定了历史文献和当代著作中众多关于苗夷民族起源的学说，诸如神话图腾起源、交趾支那说、南太平洋系说等，他专注于汉文历史文献材料的同时，引用了一些中国民族史的著作，论证了苗夷民族“神州土著说”，地域范围即司马迁《史记》中所说的“神州”，包括黄河和长江流域。[①]“因为中国史前史后，都看不见苗族大规模的由南而北移





① 梁聚五所引用的当代著作包括：夏曾佑：《中国古代史》，23页，上海：商务印书馆，1933；王桐龄：《中国民族史》，4页，北平：文化书社，1934；林惠祥：《中国民族史》，第1册，104页，上海：商务印书馆，1936；宋文炳：《中国民族史》，194页，上海：中华书局，1936。转引自张兆和：《梁聚五关于苗族身份认同的书写——近代中国边缘族群以汉语文表述“我族”身份认同的个案研究》，第85页。

动的踪影。”[①]

梁聚五先生关于苗族族源与苗族祖先——蚩尤的历史叙述，旨在将中国历史描述为一个由主体族群统治的国家与苗夷民族等弱势族群不断冲突斗争的过程。其历史研究并非仅为建构苗夷身份认同，而是要阐述在整个中国民族史上这些苗夷民族的地位，从而将他们置于现代中国的国家里。……他肯定国家的必要性，并基于此探索在国家体制内各族群平等和谐共存的可能性。[②] 同时，通过讨论苗夷民族在国内的身份地位，对中华民国“五族共和”这个口号提出质疑，认为中华民国第一张国旗上五色条纹的政治宣传是非常错误的。他查阅有关中国民族史和有关族群构成的当代文献，从中找到一些民族分类体系，提出“‘五族共和’对中国是有百害而无一利的”“请大家放开眼孔，看看世界，看看中国，不要再做一人一家统治王朝的迷梦了”。[③] 要求官方确认苗夷为一个民族，与汉、满、蒙、回、藏这五个民族地位平等。

## 三、《苗夷民族发展史》的重新审视



纵观许多关于现代中国国族建构和民族主义发展的研究，



① 张兆和、李廷贵主编：《梁聚五文集——民族、民主、政论》(上册)，华南研究中心，2010，第22页。

② 张兆和：《梁聚五关于苗族身份认同的书写——近代中国边缘族群以汉语文表述“我族”身份认同的个案研究》，第84—85页。

③ 张兆和、李廷贵主编：《梁聚五文集——民族、民主、政论》(上册)，华南研究中心，2010，第45—47页。

通常将焦点放在汉族精英主导的文化理念和政治实践中，特别是从中华民国的“五族共和”主张发展到1949年以后建立56个民族的分类理念和少数民族的政治体制，对于边缘土著族群来说，究竟反映了什么，其扮演了什么角色，却鲜有研究者论述。而梁先生的著作表明，早在20世纪30年代，西南边缘土著精英就不断在主导性的民族主义论述外，探索土著的民族身份和地位。梁聚五先生的文本书写和政治实践表明，现代中国国族建构和民族主义的发展，特别是在民族国家政治一体化的建造过程中，出现民族多元观及其内容的界定，是基于汉人为主的政治中心和边缘土著族群之间复杂互动和商议的结果。[①]

或许，较之众多史学家，梁聚五先生关于苗夷民族发展史的论述上还有不足之处。但在汉文历史文献和中国民族史结合运用上，梁聚五先生却有独到之处，其中，我们不能忽略了梁先生身为苗族后裔，身上流淌苗族血液，饱含民族情感等因素。时至今日，我们仍需重新认真审视《苗夷民族发展史》，从而丰富苗学研究的领域、视野及思路。





① 张兆和：《梁聚五关于苗族身份认同的书写——近代中国边缘族群以汉语文表述“我族”身份认同的个案研究》，第92—93页。

# 远口吴氏源流探

吴庆云　吴锡镇*

## 一、远口吴氏源流

远口吴氏源于西周时期的姬姓，受姓于泰伯所建句吴国，为黄帝轩辕氏直系后裔。黄帝也就是吴氏族谱中记述的远古始祖，泰伯为开氏始祖，仲雍为传氏始祖。

黄帝居住在姬水流域（今渭水一支流），以姬为姓。黄帝娶四房，生 25 子，但只有黄帝正妻嫘祖所生的二子玄嚣、昌意继承了黄帝的姬姓，玄嚣的第四代孙帝喾娶姜嫄为妻，生子名弃，弃即被中华民族尊为农神的后稷。弃生子不窋，不窋生子鞠，鞠生子公刘，几代世袭稷官（农官），重视植桑耕农。到公刘后，周族部落已“行者有资，居者有蓄积”，从此周族开始了复兴之路。公刘下传数代到古公亶父时，为避开戎人和

* 吴庆云，男，苗族，贵州锦屏，工学学士，从事乡镇规划研究。在《明史国际学术研讨会论文集》《黔东南日报》等发表论文和乡村规划文章。

吴锡镇，男，苗族，贵州锦屏，中国少数民族作家学会、贵州省作家协会、贵州省屯堡研究会会员。

狄人的侵扰，古公亶父率领族人一路南迁，来到岐山下的周原（今陕西岐山县一带）。这里土地肥沃，适合种植庄稼。古公亶父一改传统的游牧习惯，过上定居生活，于3200年前建立了强大的周部落。古公亶父人们尊称为周太王，有三子，泰伯、仲雍和季历，皆贤。而季历“有圣子昌”“太王欲立季历以及昌”。太王曰：“兴王业者，其在昌乎。”泰伯和仲雍了解父亲之意后决定让贤，托言往衡山采药以养亲，离开周原，来到岐山西面的吴山（今宝鸡市新街镇吴山），后又从吴山迁至荆蛮吴越地区（今江苏无锡梅里一带），并入乡随俗，文身断发。最终季历得以顺利继位，再后来武王姬发一举灭商，最终完成周族复兴大业，建立了周王朝。孔子对此有极高的评价：赞曰“泰伯，其可谓至德也已矣”。

泰伯和仲维到吴越后，把中原先进的农业生产技术传授给当地土著人，促进了当地经济的发展。他们推崇“仁爱”，主张“仁者爱人”，深得土著居民的欢迎。土著居民崇敬泰伯、仲雍的义行，“从而归之千余家”，拥泰伯为王，建立国家。因泰伯先走吴山，后奔吴越，故泰伯建立国家称“句吴”，泰伯卒，弟仲雍立。周武王灭商后，封仲雍三世周章为诸侯，国号改称吴，并追封泰伯为吴伯。至仲雍十八世寿梦代代称王。泰伯后裔世代以国为姓，把泰伯、仲雍尊为吴氏始祖，即众吴氏族谱中所称的“泰伯一世”，其成为出自姬姓吴氏的开始。

公元前561年，吴王寿梦离世。寿梦有四子，长子诸樊，次子馀祭，三子馀眜，四子季札。四子之中又以季札最贤，从小熟读《诗》《书》，通晓礼仪，仁义礼让四德俱全，深得寿梦喜爱，“寿梦欲立之”，季札谦让，并曰：“礼有旧制，奈何废前王之礼，而行父子之私乎？”因此寿梦只好立长子诸樊，后来他的几位哥哥又分别让位于他，他仍不受，从公元前 561 年起，季札效仿祖辈泰伯的做法，四让王位而避延陵（今江苏江阴申港镇）。季札的让位，继承了先祖泰伯的美德，他的高风亮节让后人敬仰。孔子赞曰：“延陵季子，其天民也乎？”（《上博楚简·弟子问》），司马迁誉称其为“延陵季子之仁心慕义无穷，见微而知清浊”的仁德之人。后人尊称为“至德第三人”。公元前 547 年，季札的二哥馀祭继位，封季札于延陵，“号曰延陵季子”，此后吴王寿梦的后裔分为两支：一支在政治上发展，出现了吴王阖闾，吴王夫差等著名国君；另一支则是季扎及其后裔独立发展，人丁繁衍众多，后裔遍及祖国各地及世界五大洲，构成了当今吴姓的绝大部分。季扎由梅里迁延陵后，吴氏后裔因亡国、任职、从军、避难等原因断断续续南北迁徙。泰伯七十一世吴皙从庐山迁永新任江西永新主簿，为永新开基始祖。吴皙十六世吴盛迁湖广靖州会同县远口（今贵州天柱县远口）避难，为远口地区吴氏始祖。



## 二、吴盛迁入远口



远口，贵州省林业重镇，素有“林木杉乡”的美称，历来是木商交易之所，各路木商云集于此。这里是云贵高原向湘西丘陵过渡的地带，属于亚热带季风气候区，是人类定居生存和发展的理想场所。考古发现，远口在旧石器时代就有人类活动。公元 1245 年前，远口无文字记载，吴盛公迁入后逐渐扬名。宋隶荆湖北路靖州会同县，元隶湖广靖州路总管府，明洪武二十五年（1392年）设会同县镇远巡检司。明万历二十五年（1597年）建天柱县，属湖广靖州。

自西向东从镇中心穿过的清水江最大的码头建于此。古代的远口可西入黔滇，东出湘鄂，从清水江乘船，上可通锦屏、剑河、施洞和下司；下可达洪江、常德、武汉、南京至上海，是贵州通往两湖两广和江浙的重要水上通道。这里气候温和，土壤肥沃，群峰环绕，风光旖旎，森林资源十分丰富。清水江航道宽阔，急缓有致，排筏辐辏，是清水江木材、蔑缆、桐籽、油茶、柑橘等土产的重要集散地。明洪武三十年，朱元璋命子朱祯率兵30万镇压林宽起义，由沅州（芷江）进入天柱、锦屏，发现清水江流域森林资源丰富，材质优良。此后，皇家常派官员前来征集“皇木”运往京城，远口工商贸易逐渐发展起来。江西馆、两湖馆、宝庆馆、衡阳馆、贵州馆等曾建于此，开设木行木栈，从事木材交易。自古以来，黔东大地的农副土特产品和浩浩荡荡的木排通过清水江这条黄金水道，把闭关的“夷地”与经济发达的湖广江浙有机地连接起来。由于这里属夷地，地理位置相对闭塞，经济和交通相对发达，环境优美，又常有江西会馆木商来回于斯，故吴盛看中了远口这块风水宝地。

吴盛举家迁至远口后，经吴盛公励精图治，艰辛经营，开辟远口地区，子孙繁衍，人丁兴旺。近800年来，盛公后裔以远口为中心，向外发展，迄今已有人口30余万，主要分布于湘黔桂边区20余个县市，零星分散于全国各地和海外，远口成为盛公后裔的发祥地。黔东南州境内的吴姓多源于泰伯所建的句吴国，尤其是今天柱县远口吴氏总祠及其后裔，更是黄帝轩辕氏、吴氏始祖泰伯和仲雍的直系后裔。吴盛西迁苗疆后，因“久居夷地，受其所染，易其服从其俗习其语成为夷也”，其后裔长期与苗侗民族联系与往来，和当地苗侗先民融为一体而受其同化，这就是黔东南吴盛后人多为苗侗民族的原因。

远口吴氏在封建社会各种政治或组织中，以寨老制、款组织和宗族组织等较为典型，在吴氏的族规家训中就有“联保甲以弭盗窃”，而宗族组织在远口吴氏宗族中又最具代表性。宗族组织的首领称为族长，由德高望重的，在族内有崇高声望的族老担当。新中国成立以前，远口吴氏建有祠堂，置有族田族山等族产，以济修谱、聚会或其他重大活动之资。新中国成立后，尤其是人民公社时期，宗族组织几乎被人民公社制度所替代。族田和族山等族产成为集体资产，祠堂被改作他用。百姓的安危有了国家的保障，宗族只是依据约定俗成的习俗或习惯维持其礼俗。改革开放以后，远口吴氏总祠得以恢复，它的雄姿现仍屹立于清江岸边。而今，每年清明“晒谱”等宗规族约及族务活动仍在此举行。虽然远口境内山岭纵横，地理条件复杂，但是墟市的发育在南宋时已达到一定水平。吴盛迁入远口后，特别是明朝洪武年间后，墟市的专业化发展已具相当规模，“四方木材商贾辏集于此，木材、盐铁、蓝靛、杂货于此贸易”。木市的发展，商贾的云集，商品的交换已成为远口经济活动中十分重要的一个方面，这对吴盛及其后裔的发展有不可低估的意义。

## 三、远口吴氏族规家训

族规家训是吴氏宗族共同遵守的行为规范。其内容主要是劝导和禁戒，劝善惩恶。国有国法，家有家规。世界大同必先治国，国之兴不可忽视族之望，族之望不可否定族规家训。凡我后代子孙，必以我族之规训立身，衡事，处世。规范、训语和禁戒，传统伦理道德，我吴氏宗族，众多子孙，必恪诚遵守，不可荒怠。

祖训十六条

敦孝悌以重人伦，笃宗族以昭雍睦；和乡党以息争讼，重农桑以足衣食；尚节俭以惜财帛，隆学校以端士习；黜异端以崇正学，讲法律以儆顽愚；明礼让以厚风俗，务本业以定民志；训子弟以禁非为，息诬告以全善良；诫匿逃以免株连，完钱粮以省催科；联保甲以弭盗窃，解仇忿以重身命。

家规旧十条

谨祭祀，顺父母；和兄弟，厚犹子；睦宗族，和邻里；训子孙，慎婚嫁；守丧礼，溺风水。

家规新十条

勤耕，节用；苦读，择交；作则，率教；戒贪，戒斗；戒宴游，审言行。

远口吴氏家训

凡我子孙，尊圣谕，守家训。父慈子孝，兄友弟恭，夫义妇顺，朋友信，邻里和。长毋慢少，卑毋犯尊，强毋凌弱，众毋暴寡，富毋欺贫，智毋殆愚。德业相劝，过失相规，疾病相扶，患难相恤。毋事游逸，毋尚奢侈，毋好斗狠，毋缓国课，毋习赌博，毋为奸盗。力读勤耕，安分守法，天理无亏，阴骘不损。如有违犯，当祠论之，或有不听，闻官治之。

吴氏的训规，很大程度能促进社会和谐稳定，为国家安全发展做出贡献。

吴氏历史渊源悠久，泰伯的谦让，成就了周王朝和句吴国的建立，季札的谦让，维护了周礼和成就了阖闾的霸业。七百多年前，盛公因谦让而落户于远口蛮夷地区，给这里带来了中原的农耕文明，也带来了吴文化；清水江木业的开发，又带来了木商文化。农业发达的中原文明，开拓创新的吴文化，履约守信的木商文化与顽强不息的苗侗文化的大融合，促进了远口地区的繁荣，造就了远口这片盛公及其后裔的发祥地，创造了顺其自然、符合伦理、促进和谐、严守祖训、知礼谦让、开拓创新的独特的远口吴氏文明，也为吴氏文化增光添彩。这一内涵丰富的文明，不但集中体现在生产、生活、习俗、文化各个方面，而且成为远口吴氏最为宝贵的精神财富，也成为远口吴氏弘扬至德精神，激励后人的法宝。远口镶嵌在清水江流域这一优越的生存环境中，加上谦让与开拓这一“至德文化”之精髓，成就了号称“吴半州”勇于开拓的吴盛，成就了其后裔在此得以稳定发展，也成就了远口吴氏文化得以发扬光大。远口吴氏文化是吴文化的一部分，与中原文化和吴越文化一脉同源。“谦让开拓”是吴氏文化的精髓，“至德承传”是吴氏文化之特色。“谦让”是吴氏的标志，“开拓”是吴氏的精神，谦让与开拓奇妙地统一在一起。

# 黔东南民间汉语戏曲简述

潘振彬* 吴佺新

黔东南不仅是歌舞的海洋，也是戏曲的沃壤。黔东南有比较丰富的戏曲资源，流传下来的各类戏曲近十种，分布在城镇和乡村，活跃在民间。黔东南戏曲剧种不少，演出队伍也众多，但分布极不平衡。演出队伍较多的县有黎平、从江、榕江和天柱四县，其他县较少，有的县市甚至没有戏曲流传。黎平、从江、榕江和天柱四县演出队伍占全州 80% 以上，其他县只有零星分布。

黔东南外来剧种的传播和影响主要是两个方向，一个是从南边的广西，另一个是从东边的湖南，正好面对黎平、从江、榕江和天柱四县，这四个县主要为侗族居住。另外侗族本身有传统的戏曲，对外来的戏曲形式容易接受，并且结合民族文化进行改造，进一步流传和发展。黔东南的戏曲只用侗语和汉语两种语言演唱，根据其分布和流传特点，可以把民间传统戏曲分为侗语戏曲和汉语戏曲两种。

黔东南目前流传的剧种，除了侗戏外，主要有汉戏、大

* 潘振彬，男，侗族，贵州从江县人，黔东南州文化馆馆员。

戏、阳戏、花灯戏、桂戏和彩调剧。京剧也曾风行一时，皮影戏也曾在部分地区流传，话剧也在部分城镇演出，这三个剧种现已基本消失。

## 一、汉戏

汉戏，主要流传于锦屏隆里和新化一带使用汉语的村寨，据考为明代屯军带来的剧种。2017 年全国传统戏曲普查时，把这一汉语戏曲暂定为京剧。最晚注入黔东南的剧种是京剧，是新中国建立初期，由来黔东南工作的外来人员带来的。当时，大部分城镇都有业余京剧演出队伍，由来黔东南工作的外来人员带动当地文艺爱好者一起演出。“文化大革命”期间，“样板戏”风行，推动了京剧的发展。黔东南州成立了京剧团，后又改为话剧团，由于京剧和话剧没有群众基础，最后话剧团改为苗岭艺术团。文化体制改革时，苗岭艺术团和州歌舞团合并为州民族歌舞团。在部分侗族地区，还把京剧和侗戏结合成侗戏京剧，用侗语演唱京剧或用汉语演唱侗戏。改革开放后这些均已消失。

黔东南没有京剧流传的途径和生长的土壤，汉戏传入的时间也对不上，汉戏传入是明代，京剧形成的时间比汉戏晚（清代乾隆）。这里的汉戏与发源于武汉流传于湖北、湖南和陕西等地的汉剧不是同一个剧种，戏剧音乐完全不同。那么这一剧种为什么叫汉戏？汉戏流传区的主要居民是侗族，侗族本身有民族戏剧，这是为了区别侗语演唱的侗戏，所以把这一剧种称为汉戏。汉戏曾影响到侗族地区的天柱，新中国成立初天柱曾有个业余汉戏团，后逐渐被天柱主流剧种大戏和阳戏取代。

汉戏，到底是什么剧种呢？明代，贵州初建，在各个军事要塞和关键通道屯耕驻军，形成众多的屯堡。屯堡经常开展祭祀活动，祭祀军事英雄，逐渐演化为傩戏，傩戏又分化为军傩和民傩。安顺的地戏就是典型的军傩，岑巩的思州喜傩神（戏）也属于军傩。汉戏可能是民傩的一种，天柱的阳戏也属于民傩的一种。据记载，锦屏民间有侗戏、阴戏、阳戏、文戏、武戏。阴戏主要是唱给阴间的英雄听的，主娱神；阳戏主要是唱给阳间百姓听的，主娱人。阴戏可能是军傩，阳戏就是民傩。阴戏就是武戏，阳戏就是文戏。所以，我推断，汉戏是（和阳戏并存的）傩戏的一种。汉戏，属于小戏类剧种，题材以古代传统题材为主。汉戏现仅流传于锦屏，是黔东南流传区域最小的剧种。

## 二、阳戏

阳戏主要流传于天柱县，在榕江部分地区也有流传。天柱县戏阳主要分布在天柱使用汉语和侗语的村寨，在榕江主要分布在七十二寨侗款区有侗戏班的村寨。阳戏起源于傩戏（前面已述），已经演变成独立的剧种。天柱阳戏由湖南传入，时间已经久远，具体时间已经不可考。榕江的阳戏，由天柱传入，传入时间大约在民国晚期，即侗戏在七十二寨盛行时期。榕江没有专门的阳戏演出队伍，都由侗戏班兼任。

阳戏名称由来有多种说法，天柱阳戏可能起源于湖南辰阳地区，所以称阳戏。古代辰阳地区侗族是主要居民之一，传入天柱没有障碍，也容易被接受。阳戏广泛流传于西南官话区，又一说戏阳全称是“舞阳神戏”，简称“阳戏”，即在祭祀仪式中进行的戏剧表演。举行阳戏神祀活动，一般先叩许心愿，然后再还愿，因而叫“还阳戏”，又称为“愿戏”。现在黔东南的阳戏已经完全变成欣赏戏，仪式部分已经消失，或传入天柱的时候，就已经没有了仪式部分。阳戏属于小戏类剧种，有传统的古典剧目，也有新编的剧目。

## 三、傩戏

岑巩的思州傩戏，是军傩的一种，起源于军队出征前祭祀英雄的仪式，平时也用于鼓励军队志气，后逐渐演变成戏曲。傩戏最早起源于商周时期的方相氏驱傩活动，汉代以后，逐渐发展成为具有浓厚娱人色彩和戏乐成分的礼仪祀典。大约在宋代前后，傩仪由于受到民间歌舞、戏剧的影响，开始衍变为旨在酬神还愿的傩戏。傩戏以面具为其艺术造型的重要手段，内容多与宗教鬼神有关；傩戏表演者，按角色戴彩绘面具，俗称“脸子”，分列为一末、二净、三生、四旦、五丑、六外、七贴旦、八小生；其表演俗称“跳傩”，场面多伴以锣鼓。代表剧目有《捉黄鬼》《刘文龙赶考》《孟姜女》《张文显》《陈州放粮》《薛仁贵征东》《庞氏女》《龙王女》《桃源洞神》《梁山土地》等，此外还有一些取材于《目连传》《三国演义》《西游记》的剧目。

岑巩思州傩戏起源比汉戏更早，可能源于古思州宣尉司，是军民并治的机构。岑巩思州傩创始于东汉永寿元年（155年），至今已有1800多年的历史。它的产生有其独特性。思州傩源于江西宫廷傩，有别于其他民间傩、寺庙傩，起初属宗教祭祀活动，但在历史演变过程中，以其欢快的傩舞、傩歌巧妙地打破了宗教教议的金科玉律，使之成为一种“祭中有歌，歌中有舞，舞中有戏”的传统民俗文化。当时的傩戏表演主要在军队里。岑巩思州傩戏主要流传于使用汉语的侗族地区，和湖南新晃侗族自治县的侗族傩戏（国家级非遗名录）属于同一体系。岑巩思州傩戏又称为喜傩神，它既含还难愿的内容，又有逐魈的活动，它活泼、俏皮、喜气，有舞、有歌、有祭、有戏。在表演活动中，特别是嬉戏傩神，不时用俏皮语言演唱，妙趣横生，把观众惹得捧腹大笑。思州侗族的“喜傩神”，有着悠久的历史，据传抄本《师门会兵科》《道门犍牲科》《起点九州科》等古籍所载，“是吾三界桥头，拜法之时，永寿元年，鬼神撩乱，太上老君给赐神傩”“给赐神杖”“给赐弟子”。岑巩思州傩戏傩技表演重于故事情节，比如上刀山、下火海、脚踩烧红铧口等。岑巩思州傩戏属于小戏类，演唱多为传统剧目。

## 四、大戏

大戏主要流传于天柱，剑河和锦屏也有少部分流传，三穗曾是大戏流传区，大约在民国末年消失。大戏有两种词意，一是相对小戏而言，指情节复杂、角色齐全的大型戏曲；二是流传于黔东南侗族地区和湖南新晃侗族自治县的汉语剧种。黔东南大戏传于湖南新晃，受湘戏和湖南花鼓戏的影响，有湘戏和湖南花鼓戏一些艺术特征。大戏在新晃是如何形成的，起源于何时，还待考。侗戏大约产生于清代嘉庆至道光年间，受到广西桂戏和彩调戏影响。嘉庆年间，侗族经济发展到一个新高度，文化兴盛，大部分有名的鼓楼就在这时期修建。雄厚的经济实力和文化基础，促成了侗戏的产生。根据侗戏的产生条件和机遇来看，大戏也可能在这个时期的新晃形成和发展。

大戏之名由何而来？“大戏”应为侗汉语结合词汇，“大”为侗语，“戏”为汉语。“大”在侗语中念“老”，大戏侗语念“戏老”，汉译为“大戏”。“老”在侗语中为“巨大”“古老”的意思，引申为原生的、正宗的，如大歌、大稻（侗族传统种植的水稻品种即香禾糯）。虽然大戏用汉语演唱，但侗族认为是本民族原生的艺术。由于主要在侗族地区表演，大戏在发展过程中，也进行了改良，以适应侗族地区社会生活。在语言上，也有使用侗语或者侗汉夹杂表演，锦屏、剑河的大戏都被称为侗戏，大戏实际是侗戏的一种。剑河县小广的大戏班，在 20 世纪 80 年代初期曾到榕江和黎平县演出，用侗汉语夹杂演出为少通汉语的村寨所接受。到后来，干脆用侗语演唱，更是大受欢迎，一直巡回演出一个多月才结束回家。剑河把大戏称为侗戏，在非遗名录中也定为侗戏。大戏的演出剧目以传统题材为主，多为帝王将相、才子佳人，宋代及以前题材为主，也有少量的新编剧目演出。





## 五、桂戏

桂戏主要流传于黎平和从江侗族地区，由侗戏班演唱。桂戏传入黔东南大约于民国中期，正是侗戏发展到比较成熟的时期，由文本的侗族地区传入。桂戏起源文本桂林地区，桂戏大约发端于明代中叶，明末清初昆腔流播到广西，后高腔和弋阳腔又相继传入，几种声腔相互融合，形成声调优美，抑扬有致的桂剧。桂剧做工细腻贴切、生动活泼，借助面部表情和身段姿态传情，注重以细腻而富于生活气息的表演手法塑造人物。桂戏的演出，基本没有单独的演出场次，是在演出侗戏的间歇表演。

桂戏属于大戏类，由于用汉语表演，部分侗族地区无法全部听懂，一般只演出片段（折子戏），以桂戏的传统剧目为主。侗戏班于节日期间在本村或受邀到其他村寨演出，通常要演出三四天，演唱桂戏主要是起到调节气氛的作用。即使到汉族村寨演出，戏桂演唱节目可能要长一些，或者次数多些，但通常不会完整演出一出桂戏，侗戏仍然是主要演出节目。

## 六、彩调

彩调戏主要流传于从江和黎平侗族地区，由侗戏班演唱。彩调原称调子，是广西地方戏曲剧种之一。它属灯戏系统，源于桂林地区农村歌舞，是由说唱衍化而成的“对子调”，分布甚广。传统彩调剧目约有500种，从形式上看有独角戏、对子调、大调戏、三小戏、出头戏、对台戏等。彩调戏现流行于桂林、柳州、河池、百色等地区。因方言差异，各地名称不一，桂林一带称“彩灯”“彩调”“唱灯”；平乐、荔浦、柳州、河池一带叫“采茶戏”“调子戏”。彩调戏现中心区在柳州，由于主要流行于桂北地区，又叫桂北彩调。

彩调戏属于灯戏（如花灯戏）的一种，为小戏类。由于用汉语表演，部分侗族地区不能全听懂，一般只演出片断（折子戏）。侗戏班于节日期间在本村或受邀到其他村寨演出，通常要演出三四天，演唱彩调戏主要是起到调节气氛的作用。由于受到侗戏的影响，从江的彩调戏向大戏类发展，偶尔表演彩调戏传统剧目，新编的剧目如今成为主流。新编彩调戏具有侗戏以及其他大戏类一些特点，剧情复杂，故事较长，情节有开头、铺垫、高潮、结局这样一个完整过程。受邀请到汉族村寨演出，可以只演唱彩调戏，或者兼演侗戏折子戏调节气氛。到侗汉杂居村寨演出，侗戏和彩调戏间天演出。

## 七、花灯戏

花灯戏是黔东南流行面最广的汉语剧种，除了个别县市，各地汉语地区都有流传。花灯戏是灯戏的一种，是由玩灯、玩龙，要狮子、街头舞蹈等民间街头游艺杂要发展形成的剧种之一。黔东南流传的花灯戏，属于南路花灯（流派）。从花灯到花灯戏，经历了一个发展过程。由于发展进程不同，成熟程度也不一样。镇远、黄平、丹寨等县的花灯戏比较成熟，施秉、岑巩、锦屏等县的花灯，处于游艺向戏曲过渡阶段，三穗、麻江等地尚处于玩灯阶段，还没有成为戏曲。

黔东南花灯戏属于小戏类，大多剧情较短，形式活泼。演出场所，不一定是舞台，也有在广场或街道上。剧本人物少，情节比较简单，唱词和道白，通俗易懂，唱腔都是吸收民歌小调的特点，欢快明朗，表演动作活泼风趣，歌舞味很浓，多以表现生活的小喜剧见长，充满了当地文化和习俗的韵味。所表演的剧目，以传统剧目为主，也有新编剧目演出。

## 八、总结

黔东南传统汉语戏曲发展不平衡和黔东南民族传统文化有着密切的联系。侗戏是黔东南唯一的本土剧种，侗族地区具有戏曲流传和发展的土壤，汉语戏曲容易被侗族接受和欢迎。黔东南州是以苗侗民族为主体的民族自治地区，汉族比例很小。虽然汉语戏曲剧种较多，但由于人口较少，演出队伍相对不多。分布于黔东南的汉族，进入黔东南定居时间长短不一，支系复杂，虽然有相同的语言，但文化渊源差异较大，流传于不同地区的汉语戏曲，难以相互影响和接受，只有花灯戏流传相对比较广，因与汉族街头游艺活动关系所致，但发展程度也极不平衡。汉语剧种也在苗族、土家族等人口较少的少数民族流传，这些区域实际已经汉化，使用汉语，并不使用本民族的母语。黎平、从江、榕江和天柱是侗族分布最多和最密集的县，由于有传统的戏曲土壤和艺术基础，不同的剧种包括汉语戏曲也相对容易流传。

# 从江县民族文化传承面临的困难及建议

敖家辉*

少数民族文化是中华文化的瑰宝，是民族地区宝贵的文化遗产。然而近年来，由于社会的不断发展，各种文化的交流以及强势文化的渗透，民族文化受到前所未有的冲击，远古遗存的民族民间文化正逐步消失，尤其是农村原生态歌舞文化、巫术文化、戏曲文化等已濒临灭绝。因此，抢救、保护、传承民族民间文化已迫在眉睫。当前，民族民间文化保护工作重点在抢救，难点在传承，现就如何做好民族民间文化的传承，谈一些建议。

## 一、当前民族文化传承工作所面临的挑战和困难

### （一）民间传承难以延续

少数民族文化绝大部分没有文字记载，但千百年来，得以代代相传，主要是靠上一辈人向下一辈人口耳相传，口传心记，加上传统的民俗民间演唱等活动，使得千百年的古老文化

* 熬家辉，男，侗族，贵州从江县人，从江县林业局党组书记、局长。

得以沿袭传承。这种自觉的传承方式我们叫“民间传承”。

然而，近10余年来，由于受外来文化的冲击，以及现代化的娱乐方式、时尚的生活观念和不良的文化导向的影响，原有的民间传承活动已不再沿袭。儿童们不再上歌师家去学歌，而是上学校学习现代文化知识。村寨原有的悠悠歌声、琵琶声已渐渐远去，取而代之的是时尚的摇滚舞曲和媚俗的电视娱乐节目。一些歌师、戏师、巫师等传承人不再有人光顾，宝贵的民族文化已无人传承。

### （二）校园传承困难重重

当民间传承难以延续，一些文化学者、专家们建议借助校园平台来传授民族文化，该想法也得到各级政府及相关职能部门的重视和认可，并付诸实施，但收效不大，有的流于形式。民族文化仍然没有得到实质性的传承。笔者通过深入了解，当前校园传承工作存在较大的误区或不当的方式方法。

误区一：把舞台歌舞当作原生态文化。存在这种误区的原因主要是一些老师或相关部门的领导，缺乏民间草根文化生活的体验，仅通过观看一些表演活动或影像资料，就认为这是民族文化。

误区二：把学校老师当作传承人。有的学校不请当地文化传承人（如歌师、戏师等）到学校传歌，而是由学校少数民族老师经过培训后来教歌，更有甚者是请一些在深圳当歌舞演员的打工人员回家来作为学校民族文化进课堂的老师。他们所教的侗歌唱的是什么内容，连他们自己都不知道。学生们只知道老师教什么，他们就跟着唱什么，他们更不知道什么是我们需要传承的民族文化。还有的学校派出老师参加上级举办的“民族文化进课堂”培训，聘请相关院校的老师来教歌，有的老师甚至用钢琴或手风琴伴奏的侗歌作教材，就是他们所谓的“民族文化”。这样的误区是目前我们“民族文化进课堂”最普遍的现象。它不仅不能传承民族文化，而且给民族文化传承工作带来严重的误导。

误区三：民族文化进课堂怕影响学生的文化课程。这种现象虽然是个别的，但也有倾向性。个别学校或老师认为：一是学生过多地去学民族文化，怕分散了正常的文化课程，影响学生的成绩，影响老师的教学成绩的排位。二是怕侗歌、苗歌歌曲里有“情爱”的内容，导致学生出现早恋的现象。

误区四：对民族文化的偏见。个别学校和老师认为民族文化没什么用，那是过去时代的产物，落后的东西，学生们应该学习现代文化，唱现代歌曲才符合时代潮流。在学校播放侗歌会影响师生作息和心情。甚至有个别老师自身是侗族却不让自己孩子跟其爷爷奶奶讲侗话，要说普通话。这种现象和思想，严重阻碍民族文化传承工作。



### （三）青年人追求现代、时尚的生活方式，严重影响民族文化的传承



随着社会的不断发展，电视，网络信息以及现代文化的普及，外出务工者的各种思想文化思潮和意识观念的渗透，人们不再满足于乡村间的文化交流。尤其是青年一代，更追求时尚的现代文化生活，传统的苗歌、侗歌、侗戏在他们眼中视为“思想观念落后”的东西，取而代之的是现代时尚的

文化追求。他们剪掉秀发染红发，脱掉侗衣穿时装，不唱侗歌唱流行歌，导致了千百年来代代相传的民族文化遭到冷落，逐渐淡化。在农村，30 岁以下的青年男女基本不爱听、不会唱、听不懂，甚至不接受苗歌、侗歌等民族歌曲，尤其是民间巫术文化，更是受到打压和歧视。预计，再过 10—20 年，巫术、侗歌、侗戏、苗歌等文化，随着这些老人的逝去，也将永远消失。

### （四）各级政府虽高度关注，但经费投入严重不足

民族文化的逐渐消失和濒危，已引起各级政府和相关部门的重视，先后出台了很多的抢救保护措施，但收效甚微。在今天，民族文化消失，依然是“无可奈何花落去”。通过调研了解，各级政府在文化保护传承上投入严重不足。以我县为例，全县共有苗、侗、壮、瑶、水这五个世居民族，占全县总人口的 94%。他们遍布 380 个乡村，500 多个自然寨，孕育多种独特的民族文化。这些文化都急需我们保护传承。如果每个村分别聘请男女歌师、戏师等传承人，按每人每年误工补助 2000 元计算，加上购置乐器、芦笙，学校每年所需经费 1.5 万—2 万元，全县共有 380 个村，每年所需经费 570 万—769 万元。而现在我县民族部门每年文化进课堂经费仅有 2 万—4 万元。这点经费远远满足不了该项工作的开展。

## 二、对民族文化传承的几点建议

### （一）进一步加大民族文化进课堂的工作力度

为让儿童知晓民族文化，心系民族文化，热爱民族文化，传唱民族文化，结合各民族村寨的文化特色实际，制订相应的教学计划，引导学校老师、村寨歌师、民间艺人相互配合，共同参与，切实有效地开展好“民族文化进课堂”工作，因此，本人提出以下几点建议，仅供参考。

第一，用当地村寨（戏师），少用或不用学校老师。因为我们的民族是多样的，文化也是多样的。学生是当地村寨的，但老师有可能不是本村寨本民族的，如果用外乡老师教本村的民族文化，在语言（方言）上，文化上有差异，学生难以接受，也达不到传承民族文化的目的。因此，各村寨学校必须坚信“我的村寨，我的文化；我的文化，我要传承”的理念和文化自信心。建议各学校必须请当地村寨的歌师、戏师或传承人到学校来传承民族文化。当然，如果本村老师是传承人，那是最适合的“民族文化进课堂”的老师。

第二，用教案，不用统一编印的教材。由于我们的少数民族基本上是没有文字的民族。千百年来，主要是靠上一代传给下一代，口耳相传，口传心记，沿袭至今，更没有什么教材。如果我们一味强调应用统一编制的教材，苗侗不分，导致文化单一，文化缺失，文化误导，不利于各民族文化的保护与传承。况且我们统一编印的教材，也往往失去原有文化韵味，尤其是那些有着悠久历史的苗族古歌、侗族古歌，用现代汉语根本无法翻译出来。因此，建议不用统一编制的教材。要抛开现有教材，走出校园，深入村寨，问计于父老乡亲，向传承人要教材，才利于保护传承文化的多样性和原生性。各学校主要帮助歌师（传承人）制订教学计划，安排教学课程，让歌师们按他们的民间传授方法进行传承。

第三，以传承原生态文化为主，舞台文化为辅。我们少数民族，人口不多，但历史悠久，在漫长的历史长河中，孕育着丰富多彩的民间文化，这些底蕴厚重的民族文化象征一个民族的根，一个民族的魂。他们以此相伴，以此为生，以此为荣。我们今天的侗族大歌能上巴黎、维也纳的大雅之堂演唱，也是靠这些“根”为基础的。因此，我们应以原生态文化为主，只有知晓原生态文化，才能创造出更加多彩的舞台文化。原生态文化才是我们传承的主要目的。

第四，要实效，不要流于形式。“民族文化进课堂”工作，点多面广，任务十分繁重。我们要有强烈的社会责任感，用高度负责的态度来对待该项工作。如果我们认为有“工作计划”，有“教材”，学生也能会唱几首具有民族色彩的舞台歌曲，就算是开展民族文化进课堂了，这样的工作方法只能流于形式，没有实质性的效果。





### （二）应鼓励、引导民间传承活动，让民族文化传承回归传统的传承方式

我们的民族文化千百年来得以代代相传：一是靠孜孜不倦的传承信仰；二是靠自强不息的民族精神。这样的信仰和精神，是他们对文化的固守和对传统的守望。笔者认为民间传承

仍是最经济、最传统、最直接、最有利于保护文化多样性的有效方式，也不占用学校教学资源。因此，各学校老师要与传承人互相配合，利用周末时间，以打考勤的方法，指令学生到传承人家学习民族文化。同时，我们应制订一些激励措施，出台一些奖励政策，支持一些民俗活动，充分体现政府、社会对民族文化的尊重，让民族文化自信、自觉、自强。

（三）全社会应建立健康的文化导向

一个繁盛的民族，必然有激励人心、催人奋进、热爱生活、积极向上的优秀文化的熏陶。健康的文化导向能促进一个国家，一个民族繁荣昌盛。优秀的文化作品和艺术家能激励一代人，鼓舞一代人，增强民族的自信心和凝聚力。在这些优秀文化导向的作用下，新中国成立以来，涌现出许多可歌可泣的英雄人物。然而，近年来，由于不正确的文化导向，一些低级庸俗的影视娱乐作品泛滥。如电视台举办的相亲节目，伪娘作秀，街头的接吻大赛，虚拟的打杀游戏，胡编乱造的时空穿越剧等，这些低俗的作品，垃圾"艺术"，正被一些年轻人、少年儿童崇拜，效仿。他们的人生观、价值观被扭曲，缺乏积极健康向上的进取精神。因此，我们应该规范娱乐作品，鼓励优秀作品，封杀或抵制低俗文化，弘扬民族文化，多支持一些传统民俗活动。电视台要多播放我们民族歌舞，展示民俗节日，增强民族文化自信心，才利于文化的保护与传承。

(四)少数民族学生高考所加20分民族分，应以对少数民族学生加考民族文化知识为条件

为了更好地保护和传承民族文化，要让广大少数民族从少儿开始，必须知晓民族族源，会说本民族语言，会唱本民族歌曲，会跳民族舞蹈，会弹奏民族乐器，掌握一些民族手工艺等。因此，建议相关部门充分调研论证，对少数民族学生高考所加的民族分，应以少数民族考生参加民族文化知识考试为条件。其目的是促使家长、学生、全社会要有传习民族文化意识，从而更好地保护和传承我们的民族文化。

# 话说民间“寿鞋”

万必轩*

所谓“寿鞋”，就是指人到了寿终正寝时穿的鞋。据笔者最近调查，仅在凯里市老街一带就有好几家寿衣店出售“寿鞋”。“寿鞋”有用布做的，也有用纸和稻草做的，可谓奇而又奇了。

人活着的时候需要穿鞋，死后仍需要穿鞋，但生者与死者的鞋有所不同，生者穿的鞋民间称为“阳鞋”，死者穿的鞋称为“阴鞋”，也叫寿鞋。古人认为，人有二界，一为“阳界”，即活人生活的现实社会；二为“阴界”，即死者（鬼魂）生活的世界。按照中国的传统风俗，人死了要举行葬礼，要穿上寿衣、寿鞋走到另外一个世界去。

民间对制作“寿鞋”与穿“寿鞋”都是有所讲究的。“寿鞋”是专为老年人过世时准备的鞋。一般来说，人到了寿年（60岁以上），家人便为其准备一双“寿鞋”，以便寿终正寝之时用。平时，“寿鞋”是不能乱穿的，如果谁穿上“寿鞋”就

* 万必轩，男，苗族，贵州剑河人，黔东南州文化研究所退休干部，馆员。

会被视为疯子，因为那意味着死亡，是不吉利的，故活人忌穿“寿鞋”。据说，“寿鞋”一般是由年长妇女制作，年轻女子忌做“寿鞋”。做“寿鞋”者，只能于自家做，忌拿到别人家去做。“寿鞋”鞋面布料一般为黑棉布或黑绸子，鞋底用白棉布和竹笋壳叶做。据说用笋壳叶做鞋底意为其子孙后代一代比一代强。对于丧事，中国民间崇尚黑色与白色。白色为丧色，而黑色象征庄重、肃穆。男“寿鞋”不绣花，鞋头为圆形，但也有方形的。现寿衣店卖的男士纸“寿鞋”的鞋头便是方形的。这种纸寿鞋为清明上坟所用。据说方形象征男子阳刚之气，给人一种静态美的感觉。女士寿鞋鞋头为圆形。据说圆形象征女性圆柔、温顺的品格，其鞋面脚面均绣有一蛇（龙）一鹅，蛇（龙）鹅为吉祥之物，意为一蛇一鹅背老太过河（阴河）；中为莲花一朵。死者穿鞋时，左右脚大拇指均需对着鹅图，鞋底前脚掌图为“冲冠牛”（即蜻蜓）、谢莲花，莲花下为三点水（∴）。鞋底中间为莲花落在水上（∴），意为花开花落，人老了自然像花一样要凋谢。鞋底脚后跟为三点水（∴）。男女“寿鞋”鞋底不上线只钻孔，每只“寿鞋”鞋底钻孔均为九孔一组，共有七组。数字“九”和“七”均为阳数，是古人崇拜之数。“九”为阳数之极，意为人的“阳”气已尽，到该“走”的时候了，人就好像熟透了的桃子一样，到时候自然就掉下来了。民间对数字“七”的崇拜古来有之。盘古神话中说：“数起于一，立于三，成于无，盛于七，处于九。”（《艺文类聚》卷一引）《三五历纪》记载的民间传说中，女娲造人能“一日七十化”。《现代汉语词典》对“七”的解释为：“旧时人死后每隔七天祭一次，直到四十九天为之，共分七个‘七’”。民间丧事喜用单数，据说用单数表示子孙后代兴旺发达，并且表示死去的只是他（她）一人。在人们的审美观念中，认为“九”和“七”象征吉祥。

“寿鞋”须用钱买，如果不用钱买，死者得不到鞋穿。用钱买，图个吉利。

“寿鞋”“寿衣”有等级制。在封建社会，由于厚葬之风盛行，死者的身份不同，对寿衣、寿鞋的享用也是有严格的等级之分的。只有皇帝和达官显宦才有权享用玉衣、玉鞋，而平民百姓是无权享用的。《后汉书·礼仪志》规定：皇帝死后用金缕玉衣；诸侯王、列侯始封、贵人、公主用银缕玉衣；大贵人、长公主用铜缕玉衣。《汉代注》对玉衣有这样的描述：“以玉为襦，如铠状，连缀之，以黄金为缕。”1968 年，我国考古工作者在河北满城稀罕中山靖王刘胜与其妻窦绾的墓葬中，第一次发现完整的汉代金缕玉衣实物。刘胜的玉衣全长 1.88 米，外观与人体形状相似，分头部、上衣、裤筒、手套和鞋五大部分，由 2498 块玉片组成，玉片之间用纤细的金丝编缀，金丝重约 1100 克。窦绾的玉衣全长 1.72 米，由 2160 块玉片组成，所用金丝重约 700 克。① 其奢侈之风可想而知。古人认为，玉是阴阳二气的阳气之精，置玉于死者身上，可以对尸体起到神秘的巫术作用，保其不朽。据《抱朴子》记载：“金玉在九窍则死者为之不朽。”

在一些边远落后的苗族地区，至今仍保留着用草鞋给老人送终的习俗。最近，笔者从在凯里经营寿衣店的苗族老人

① 周苏平：《中国古代丧葬习俗》，陕西人民出版社，1990，第 18 页。

王向兴那里得知，黄平县翁坪乡苗族葬仪现还保留这样一种古老的习俗：老人去世时，其孝子需反穿一双新草鞋送老人“上路”，直到墓地，待把坟垒好后，将草鞋脱下置于老人坟上，方返回。他说，这是送给老人到阴间去的“鞋”，反穿草鞋意为穿“阴鞋”，亡者才能得鞋而去，阴间的鬼也才不会按脚印来阳间找人。

寿鞋——灵魂不死，鬼魂崇拜的产物。恩格斯说：“在远古时代，人们还不能完全知道自己身体的构造，并且受梦中景象的影响，就会产生一种观念：他们的思维和感觉不是他们身体的活动，而是一种独特的、寓于身体之中而在人死亡时就离开身体的灵魂的活动。从这个时候起，人们不得不思考这种灵魂与外部世界的关系。既然灵魂在人死时离开肉体而继续活着，那么就没有任何理由去设想它本身还会死亡；这样就产生了灵魂不死的观念。”（《路德维希·费尔哈巴和德国古典哲学的终结》）古人认为，灵魂依附于活人的肉体，是人的“复身”，活人的灵魂在人死后就变成鬼魂，它是脱离肉体而独立存在的东西。《礼记·祭法》云：“大凡生于天地之间皆曰命，其万物皆曰折，人死曰鬼。”古人还认为世间有二界，即阴界（阴间）与阳界（阳间）。阴界，即鬼魂居住的地方，人死后要到阴曹地府去居住。阳界，即活人生活的现实社会。人死后就会变成鬼，鬼有善鬼与恶鬼之分。善鬼能护佑人，恶鬼能捉弄人。鬼来无踪去无影，千变万化。如果你善待它，它就会保佑你；如果你怠慢它，它就会捉弄你，叫你不得安宁。因此，人们对它产生一种畏惧心理。为了不让鬼来纠缠活着的人，于是人们千方百计地把死者打扮得好好的，把死者生前所享受的东西，也带到阴间去，比如寿衣、寿鞋、寿帽、寿被、寿钱等。有的地区在人死后，还用纸糊的冰箱、彩电等物随葬。在旧石器时代晚期山顶洞人的尸骨身上，发现撒有红色的矿物质。新石器时代的大汶口文化、龙山文化的死者都有一定的葬式，或头部向东或侧身屈肢，这都有一定的象征意义。

在封建社会，人们为了取悦于鬼神，厚葬之风更为盛行。据史书记载，秦始皇陵中兼有宫殿和百官位次，堆满了奇珍异宝，燃烧着用人鱼膏做成的蜡烛，可以永久不灭，还设有防备盗墓用的暗箭弩机。墓室顶部用珍珠镶嵌出日月星辰，地面上还用水银灌注百川江海。可见其奢侈之极。以上种种葬礼，其目的是不让死者的阴魂再回到阳间，来找生者的麻烦，以便使生者能平平安安地过日子。这种葬风，究其原因，乃是灵魂不死、鬼魂崇拜所致。由此可以看出，人们为死者制作“寿鞋”也有此原因。

寿鞋——传统“孝道”的象征。“孝”自古以来就是中国的一种传统美德。《大戴礼记·盛德》云：“凡不孝生于不仁爱也，不仁爱生于丧祭之礼不明。丧祭之礼所以教仁爱也，致爱故能致丧祭，春秋祭祀之不绝，致思慕之心也。夫祭祀致馈养之道也。死且思慕馈养，况于生而存乎？故曰：丧祭之礼明，则民孝矣。故有不孝之狱，则饰丧祭之礼也。”意思是说丧祭可以培养人们的仁爱之心和尽孝之道。《荀子·礼论》云：“丧礼者，以生者饰死者也，大象其生以送其死也。”也就是说，对待死者要像对待生者一样，也要把吃穿用的东西让他（她）们带到另外一个世界去。以“礼”安葬老人，是人之常情，古来有之。当老人过世时，用一双“寿鞋”为老人送终，这是子女们的一点孝心，无可非议。如果对老人生时不养，死时不葬，则被视为不忠不孝，将受到世人的谴责。孔子说过：“生，事之以礼；死，葬之以礼，祭之以礼。”（《论语·为政》）故，民间“寿鞋”便是中国传统“孝道”的象征。

寿鞋——人生历程的终结。一个人从幼年到老年都穿过不同样式的鞋，这不同的鞋标志着他（她）走过了不同的人生历程，并未标志着他生命的结束。但“寿鞋”的寓意则不同，当一个人穿上寿鞋后，不是表示他（她）生命的延续，而是表明他（她）生命的终结。民间“寿鞋”是中国传统“孝道”的象征，也是中国丧葬文化的一个缩影。故，“生养死葬”是中国人的一种传统美德。

# 贵州黎平纪德同治年间《婚俗禁革》碑考论

向同明

青山界位于清水江下游的贵州省锦屏、黎平、剑河三县交界的雷公山余脉地区，其范围有100多平方公里，这里居住着苗、侗、汉等民族，其中以苗族居多，历史上这里形成相互毗邻的青山界四十八寨。它们有着共同的议榔制度和婚姻文化，“姑舅表婚”在这里存在了相当长的时间。四十八寨的“姑舅表婚”以单向的姑表婚形式为主，在当地苗语称为“Jangt ghab mul”，即“还娘头”。19世纪曾在这里开展了一场轰轰烈烈的婚俗改革，并在纪德苗寨立下了《婚俗禁革》碑。文章梳理黎平县平寨乡纪德村《婚俗禁革》碑内容、立碑过程及产生的背景，对碑文内容进行阐释，论述晚清社会转型期黎平府青山界四十八寨的基层社会治理政策。

## 一、纪德《婚俗禁革》碑内容、立碑过程及产生的背景

《婚俗禁革》碑立于贵州省黎平县平寨乡纪德村委会前，

高1.5米，宽0.82米。2018年11月12日，笔者与同事到纪德村挂“仰阿莎”传习所牌时，在村委会门口发现此碑。此碑为同治五年（1866年）青山界四十八寨团练组织与苗族议榔组织头首众议，呈黎平府示后所立。碑文抄录如下：

**总理下游团防营务黎平府正堂加五级纪録十次徐**

**钦加道御署贵州黎平府正堂加五级纪録十次陈**

**为严禁乡俗以端风化事**

案据众头首禀称：该民人等处乱来，男女婚嫁不遵古制，不由媒妁，姑之女必须嫁送舅家，名曰转亲。如舅家无子或有子而年龄不当，即勒索银两，名曰背带财礼，得财准过人，不满所欲，则不许他字，只得禀请示禁前来。

查婚姻为教化之原，夫妇乃人伦之始，故问名纳彩，婚姻特重仪文，而掌判导言，蹇修实司。夫媒妁洵为人生共由之道，抑亦古今不易之理。今据等寨枉（罔）知古训，习俗成风，姑生女而舅有男，逼谐秦晋，冰未泮而漓已结，莫谕斧薪。甚或舅氏无子，竞索币以偿，否则甥女无家，遂终不字，种种恶习，大伤风化。

兹既据该头首等禀请示禁前来，亟应严加禁革，除批示外，合行出示晓谕。

为此示，仰苗民人等知悉：

嗣后，男婚女嫁必凭媒妁撮合莫雁问名，一遵古训，如有姑舅姻亲，亦必先通媒妁，好缔朱程。自示之后，倘仍不遵并勒取身价者，准地方绅团头首公同具禀，以凭严惩。

各宜禀遵毋违。特示。

一、外甥女出嫁，舅家不准勒索财礼，还集女家准备嫁饰，致甥女长成而舅有男，二比自愿结亲，先请媒妁而求愿允，仍备聘金准备等件，方准过门。亦（若）无媒妁庚书，不准压逼结亲。如有等情，许地方公同禀官究治。

二、母亲亡故之后，不准舅家取讨头项、钏手饰等件，倘有再行取讨，众等公同禀究。

三、二比两愿之后，上富之女聘银拾两，中富聘银八两，下富聘银五两。如有违者，不准逼接。

己得寨（总理防堵：姜吉胜，五品蓝翎：姜文佐，五品蓝翎：姜开位、姜文义，姜正贤，姜文明，姜文兴）、苗喉寨（职员：杨超梅，龙世清，龙在位，龙朝魁，龙本修，龙怀）、宰格寨（总理：杨光曜，州同：杨光南，生员：杨化樑、杨选铨）、岑同寨（姜正明，龙文开，姜现德，姜士才）、苗丢寨（杨再招，杨再□，杨正通）、叩鹅寨（姜士和，姜开成，姜遇文）、苗庄寨（监生：刘光廷，杨正明）、九丢寨（龙老有）、美罗寨（姜上国，姜金国）、乌腊寨（姜正文，姜通文）、叩文寨（姜起得，姜起盛，吴通明）、苗举寨（吴开杰，吴彩发，吴朝祥）、苗里寨（姜兴朝，监生：姜辅，姜立周，姜廷光）、挽楼寨（潘再发，姜遇科）、高仲寨（吴起滔，姜士龙）、高下寨（姜绍明，姜正元）、平空寨（姜开基，姜开富）、岑努寨（姜开贤）、高练寨（姜衣贵，姜通富）、格朗寨（姜思礼，姜定益，姜之用）、岑舍寨（杨老九）、唐朗寨（姜正魁）、格东寨（姜仁贵）、苗格寨（杨老福，姜老慢）、唐腊寨（姜开国、姜国清）、八龙寨（姜述有）、高椅寨（姜老二，姜老硬）、岑已寨（吴开成，吴元魁，吴祭盛）、平信寨（龙三保）、鄙栽寨（姜老五）、苗亘寨（张老望）。

同治五年三月十八日立

改革由“六合团”①总理姜吉胜召集青山界四十八寨榔头、寨老、乡绅等共同商议，姜吉胜的主张得到众头首的支持，并联名呈文黎平府，要求以官府名义制止“舅公礼”和“还娘头”陋习的蔓延。当时黎平知府徐达邦正任满升迁，新任知府陈佳惠认可后，下达一道杜绝转亲的指令。众头首接到知府的手谕后，一边征集工匠勒石刻碑，一边选定日期邀约四十八寨众头首、寨老、乡绅和群众代表在纪德寨召开议榔大会，歃血为盟，立碑垂示后人。

该碑文的刊立处于1840年鸦片战争后，清王朝内忧外患期，新旧社会矛盾突出。且同治五年（1866年）系太平天国运动（1851年—1864年）刚结束两年，正值张秀眉起义（1855年—1872年）的极盛期（1860年—1868年）。而青山界四十八寨地区盛行的“还娘头”婚俗中昂贵的“舅公财礼”在一贫如洗的咸同兵燹时期，这些习俗已严重阻碍社会和谐稳定与生产生计的发展，对其改革成为历史必然。

在人群格局变迁和正值咸同“苗乱”期间提出“还娘头”改革，说明其具有特殊性。一方面反映出民间议榔组织借官府

① 六合团，以纪迫、纪德、乌潮、堂灼、岑同、培基等寨组成的民间武装组织。

权力行文告示民众“还娘头”陋习的危害，引导民众尊崇媒妁婚；另一方面也反映出晚清官府利用青山界四十八寨地方团练组织和民间议榔组织的力量防苗治苗，借“还娘头”婚俗改革之机，控制青山界四十八苗寨，欲在青山界官兵少的“生苗”区阻止张秀眉义军由西北部进入黎平府。

## 二、《婚俗禁革》碑内容解析

婚俗是一个区域、一个族群日常生活秩序得以维持的基点，它涉及社会生活的各个层面。对于青山界四十八寨花衣苗的政治制度而言，姻亲关系在山地民族中的社会制度、人文礼俗和文化空间是极其重要的。村寨之间、家族之间及家庭之间的交往、互助和仪式，往往都是围绕姻亲交换而展开的。而面对咸同兵燹造成的社会动乱和贫瘠，青山界四十八寨众头首抓住婚姻制度这根主绳，来维护家庭制度，以促进该区域社会制度、政治制度和经济制度的健全发展。

### （一）婚俗改革原因

从碑文可知，同治年间当地盛行的“还娘头”婚俗已经成为危害社会和谐稳定的因素。如“姑之女必须嫁送舅家，名曰转亲”。“如舅家无子，或有子而年龄不当，即勒索银两，名曰背带财礼。得财准过人，不满所欲，则不许他字。”“舅氏无子，竟索币以偿，否则甥女无家，遂终不字。”由此可知，“舅权制”“背带礼财”演化为晚清物资匮乏的战乱年代人们谋取财富的方式，这严重影响到“姑”“舅”两个姻亲集团的“财产”平衡，恶化了两个集团的交往关系，影响到家庭的和谐及社会的稳定。

## （二）婚俗改革措施

《婚俗禁革》碑提倡四条措施，以改革“还娘头”婚俗，促进青山界四十八寨花衣苗婚姻制度的不断发展。

第一，改革“舅公礼财”。如“外甥女出嫁，舅家不准勒索财礼，还集女家准备嫁饰。”。提倡若姑家女长大后，不嫁舅家子，另嫁他人，不需赔舅公财礼。据调查改革后纪德寨还是尊重舅公，采取挑一些酒肉（没有数量规定）去舅家吃一餐饭的方式来感谢舅公，舅家则返一些礼作为嫁妆，表示祝福。这样“舅公财礼”不再是原来意义上为索取钱财的理由和手段，逐渐成为象征性对新娘母舅尊重的婚姻礼仪。“舅公财礼”由重变轻，大大减轻婚嫁负担，使婚姻形式由原来的繁杂耗费变得十分简朴，促进家庭结构健康发展。

第二，提倡恋爱自由、婚姻自主。如“二比自愿结亲，先请媒妁而求愿允，仍备聘金准备等件，方准过门。”改革并没有全面禁止“姑舅表婚”，而是采取“因俗而治”的措施，即若舅家儿子与姑家女自愿结婚，“先请媒妁而求愿允”。改革提倡“嗣后男婚女嫁，必凭媒妁撮合”，并制定了相应的惩罚机制。“媒妁婚俗”使得青山界四十八寨青年男女在婚偶选择上有了较大的自由，成为改革后盛行的新婚俗。

第三，弱化舅权。如“母亲亡故之后，不准舅家取讨头项、钏手饰等件”。这让舅家很难再从姑家的外甥女婚姻中勒索重聘，有效地阻止了“舅公礼财”现象的蔓延。如此，舅权被弱化，调整了以“舅权”为核心的权力阶序格局，为“父权”即“父母主政，舅氏不得专政”的发展奠定基础。

第四，规定婚嫁财礼标准。如“上富之女聘银拾两，中富聘银八两，下富聘银五两”。据《黎平府志·天文志》记载：咸丰五年“米贱，斗米易四十钱。”“同治八年，米贵，斗米易银一两。”[①] 这样的社会背景，可以看出议榔提倡改革婚嫁礼金标准，减轻了姻亲家庭的经济负担，对家庭和谐，社会稳定，降低社会矛盾，推动社会发展起着重要作用。另外，能按“上富、中富、下富”的阶层划分财礼标准，说明青山界四十八苗寨的群众已从传统自给自足的小农经济中分离出来，实现原始经济向商品经济的转化，并出现了地主经济。

### （三）议榔组织推动族群互动，促进四十八寨基层社会治理

黔东南境内发现的婚俗类碑文约22通，但纪德《婚俗禁革》碑相较其他婚俗改革碑特别之处，在于该碑刊刻了参加本次改革的各寨榔头、寨老、乡绅这一“精英文化”结构。这对了解青山界四十八寨族群关系、族群互动、精英阶层、政治制度、社会治理具有重要意义。

碑文刊刻的74位头人、寨老、乡绅的姓名，主要有姜、杨、吴、龙、刘、潘、张7个姓氏。这74人均为当地的“精英”阶层，其精英文化结构为：一是入仕者，五品蓝翎（从五品，清代武职外官，属河营协办守备）有3人，系纪德寨姜文

① （清）俞渭修，陈瑜纂：《黎平府志》，光绪十八年（1892）刻本。

佐、姜开位、姜文义，州同（清代知州的佐官，从六品）有1人，系宰格寨杨光南；二是乡绅，监生有2人，系苗庄寨刘光廷、苗里寨姜辅，生员有2人，系宰格寨杨化樑、杨选铨，职员有1人，系苗吼寨杨超梅；三是团练总理2人，系纪德寨姜吉胜、宰格寨杨光曜；四是族长、寨老有63人。通过以上精英文化结构的梳理，发现同治五年青山界四十八寨涌现了一批官员、文人和乡绅参加地方社会治理。不再是传统上的寨老议榔制管理模式，已经进入团练组织与议榔制共同治理的过渡阶段，成为贵州黔东南基层社会治理模式近代化的开端。团防总理姜吉胜、杨光曜组织各寨头人、寨老、乡绅及群众代表参加议榔立碑，反映聚族而居的青山界四十八苗寨，其议榔血缘组织和团练防御组织相互结合、相互影响。从人类学角度看，议榔血缘组织对团练军事化组织起到了基础性作用，同样团练军事化组织可以用来促进议榔血缘组织亲属关系纽带的维护。也正是这样的关系和力量，才促成青山界四十八寨“还娘头”婚俗改革的顺利进行。

碑文刊刻31个村寨的顺序有一定的规律，由清水江沿江村寨和各支流村寨延伸到青山界腹地各村寨，即今锦屏县河口乡-固本乡至今黎平县平寨乡-尚重镇-德化乡的各村寨。据《黎平府志》记载，其隶属有所不同，有部分是黎平府古州司属六十六寨，如格东寨、平空寨、岑己寨、苗丢寨；有部分是黎平府龙里司属五十寨，如八龙寨、美罗寨、苗里寨、叩鹅寨、叩文寨、己得寨、己迫寨、岑同寨、宰格寨、苗庄寨；有部分是黎平府开泰县直接管辖，如苗吼寨；而高椅寨则属镇远府柳霁县管辖。但是历史上他们系一个议榔集团。而且“己得、平空、高仲、高练、岑同”等寨同时存在于两个社会组织，即青山界四十八寨议榔集团和黎平高东款组织。通过长期的族群交往互动和姻亲关系缔造了青山界四十八寨牢固的血缘组织。据纪德寨老姜忠富讲述，其先祖由“番西”（苗语）迁至纪德，而“番西”即宰格寨（周边侗族称为宰格）。纪德苗族古歌讲述他们最早姻亲要到宰格寨迎亲，后因路途遥远，就与岑己寨吴氏通婚。另外，据《锦屏县志》记载：“叩鹅习惯与晚楼、叩文、苗庄、宰格等苗寨通婚往来。”[①] 说明青山界四十八寨中许多村寨系通婚圈村寨。

## 三、从《婚俗禁革》碑看晚清贵州黎平府基层社会治理

黎平府为什么同意青山界四十八寨花衣苗众头首的呈文，概括下来主要有三点原因：一是青山界腹地木材资源丰富，雍正朝开辟“苗疆”时期就想将其纳入王朝版图治理；二是该区域是张秀眉义军攻占古州，进入黎平府城，通往雷公山的要道，能够控制该区域，具有非常重要的战略意义；三是为清王朝寻找到一条不流血、不费钱力便能对青山界四十八寨进行统治的捷径。以上三点都对清王朝的统治有利。

如何从军事之外找一条非武力的，适合与地方社会良性互动的社会治理路径，实现王朝行政力量与地方自治力量的有

① 锦屏县地方志编纂委员会编：《锦屏县志（下）》，北京：方志出版社，2011：第205页。

效融合？通过前文的探讨不难发现，答案正是以婚姻改革为平台。为此，正如云南大学刘彦博士所说："婚姻成为了清王朝重建地方文化秩序和权力机构，实现其国家化进程的切入点。"[①] 晚清官府利用"还娘头"习俗改革之机，借乡绅之力委施一些安民之策，达到控制"生苗"区的目的，这个控制过程体现了晚清王朝在社会转型期治理贵州黎平府基层社会的政策。

### （一）清王朝基层社会"官役制"薄弱

在清朝前期乡村基层社会治理的相关制度中，少有直接由乡绅操持基层社会事务的。如顺治十六年（1659 年）有关地方报荒蠲免事项，主要依托的力量"半是分委佐二，或依凭该村地方保正"；[②] 雍乾时期，地方救灾事务的社仓管理，是采取"殷实老成之人充为社正社副，董理收放"，而社长之任不过"视同传舍，寅接卯替……一年一换，需人过多。惟凭乡保举报，按户轮当，遂多任非其人"。无论里甲、保甲还是乡约、里老，虽被赋予"皆民之各治其乡之事"，但其名分地位低下，不过为官之差役，是一种将基层社会完全置于官府管控之下的治理体制。

在清雍正七年（1729 年）黎平知府张广泗招抚瑶光、践

① 刘彦：《国家与地方视野下的破姓开亲与婚俗改革——以清代清水江下游锦屏九寨苗白、彦洞讨论为中心》，《云南社会科学》2015.01.

② 顾如华撰：《西台奏疏》，沈云龙主编：《近代中国史料丛刊三编（第46 辑）》，台北：文海出版社，1988。

踪、中仰、摆尾、苗馁、格翁、堂东、苗吼、番鄙、鄙亮十一寨[①]向黎平府“输粮入籍”之前，青山界四十八寨地区系“化外之地”。开辟“苗疆”之后，实行具有军屯性质的兵戍制度叫汛塘制，分设汛、塘、关、哨、卡于险要山区驻防。在清水江沿岸只有文斗、苗光、苗绥寨设塘，而纪德《婚俗禁革》碑刊刻的村寨均未设汛塘。《黎平府志》载：“至苗光、茅坪、挂治、平略水卡，其地无文武汛官。”“其柳霁地方，本有游击，又有县丞，可设二卡，文武分治，其南嘉堡有屯军，可设一卡。”证明青山界四十八寨地区“官役制”薄弱，亦属晚清官府对基层社会控制的“失控”。也说明高度集中的中央集权和庞大冗杂的封建王朝官僚体系很难直接对乡村进行有效的治理，即所谓的“皇权不下县”。而各村寨的社会治理正如苗族谚语所述：“没有树木不成森林，没有寨老不能维护地方。”（Ax niangb det ax jang ghab vud，ax maix lul ax dins jox fangb）主要靠议榔制管理，由地方寨老、族长、榔头治理。

（二）严保甲、建团练，以靖地方。

清晚期，西南地区特别是贵州黎平府境内盗匪猖獗。据贵州学政翁同书奏折记载，在咸丰元年 (1851 年)：“贵州盗风日炽，镇远、黎平二府尤甚。黎平距省最远，更易藏奸。该郡匪徒共有三种：一曰土匪，一曰苗匪，一曰外来游匪。数百为群，聚散无定，抢劫拒捕，民不聊生。”在盗匪穷凶极恶，肆意妄为，混乱动荡的社会转型期，晚清政府采取什么政策来管



① （清）俞渭修，陈瑜纂：《黎平府志》，光绪十八年（1892）刻本。

控基层社会？而基层社会又如何调适权力结构？

面对“黎属多盗，刦抢成风，行旅乡村深以为患”的基层社会现状，咸丰元年(1851年)朝廷委派在安顺府、镇远府清匪有功的胡林翼任黎平知府。“公查访情形，亟求安缉之法，以为御外寇，莫如团练，清内匪莫如保甲。”胡林翼摸清黎平府匪患情况后，在严保甲的基础上颁布了《保甲团练章程》，以达到肃清外来盗匪，加强黎平府基层社会控制的目的。章程的序言就说明了建立团练的原因“照得黎平所属厅县，界连楚粤，地杂民苗，盗贼横行，劫掠无忌，尔士民苦之久矣。”

咸丰三年（1853年）建团练获朝廷批准推行后，黎平府乃至贵州境内纷纷兴建，仅黎平府境内：“办团练一千五百余寨，设卡栅四百五十余座”。[①] 团练组织以保甲制为基础，以邻近的数个村寨组成一营，每营设统领者一名，称为总理。咸丰年间纪德寨也成立“六合团”，由纪德、纪迫、党脚、乌潮、党灼、岑同、培基等寨组成，团部设于纪德，接受过私塾教育威望较高的乡绅姜吉胜任总理。此外，青山界四十八寨还成立了其他团练组织，如清水江平敖寨往上至瑶光等寨于咸丰六年（1856年）由举人姜吉瑞、武生姜含英等乡绅联合倡议组建“三营”团防。据《三营记》载，“三营”从1856年组建到光绪十二年（1886年），参与防御匪盗，抵抗台拱张秀眉和天柱姜应芳率领的农民起义军，共计出战70余仗，帮助晚清官府三解黎平府城之危，四救柳霁县城（今剑河县南加镇柳基村）。

① （清）胡林翼著，胡遂、邓立勋校点：《胡林翼集》（二），湖南：岳麓书社，2008，第54页。

至此，为维护地方社会治安，接受过汉文化教育，在地方社会有一定的威望和财力，且代表官方意志和反映民意的地方乡绅群体开始走上基层社会权力结构的舞台，成为晚清基层社会治理的中坚力量。其因正如胡林冀所述：“土著之民保护乡里，其情既切，其勇自倍，节浮费而收实效。”碑文记载参加议榔的乡绅群体结构：“六合”团防总理姜吉胜，纪德寨五品蓝翎姜文佐、姜开位、姜文义；宰格寨团防总理杨光曜，州同杨光南，生员杨化樑、杨选铨；苗庄寨、苗里寨监生刘光廷、姜辅，苗吼寨职员杨超梅。他们接受过汉文化教育，见多识广，上能与官府沟通，下能体恤民意，并积极参与“还娘头”婚俗改革和基层社会治理。如此，清朝“国初以来，例不用绅”的惯制被打破。

（三）创新社会基层治理机制

同治五年（1866年）青山界四十八寨“还娘头”婚俗改革系团防总理、榔头、寨老、族长共同商议，形成榔规，呈文官府示后，借助王朝国家的行政权力遏制陋俗。如“兹既据该头首等禀请示禁，前来亟应严加禁革，除批示外，行出示晓谕”。同时，赋予各寨头人惩罚违约人的地方权力，即“自示之后，倘仍不遵并勒取身价者，准地方绅团头首公同具禀，以凭严惩”。由此可知，对于正值清朝内忧外患，镇压太平天国运动结束仅两年，而张秀眉起义正处极盛期的特殊社会背景，显然王朝政府无兵力、无能力治理青山界四十八寨基层社会，出现对基层社会控制的“失控”。导致晚清黎平府基层社会制度发生变迁，只有采取代表官府授意的团练组织与反映民意的议榔组织共同治理的措施。呈现地方团练和议榔组织依靠王朝权力，王朝依赖地方团练和议榔力量治理基层社会的局面。

对于晚清贵州黎平府基层社会而言，王权势力的削弱意味着基层社会有了更多的自主权，在处置一些日常纠纷和制定乡规民约中有了更多的发展空间。这样的治理模式，充分体现晚清贵州黎平府团练组织的地域性特征。黎平知府胡林翼言道："自寇乱以来，地方公事，官不能离绅士而有为。而接士绅之法，在公而恕，公则人不敢以私，恕则人乐为用命。"说明乡绅在地方的地位和权利显得极为重要，对于帮助官府抵御动乱，维护基层治安发挥了重要的作用。

以上分析，得出团练与议榔制结合治理基层社会，在晚清基层社会治理制度转型期的重要意义，这样的基层社会治理机制是维护乡村社会秩序，稳定社会生活，保障民众利益的重要支柱，成为连接国家与基层的重要桥梁。

## 四、总结

贵州黎平纪德同治年间《婚俗禁革》碑，记录了晚清贵州黎平府青山界四十八寨地区的社会历史环境、政治局势、文化传统、社会风气等历史文化信息。反映了晚清贵州黎平府基层社会结构、政治制度和军事制度的实质，乡绅群体开始活跃于社会"控制"衰弱的基层社会，他们组建的团练从幕后走向前台，走上晚清贵州基层社会权力结构的历史舞台。

团练组织与苗族议榔制相结合共同治理基层社会，成为青山界四十八寨地区在晚清社会转型期治理基层社会的一种有效治理模式。这是乡绅与议榔组织维护地方社会的历史必然选择，亦是晚清贵州黎平府基层社会治理制度的创新和转型。这对民族区域自治制度的实践具有借鉴意义，对实施乡村振兴战略背景下改革村级基层社会治理也有启示意义。